中公文庫

ロブション自伝

ジョエル・ロブション
E・ド・ムルヴィル インタビュー・構成
伊藤　文　訳

中央公論新社

ロブション自伝　目次

訳出にあたり、人物名、料理用語について説明を要する語句には〔　〕にて注釈を施した。

ロブション自伝

食べる人たちよ、私の料理を思い切って食してくれたまえ
明日になれば、それはよりいっそう優れた味わいとなるだろう。
明後日は、美味しいものに感じられるであろう。
あなた方は、それ以上のものを求めるのか？
古いレシピは新しいレシピのように、
私にひらめきをもたらすであろう。

ニーチェ『悦ばしき知識』より

一九四五年四月七日――ジョエル・ロブション誕生

ポワトゥ地方の貧しい家庭に生まれたジョエル・ロブション。
子供の頃に形成された人格と味覚嗜好について。
家庭料理。規律との出会い。
中等神学校について。

「昔々あるところにジョエル・ロブションという者がおりました。慎み深い一介のフランス人でしたが、国際的なスターシェフとなったのです。同胞は賞賛を惜しまず、日本人はあがめ、料理批評家たちは褒めちぎってやみません……。」この稀有な人生は、魔法の杖のひとふりで羊飼いをシンデレラに変えてしまうようなおとぎ話に似てはいないでしょうか。

ジョエル・ロブションは、ポワトゥ地方の、ある慎ましい家庭の生まれで、将来地球上で最も有名な料理人になるという絶対的な運命を約束された幼少期を送ったわけではありませんでした。ましてや《世紀の料理人》になるとは。この幼子の揺り籃に、美食をつかさどる妖精が、特別に魔法の杖を触れたわけでもありません。あの長かった戦時下の窮乏の時代の終わりに生をうけた、他の多くの人々と何ら変わりはないのでした。また、よくあるように、孫思いの祖母が、家の竈でお菓子を丹念に作るというような思い出に満たされているわけでもありません。竈の神と呼ぶにふさわしいジョエル・ロブションは、ポワティエ市〔フランス西部、ポワトゥ地方の中心都市〕旧市街の中心地の、これといった逸話も、美食との縁もゆかりもないような質素な家に、ある日降り立ったのでした。まずは、彼の父が石工であったという話から始めましょう。それでも、ロブションは肉のステーキを初めて食べた日から、ステーキの虜になりました。それは彼の犬歯を鍛え、味蕾を発達させるのに一役買ったのです。

私は、一九四五年四月七日の朝五時半に産声を上げました。ポワティエ市のラ・グランド・リュという、つまり、町のもっとも狭い幹線道路で、ローマ時代の街道でもあったその通りに、私たちは住んでいました。両親と二人の姉、そして兄——私は末っ子でした——の六人で、小さなアパートに住んでおり、そのアパートは靴屋でしたが、今は「階段の本屋」という本屋となっています。台所のある小部屋から入り、部屋に辿り着くためには、他のアパートと共同の廊下を通らなくてはなりません。とても質素な、でも当時はよくある一般的な住まいでした。

かなり幼い頃から、家の前にある幼稚園に通っていました。でも、母のそばを離れるのは大嫌いでした。育て方や味覚について語ると、母は私を母乳で育てはしませんでしたが、私は母との精神的なつながりが強かった。ところで、思うに、おっぱいを吸うという行為は、おそらく、肉体的発育、さらには精神的発育には都合がいいかもしれませんが、子供の食べ物の嗜好や味覚には、何ら影響を与えないのではないでしょうか。母乳であるかないかのいかんによらず、ミルク以外のものを口にするようになってすぐ、他の味わいのものに順応することが大切になります。例えば、ニンジンやジャガイモのピュレやハム、小さな子供が一般的に食べるすべてのものです。というわけで、生まれて間もない頃にくわえていた母のおっぱいや哺乳瓶が、人生のすべてを変えてしまうとは思えないのです。

いずれにしても、食べ物に関して、私は好き嫌いの多い子供でした。好きなものがなかった、あるいは、限られたものしか口にしなかったのです。赤肉をたくさん食べる家庭に生まれたのはラッキーでした。戦後に、それを手に入れるのは難しく、何よりも高価だったのです。しかし、私たちと同じ通りに店を構えていた肉屋が父の友人で、よく質のいい肉を家に持ってきてくれました。それで、私たちはよくステーキを食べましたが、私はステーキ以外のものを食べようとしなかったので、都合が良かった。一二歳になるまで、私は赤肉しか食べなかった。これでもかというくらい赤肉ばかりで、他のものはすべて拒んだのです。鱈もメルルーサと同じで、見るに堪えない黒い皮、頭や骨があるせいで嫌いでしたし、干し鱈は、あまりにも塩辛く感じた……。寝ても覚めても、ステーキでした！　両親は私が肉ばかり食べ過ぎるのではないかと心配して、医者に相談したくらいでした。それに対して、経験豊かなその医者は、《好きなようにさせてあげなさい。いつか、飽きますから》と答えたのです。肉を食べすぎるなどということはありえない、という考えが五〇年代の共通概念だった、と付け加えなければならないでしょうが！

野菜も、ジャガイモ以外のものは嫌いだった。ですから、赤肉とジャガイモが私の定番でした。今日の多くの子供たちが、パスタをよく食べるようにです。私がスパゲッティを初めて食べたのは、一〇歳か一一歳になってからです。私が生まれ育った地方では、普及し始めたばかりの珍しい食べ物だったのです。その代わり、私はバターやシェーヴルチーズを、しょっちゅう、それはもうたくさん食べました。シャビシュー〔シェーヴルチーズの一種〕やブゴン〔シェーヴルチーズの一種〕が、哺乳瓶に入っていたといってもいいくらいです。六〇年代、パリにやってきたとき、ブゴンを知っている人は誰もいなかったのは驚きでした。それは、私にとっては日常のチーズだった。また、私はバターなしにいられません。それも、ポワトゥ地方の、もちろん冷温殺菌していない本物のバター。攪拌したばかりのできたてでなくてはいけません！どんな料理でも、バターと一緒に食べました。結婚した当初などは、毎日二五〇グラム以上のバターをぺろりと平らげていたくらいです。食卓にバターがないことほど、この世の不幸はない。とにかく、すべてにバターをのせて食べるので、バターなしでは何を食べてよいかわからなかった。フライドポテトはもちろん、トマトのサラダ（バターなしではトマト一個でさえ口に入りませんでした）にも、バターを添えます。熱々でカリカリのフライドポテトに、冷たいバターをひとかけらのせる、この、えもいわれない美味しさといったら！

確かに、私は好き嫌いの激しい子供でしたが、食欲は旺盛でした。昼と同じように朝も、学校から帰ってきても、いつも空腹でした。それにもかかわらず、好きな食事は、いつも昼食時に食べる、世界で最も伝統的な食べ物といっていい〝ステーク・フリッツ〟の盛り合わせだったのです。ステーキは、バターを落としたフライパンで焼いて、滲み出た肉汁をかけて出してもらうのですが、私は、さらに、その上にバターをのせます。すると、そのバターは、食べ進むうちにゆっくりと溶けていく。母は、フライドポテトを、金属製の小さな波板で切り揃えていましたが、その切られたジャガイモの形は、今ではもはや見られないものとなってしまいました。

ですから、私は毎日ステーキを一枚食べていました。他のものを食べたがらなかったからです（金曜日だけは例外で、卵料理を食べました）。二人の姉は、赤肉が嫌いでしたので、母は他のもの、例えば仔牛などを食べさせていました。日曜日は鶏肉を食べます。これも好きでした。母は、それをシンプルなローストにするのですが、私はその皮を食べる。特に、その皮がカリカリに黄金色に焼けていれば、言うことがありませんでした。しかし、尻肉は好きになれなかった。脂が多すぎるからです。腿肉は大好きな部位で、その好みは今も変わりません。母は、鶏肉にマッシュポテトを添えて出してくれたものです。両親は、農家の出身でしたので、よく農園までジャガイモを掘りに行きました。その芽を取り除くのですが、それは、家庭で食べる野菜の代表選手でした。夏は、もっぱらサヤインゲンで、家庭菜園で栽培していたものをよく摘みに行きました。母は、毎晩スープを作りました。でも、私はそれが大嫌いだった。飲めるのは、明るいブイヨンだけで、ホウレンソウのスープは嫌いでしたし、特に、フダンソウの葉とか他の緑の野菜のものは受け付けませんでした……。そのかわり、炒り卵は大好きで、母はしばしば、金属の銘々皿で作ってくれたものです。皿にバターを落として溶かし、卵を一個か二個割り入れて、フォークでかき混ぜる。これが大好きでした。各々に好きな料理がある。とてもいいことではないでしょうか。

とても古典的で、かつ平凡な食べ物。幼少期のジョエルに、美食への使命を育むようなものはそこにはありません。もっとも、当時のジョエルにとっても、竈の前に人生をかけるとは、予想だにしなかったことなのです。

私は建築家になりたかった。父は石工でしたので、建築家たちがよく私の家にやってきては、建物の図面について父と議論していました。それを見て興奮したものです。子供の頃から、描いていた絵は、家ばかりでした。HLM（公団住宅）とかマンションではなく――こうした建物を、ポワティエでは見たことがありませんでした――煙突のある慎ましい家ですとか、私が住んでいた界隈を取り巻いていた、ずっと野心的でずっと美しい建物を描いていました。例えば、ロマネスクやゴシックの教会、ガーゴイルのある家などです。ポワティエの旧市街は素晴らしい！　そして、建築家になることを夢見ていました。

しかし、それに至るには、まず学校に行かなければなりません。公立小学校に入りますが、そこでは、今のジョエル・ロブションをつくり上げることになる人となりを、いくらか垣間見ることができます。

幼稚園に嫌々通った後、兄の通う公立の小学校に行きました。この頃から、目標にしていたことがありました。それは一番になること。これは、私の性格のあらわれなのです。小さい頃から一番になれないと、自分に不満でした。担任の女教師たちは私を飛び級させたかったようですが、友達と別れ別れになるのが嫌だった。小学校を通して、一番になるためなら何でもしました。中等教育でも同じで、あらゆることでそれを目指しました。ラテン語、ギリシャ語、他の教科でも一番でした。中等教育では、中等神学校に通いました。私から両親に頼んだのです。両親は熱心なカトリック教徒で、教会にも通っていました。ポワトゥ＝ヴァンデ地方では、ごく普通のことでした。こうした土地に住み、例えば日曜日のミサの後に、小教区の司祭がしばしば私の家にやってきて、昼食を共にするなどの環境に育って、私も立派な信者でした。司祭の中に、とても面白い人がいて、心を動かされるような人、ともいいましょうか、私はその人によくなついていました（その後、彼と再会し、コンコルド＝ラファイエットの労働司祭として働いてもらうということがありました）。宗教にひかれ、私自身も司祭になりたいと思ったのは、ごく自然なことだったのです。父は、クリスマスや、家族の儀式以外は教会には行きませんでしたが、私は毎週日曜日、母と兄弟と連れ立って、教会に行きました。教理の授業に参加し、初聖体、そして他の儀式なども、すべてすませています……。ですから、神学校に進んだのです。

ここで初めて、食卓を囲むという分かち合いを知ることになりましたが、料理への傾倒にはいまだ至りません。

しかし、注意深い観察者がいたら、やや狂信的ではあっても、一般的なこの子供の中に、より現世の使命を全うする資質を秘めていると見抜いたに違いありません。そしてこの子供は、機会があれば、厨房に足を踏み入れることも厭わなかった。その兆しは仄かなものですが、現時点において、私たちは、この若きジョエルが偉大な料理人になるまでに辿った人生やその頂点を知っているだけに、それをみとめることができるのです。

家の前にパン屋があり、母はその竈を借りては鶏肉やトマトのファルシ、そのほかの大皿料理などを焼いていました。記憶にとても残っている料理は、〝ジャガイモのパン屋風〟で、それは感動なしには語れません。豚のロースト肉をジャガイモとタマネギの上で焼くのですが、すると、豚の脂がしたたり落ちて、ジャガイモとタマネギは、きれいな黄金色になり、風味がしみ込む。それはいい知れないほど美味かった！　グルマンという人々の中に、不運にもこの料理を知らない人がたくさんいるのには、驚きを禁じ得ません。そして、その香りが道に立ちこめるのですが、パン屋の竈で焼き上げられるので、パンの美味な香りと渾然となって、それはいい知れない香りになるのです。その他、私は、肉屋に対してもある賞賛の念を抱いていました。肉屋に行っては、猫にやる肺臓を使って、肉屋の肉を切る仕草をまねて遊んでいました。肉を切るのは、素晴らしい仕事です！

料理の手伝いをすることはめったにありませんでしたが、トルティソーという、ポワトゥ地方に昔から伝わる、ねじ曲がったベニエ〔衣揚げ、この場合は揚げ菓子（パン）〕を作るのを手伝うのは好きでした。他の子供と同じように、コップで生地の形を抜き、母がそれを熱い油の中に落とす前に、形を整えて渡すのが楽しかった。クレープ作りも好きでした。聖母お清めの祝日だけでなく、夜の食事にもしばしば作ったものです。そしてちょっとしたいたずらもして遊ぶのです。母は、二枚のクレープの間に適当に糸を隠し入れておく。すると、誰かがそれを間違って口に入れてしまう。口をもごもごしないわけにはいかず、それを見て皆で大笑いしたものです。

実際、母はとても料理が上手でした。パンくずをのせて焼く、ムール貝の料理――私の好物でした――は忘れられません。決して高価なものではありませんでしたが、素晴らしかった。母が作るのはとてもシンプルな料理ばかりでしたが、どれも美味しかったのです。確かに、思い出の中ですと、すべては美しく見えるものですが、母の作ったプリンの思い出は、私の記憶に焼き付いています。私たちは、母のプリンを競って食べたものです！　母はポワトゥ出身なので、ポワトゥの地方料理をよく作ってくれました。仔山羊を使った料理は多く、また、《アーユ・ヴェール〔にんにくとほうれん草、白ワイン、パン粉でつくるペースト〕》風味のフロマージュ・ブラン（アーユ・ヴェールは、どんな料理にもよく添えました）や、ベーコンを和えた白キャベツのサラダ、オゼイユもよく使いました。しかし、キャベツのファルシとなれば、それは祖母のスペシャリテでした。ポワティエに古くから伝わるファルシで、大きなキャベツの葉の間にそのまま詰め物をして、元の形に成形するものです。好みで、温かいままでも冷やしても食べます。

　クリスマスには、立派なヴォライユ〔家禽類〕が食卓に上りました。ヴォライユは七面鳥か鵞鳥で、叔父が持ってきてくれるのです。復活祭には、詰め物に茹で卵をいくつか隠し入れた、見事な復活祭のためのパテがとても好きでした。夏にはミゲをよく食べました。砂糖を溶かしたワインに、切ったパンの塊をひたすのですが、熱い夜に、これを冷やしてスープのようにして食べるのです。これはとても美味しい。デザートには、ポワトゥのブロワイエ。サブレのようなもので、真ん中に粗塩を焼き込んでいるので、それがカリカリとして美味しいのです。母はしばしばこの地元のスペシャリテを作ってくれました。お金のかからない私たち子供が大好きなお菓子でした。

　甘いものの中では、ルドゥドゥ〔型に流し入れて作るなめ菓子〕に目がなく、やはり母が小さなハマグリの貝殻に、キャラメルや、赤や緑で色をつけた飴を詰めて作ってくれたものです。パンとチーズ、あるいは、チョコレートパウダーをたっぷりのせたバターの大きなタルティーヌ、バターを塗ったパン・デピス（私はこれを三〇歳になるまで食べていました。食べるのをやめたのは、ひとえに体重が増えたからです）も大好きでした。朝食には、世界でもっとも平凡とでもいうべき組み合わせの、ホットチョコレートか練乳入りの紅茶と、バターを塗ったタルティーヌを食べました。ジャムはつけません。フロマージュ・ブランのデザートのためにとっておくのです。母は胃に潰瘍を患っていたので、カフェ・オ・レは飲まず、私たちも牛乳入りのチコリコーヒー〔チコリの根の粉末を煎じて飲む。コーヒーに似た味わい〕を飲んでいました。牛乳にチコリを煎じて飲むのは、とても美味しい。キャラメルのような甘美な味わいが浮かび上がるのです。

もちろん、レストランに行ったことはありませんでした。初めてレストランに足を踏み入れたのは、大人になってからです。祝いの食事、つまり結婚式や聖体拝領などの祝い事の食事は、仮設の巨大なテントで行なわれるのが通常で、寄せ木の床まで設えられるのでした。

私が大好きだったのは、一フランで買えるボンボンやキャラメル、甘草のガム、ココナツの小箱（これを舐めて、絵まですっかり食べてしまうのですが）、ミストラル〔ココナツ味のパウダーキャンディ〕、当たり外れつきのガム、カー・アン・サック〔甘草味の色とりどりのキャンディ〕。父のポケットに遊んでいる小銭で買いましたが、そんなことが好きだったのです。

他の子供と何ら変わりはありません。老いぼれた老人、カッサンドラ〔悲劇を予言する王女たち〕、喜びを知りながら成長することを妨げる人たち……。こうした《恐怖》は、子供たちの味覚を変えはしませんし、このポワトゥーの子供の味蕾を損ねはしませんでした。他の同い年のグルマンな子供たちの味蕾を壊すようなこともないのです。

私は、子供たちが世界に存在するすべての食べ物を試してみることに賛成です。ハンバーガーも含めてです。私の子供も、他の子供たちと同じように、ファーストフードを食べに行っていました。それを咎めないばかりか、積極的にすすめました。こうしたことは、子供たちの好奇心を満たし、味わいを発見し、比較をして、最終的には味覚の感受性を高めることにもなるでしょう。要するに、個人の考えを形成したり、愚かな食べ方をしなくなるためにも大切なことなのです。また、子供たちは昼食には学食を利用すべきだとも思います。私は九歳から学食を利用していました。父が家を建てたので、引っ越しをし市外に住むことになったからですが、私は太いパスタや、ソースのない挽肉のステーキと一緒に出されるマカロニも嫌いではなかった。それに対して、ソーセージの付け合わせで出てきた割り干しエンドウのピュレは大嫌いでした。それはひどかった。夜、帰り道では、小さなパンを買って、ミルクチョコレート棒を包んで食べたものです。それは美味しかった。

このころはすべてが発見の連続でした。田舎に住んでいたので、野原や森の中を友達と走り回りました。ブドウ畑では、ペッシュ・ド・ヴィーニュと呼ばれるブドウ畑の桃や、あまり知られていないものですが、ブドウ畑のネクタリンと呼ばれるフルーツを摘みました。汁をたっぷり含んで、香りのいいものでした。これほどまでの風味にはいまだかつて出会えていません。自然の中で、たくさんのことを学びました。ブドウやキノコ、特にハラタケ科のキノコ（当時、野原には馬がたくさんいたので、馬糞を肥料によく育ったのでしょう）をよく採りました。ヘーゼルナッツ、クルミ、ブラックベリー、木いちごも。家庭菜園では、レタスやキクヂシャ、縮緬サラダ――これをよく、ニンニク、春にはアーユ・ヴェールと一緒に食べました――ニンジン、ポロネギを栽培していたので、それがどのように育つのかを観察していました。野原ではタンポポの葉を集めてきました。友達と一緒に、家のそばを流れている小川で釣りもしました。穴にウジ虫が隠れている、ポルトフェという木の小片を石の下から見つけてきて、それを、ヒメハヤを釣り上げるのに使ったのです。ヒメハヤはたくさん生息していて、それを釣って帰ると母はフライにしてくれました。ナマズもかなりとれましたが、これは食べませんでした。隣家が乳製品店だったので、どうやって牛乳の発酵が進むのかも見て知っていました。また、父と狩猟に行く習慣もありましたが、ある日、とてもつらい惨劇に居合わせてしまった。カモシカの死です。それ以来、狩猟に行くことはやめました。それだけは頑固に拒んだのです。しかし既に、ヤマウズラの雛や雉、ツグミ、クロツグミ、ヒバリを知っていました。ふすまや大きな鍋で茹でたジャガイモを飼料にして、どのように豚を飼育するかも知っていました。ワインやシードルの造り方も目で見ました。発酵したばかりのリンゴのジュースを飲んで、下痢をしたこともありました。サクランボも摘んで食べました……。こうしたことは、たいしたことではないかもしれません。しかし、ここで学んだすべてのことは、後々役に立ってくれました。それ以来、動物であれ野菜であれ、すべての素材を大切にするようになりました。自然の中にそれを見て、知っていると、素材を尊重しないわけにはいかなくなるものです。

ジョエル・ロブションは、他の子供たちと変わらない田舎の子供として育ちました。もしかしたら、他の子供よりも感受性が豊かだったかもしれません。しかし、他の子供よりもグルマンだったというわけではありません。母親とベニエを作るために台所に入るということはさほど際立ったことではなく滅多にありませんでした。自然との出会いは後になって役立つことになります。しかし、天職としての料理にはいまだ出会っていません。中等神学校での生活はすべてを変えました。

一二歳で、中等教育の初めに中等神学校へ入学しました。学校は、ドゥ＝セーヴル県のモレオンという、田舎町にありました。モレオンは、昔はシャティヨン＝シュール＝セーヴルという名前だったのですが、その名がどうして変わったかは知りません。生徒は一五〇名ほどで、学校の雰囲気は何か特別でした。楽しかったのですが、寮暮らしでしたので、クリスマスに一度と、復活祭の時に一度の二〜三日間、夏休みの二カ月間しか外出できませんでした。母がそばにいなかったのはとてもつらかった。それで、修道女になついて、彼女たちの愛情を求めたのです。彼女たちはとても優しく、穏やかで、とても行き届いていて、私たちの世話をすべてしてくれたのです。学業や祈りの間はいつも緊張感で張りつめていたのですが、修道女がいる台所に、唯一和みの時を見出して、食事の準備を手伝いに行ったのでした。これこそが、初めて本当に台所に入った時だといっていいでしょう。食器を洗い、ニンジンやジャガイモなどを剝くことから始めました。修道女の手伝いに、毎日二、三人の志願者が必要なのですが、私はそれに心から献身できた。彼女たちのそばだと、心に温かいものが灯ったからで、それはとても心地よかった。読書よりもはるかに台所の仕事が好きでした。そのかわり、昼食の時間に読書をしなければなりませんでしたが。食事の時間の一部が奪われても、野菜を剝くことのほうが好きでした。それはいいことではなかったと言っておきましょう。

修道女のそばで、司祭の厳しさに代わる愛情や穏やかさ、優しい言葉を見つけました。いい学校だったのですが、とても厳しかった。起床は六時半で、直ちに祈りの時間、朝食（言葉を発してはいけないのです）、自習、授業、二〇分間の休憩時間、礼拝、祈りと読書の昼食、授業、自習時間ときっちりとプログラムが組まれていました。それは執拗なほどの規則正しさでした。台所で昼食時間を過ごすと、ものを食べる時間はわずか一〇分ほどしかなかったので、飲み込むようにして食べました。しかし、この場所は、私にとって癒しの象徴のようなものだったのです。両親が離婚して家庭が立ちゆかなくなり、中等神学校を続けるのは金銭的に厳しくなって、退学することになりましたが、その時に手仕事、つまり、料理の道へ導かれたのはとても自然なことでした。私はたった一五歳。勉学をやめ、見習いにやられました。両親は二人とも別々にパリへ向かいました。都会のコレージュで数カ月過ごした後――学年度を修了するためです――私は働かなくてはなりませんでした。

成功は何に起因するのでしょう?

ガストロノミーの頂点を目指す道のりは、いまだ、大きな意志や野心によって布石を敷かれてはいません。しかし道は開かれました。とはいっても、若いジョエルが、三つ星を掲げるロブションになることを想像するには、まだかけはなれています。ジョエルが中等神学校に籍を置いていた頃、父親は三〇人の職人を抱えていた石工の会社を売り、《トラック運転者用レストラン》を買ったという事実はありますが、ジョエル自身は、レストラン業を思い描いてはいなかったのです。ロブションの父親はレストラン業者になりましたが、事業は長くは続きませんでした。これは、ロブションが中等神学校に通った時期にちょうど重なります。

トラック運転者用レストランの雰囲気がどんなものか、体験したのはヴァカンスの間だけでしたが、トラック運転者の振る舞いに大きなショックを受けました。母が、一人二人の助けをもらって働いている厨房の雰囲気はとても好きでしたが、客室で客が従業員の女性たちに話すその口ぶりとか、露骨なやりかたには我慢なりませんでした。中等神学校の生徒だった私は、そのたびに不快な思いをしていたのです。それは、鳥肌の立つような言語でした。修道女たちとは比べようもない。レストランでの初めての経験は、納得のいくものではありませんでした。

一五歳。職業意識の芽生え

「ルレ・ド・ポワティエ」、そしてディナール〔ブルターニュ地方海辺の保養地〕の「グラン・ドテル」での見習い。
故郷との別れ。パリと孤独。
情熱に導かれたわけではない兵役、フライドポテト。

田舎育ちのロブションは、都会育ちの同僚たちよりも、料理の世界に適していました。少なくとも、動物、そして野菜の生命について少しは知っていたのです！　ロブションは、料理を洗練させる、素材の秘密を知っていたのです。星への道のりを築く始めの一歩がここにあります。

私が見習いに入ったとき、エシャロットとタマネギの区別もわからない同僚たちがいたのには驚きました。それどころか、カブを見分けることができるかどうかさえ、やっとだった！　田舎の生活は、この仕事を始めたばかりの私に、大いに役立ってくれました。ホロホロ鳥、鵞鳥、雄鶏、雌鶏などを見分けることもできましたし、タマネギに比べてシブレットがどれだけ繊細な味わいなのかも知っていました。素材の本質はすでに学んでいたのです。以来、それは、私の料理に影響を与えるたった一つの真実となり、私の料理を現実的な地に足のついたものにしてくれているのです。ですから、私は、魚と肉のジュを合わせるようなことは決してしてしません。それが近年の流行だということは知っていますし、しばしばメニューに、テュルボ〔ひらめの一種〕のローストに、仔牛のジュを合わせるといった料理を目にするとしてもです。頭でっかちな料理に立ち向かうことも決してありません。それは、この現実性から私を遠く引き離してしまうだけなのです。味わいの融合は、単純ではありません。若鶏のエクルヴィス〔ザリガニ〕添えなど、古典料理に、さまざまな風味を合わせたものがあるのは興味深いことですが、この分野に関しては、私はとても慎重です。素材を尊重する心が、常につきまとっているからです。私が見習いをした店のシェフは、ニンジン一個とタマネギ一個、ヴォライユの手羽先一つで、とても美味しいもの、味のあるブイヨンを作りました。今日、味わいを探求した、たくさんの料理はありますが、本当の味わいを見つけることはできません。何を食べているかさえわからないというのが現状です。

　このように、素材に興味を惹かれてはいましたが、こうしたすべての考えは、後からやってきたものです。釣りについて多くのことを教えてくれたのは、ジャン・ドゥラヴェイヌ〔一九一九〜九六。パリ郊外ブージヴァル「カメリア」の料理長。七二年ミシュランの三つ星を獲得する〕でした。とても博学な人で、よくコンカルノー〔ブルターニュ地方の漁港〕まで会いに出向いたものです。行くと私たちは深夜まで議論をしました。夜一一時から明け方の三時くらいまで、星のことや灯台、釣りについてとめどなく話したのです。魚や海産物についてたくさんのことを彼から学びました。今、この分野についてかなり精通していると思えるのは、まったく彼のお陰です。誰もが、彼のような賢者に出会って、学ぶことを必要としています。知識を伝授してくれる人が必要なのです。

この職に就いたばかりの頃、私は何でも吸収するほうで、初めてのことでも、素材を難なく扱って調理することができました。家で見てきたことは、まったく役に立ちませんでした。母が作ってくれた炒り卵はプロの方法とはまったく違う。大いに役立ったのは素材の知識だけでした。

都会に《移り住み》、家族の問題で心を乱されていた一五歳の思春期の子供に、話を戻しましょう。中等神学校の思い出の中の厨房は、温かく平和な隠れがであり、安心できる仕事場でもあったということでした。

パリのリセで何カ月か過ごした後、仕事を探し始めました。そうしなければならなかった。中等神学校以来、私にとって、厨房は癒しの象徴だったので、ごく自然にこの道に進んだのです。私の家族、そして、ポワトゥ出身の「ラ・ロレーヌ」のシェフだった人から、私の家のそばの新しい建物に、「ルレ・ド・ポワティエ」というレストランがオープンする予定だと聞いたのです。

ホテル業学校を出るような時間はありませんでした。一五歳で実地で学ぶことから始めましたが、この三年間の見習いはとても建設的でした。実際に企業で三年間働くという経験ができたからです。それは現在のシステムと大違いで、今ですと、学校と企業に両方通いながら、夜の一〇時には帰宅しなければなりません。都会だとお客は九時に来るので、見習いは、ランチのサービスにしか仕事ができないことになる。それに見習いの期間は、三年から二年に減りましたので、見習いを終えた若者でも、使いものにならないくらいです。

こうして私は「ルレ・ド・ポワティエ」で仕事を始めました。私たちを含め、料理人は三〜四人でしたので、見習いでもあらゆることをやらされました。私は小さなアパートに住んでいて、自分でなんとかやっていました。それでも、私は恵まれていたといえるでしょう。まれに見る素晴らしい雇い主で、彼の名はアンドレ・フォールといいましたが、見習いにとって理想的なボスでした。私にとって、彼は父のような存在でした。両親はパリに住んでいて、彼はその代わりをしてくれたのです。その当時の見習いの給料は一カ月に五千フランで、この給料から家賃を払わなければなりません。しかし、家賃はそれに対して六千フラン。もし、彼が一カ月に一万五千フランの給料を出してくれなかったら、立ち行かなかったはずです。私は仕事場で休みの日（週に一度だけで、シーズンの休みもありませんでした）も食事をとっていたので、この額は一介の見習いには身に余る金額でした。初めて給料を手にした時の喜びといったらいいようがありません！　店は国道一〇号線添いにありましたので、夏は観光客が大勢でやってきました。その頃、高速道路はまだなかったのです。

大変慎ましいプロとしての第一歩。しかし、それは、まだ目に見えない栄光の道へと続く道のりの初めの歩みです。すべては丹念な床磨きと芝刈りから始まりました。

職業的な筋書きとしても、オープンしたばかりの店を揺るぎないものにするということはとても興味深いものでした。初めの頃、オーナーも厨房に立っていましたが、そののち、ロベール・オトンという料理人を雇って、シェフに立てました。彼は素晴らしい男で、高級店で働いたことは一度もありませんでしたが、肉や砂糖菓子ばかりか、シャルキュトリー〔豚肉加工〕についても知識の深い完璧な職人でした。彼は何でも知っていて、自分の職業に心から情熱を抱いていました。田舎で働きたかった理由は、かなりがっちりとした体格のため、ゆとりのある空間を必要としたからです。狩猟の季節である冬は、野原に面した厨房の扉を開け放ち、寒さが厳しい時にでも、襟元の大きくあいたシャツに、シンプルなジャケットを羽織っただけで、銃を引っさげ、狩りに出たものです。彼は、まるで王者のように満足げに、獲物を捕まえて帰ってきました。それが彼の人生だったのです。残念ながら、彼はたしか三六歳の若さで亡くなったはずです。プロスペール＝モンタニエ賞〔二〇世紀の大料理人プロスペール・モンタニエ氏（一八六四～一九六八）に因んだ、新人育成を目的とする料理コンクール〕やその他栄誉ある賞を獲得するほどの優れた腕前でしたが、まったくの無名でした。当時、彼は仕留めたジビエを、客に供していました。ジビエには、ヤマシギや、今日は捕獲を禁止されている他の野鳥類もありました。それはお客はもちろん彼にとっても本物の幸せだったでしょう。

私はすでに全人生を仕事に捧げていました。この当時の労働時間が妥当であったとしてもです。炭火に火入れをする日には、七時にレストランへ行きました。水を温めるだけでなく、朝食は八時半ちょうどから始まりますが、初めのお客が到着するまでに、部屋を十分暖かくしておかなければなりません。料理人のイロハは、火から始まるといっていいでしょう。火をつける。そしてそれをコントロールする。竈に火を入れる。炭火、赤くおこった炭火の様子を監視して、サービス中は火力が最も強くなるようにする。それから、火が少しずつ穏やかになるようにする。そして、ディナーのサービスのためにもう一度火をおこしますが、その間に――当時は、菓子のための竈はありませんでした――、メレンゲあるいはマカロンをゆっくりと焼き上げる調節もしなければならないのです。ランチのサービスのち、三時には仕事を上がり、五時にまた戻ってきて、一〇時に仕事を終えます。田舎の人々の食事の時間は早いのです。お客が席を立つまで、必要ならば一一時まで残る場合もありました。結局のところ、私たちは始終何かをしていました。時々、芝生を刈ったり、他の仕事をするために、店に残りました。しかし、こうしたことはとても大切だと思います。実地での経験によって、すべてのことに少しずつでも触れることができるからです。

私は食器洗いから始めましたが、この初めの仕事は後で役に立ちました。磨き砂と塩を使って鍋を洗うのですが、最後にうっかり布巾で拭うことを忘れたら、乾かしたときに薄膜が残ってしまうということを学びました。ちょっとしたことですが、こうしたことが料理を損ねうる。直接経験をしないと、人はこうした小さなことを学べないものです。床を洗う仕事では、清潔さに対する徹底的な観念を学びました。ジャガイモや野菜の皮を剥くといった、不毛な仕事もすべてやりました。今日、学校を出たばかりの見習いで、野菜の皮さえ満足に剥けない者がいるのには驚いてしまいます！　厨房をきれいにすることもできないのでは、生まれながらにして資質がないといってもいい。それでも、ある程度の訓練は必要です。残念ながら、もはやこうした訓練を、実地ですることはなくなってしまいました。というのも、多くの店で使用人を酷使していたために、制約が設けられるようになったからです。私は、ラッキーなことに、素晴らしい雇い主の下で働くことができました。たくさん働きましたが、それは当たり前のことで、当時からすると一般的でした。秩序立てて仕事をすること、清潔さの大切さから始まり、彼は非常に多くのことを教えてくれました。このことに関して、執拗なほどの厳格さを持っていて、汚いということが大嫌いだったのです。きれいに仕事をできない料理人はいい料理人になれないとは、常に確信することです。時々ですが、決して働きたくないと思わせるような厨房に遭遇することもあります。思うに、厨房の状態は、すべての指標になります。フレディ・ジラルデ〔一九三六～。スイス・ローザンヌ「ジラルデ」を三つ星に導いた天才料理人。九七年引退〕のように、私が知っている優秀な料理人は、みな非の打ち所のない環境で働いています。あまりにきれいなので、床でも食事ができてしまうほどです。汚い環境で調理すれば、素材の味わいも悪くなるに決まっています。これは確かだと思います。

清潔な厨房でこそ料理ができる。若いジョエルは、それを守り抜きました。駆け出しの頃から、彼は責任ある仕事を任されました。それは、料理人として味わった初めての喜びで、初めての幸福となったのです。

初めの六カ月間、私はダイニングのビュッフェ料理を任されました。オードヴルのビュッフェで、サービスの間の全責任は私にありました。このレストランのオードヴルはシンプルで、値段もお手頃でしたが、すべてを切り盛りするのは私だったのです。細切りのニンジンサラダ、セロリのレムラードソースサラダ、赤キャベツのサラダ。赤キャベツのサラダは、まず赤キャベツを沸かしたヴィネガーに入れて、そのままマリネにし、漉し器に通した塩漬けのアンチョビと、ヴィネグレットソースで和えます。トマトのサラダも作りました。これらすべての調味には、三種のヴィネグレットソースを用意します。落花生オイルにマスタードを落としたものと、オリーヴオイル、クルミオイルのものです。ポワトゥ地方では、サラダにクルミオイルを使うのが好まれました。また、ニース風サラダや、スモークサーモン、ゆで卵のゼリー寄せ、自家製テリーヌ、他伝統的な冷製の前菜もサービスしていました。赤小カブとバターの組み合わせも必須です。シンプルでしたが、すでに、たくさんの仕事を要する量でした。特に、観光バスが店の目の前にとまった時などは、オードヴルだけでも、さまざまな種類を百人分用意しなければならなかった。そして、それを大皿にきれいに盛ってサービスしなければなりません。この仕事以外は、食器洗いをしたり、芝生を刈ったり、冷蔵庫をきれいにしたり、床やあちこちを洗って回ったりしていました。先ほども触れましたが、こうした仕事は後々役立ちました。私は病的なくらいの清潔好きになったのです。

ビュッフェを作る仕事を任されるという責任から、私は大きな満足を得ました。誰の指図も受けずにすんだからです。私はその頃、すでに料理人という仕事に対して熱意を抱いていたと思います。もちろん、時々、間違いをしでかして、きつく叱られることもありました。例えば、バンケットのとき、サラダが百人分必要と予めわかっていたのに、私には伝えられていなかった。ですから、お客が到着したときには、用意されているべきものがなかったのです。急いでサラダを選び、切って、洗って、調味したので、仕上がりは保証できたものではありませんでした。

この初めの何カ月かで、私はたくさんのことを学びました。牡蠣を開ける方法もです。貝柱のそばの脇からナイフを入れながら、中身を傷めず、貝の破片を残すことなく開けるのです。この方法を知っている料理人も、きちんとできる料理人もなかなかいないのです！

一五歳で、すべては新しいことだらけで、学ぶことはたくさんありました。こうした、かくも素晴らしい道筋の最中で、アントレで終わってしまうなどということは言語道断です。ジョエルは迅速にきちんと学んだのでした。偶然に、そして必要から進んだ料理の世界でしたが、ごく自然に情熱を感じていたのです。

ビュッフェの仕事を六カ月間担当したのち、菓子部門に移りました。パイ生地や、サブレ生地、カスタードクリーム、スフレ、クレープ・シュゼットなど、当時人気のあったデザートを作りました。また、ミルフィーユ、エクレアやサントノレのためのシュー生地、シブースト・クリームなどもです。パティスリーは好きでしたが、特にフルーツタルトなどは喜んで作ったものでした。

　パティスリー部門を六カ月経験した後は、《温製》部門に移されて、店を辞める最後までここにいました。温製というのは、ビュッフェ、パティスリー以外のすべてで、料理の本質となる部分です。魚も肉もそうですし、グリル（当時の流行でした）ものはとても多かったのですが、さらにテリーヌや野菜料理もその仕事に入ります。要するに、火入れするものなら何でも、その部門の担当です。厨房にはたったの五人だけ――雇い主、シェフ、コミ〔ひらの料理人〕、見習いが二人――でしたが、日曜日などは一サービスで百人ほど、ウィークデーは五〇～六〇人の客数をこなしていました。シェフは特に、肉を切ることが中心で、他のことにはめったに手を出しませんでしたから、人手が足りるということはありませんでした。

肉。前途有望なまだ駆け出しの見習いにとって、これも重要な仕事です。以前、ポワティエの家で、肉職人の仕草をまねて遊んでいた子供が、肉屋の仕事を本当に学ぶことになります。なかなか身につけるのが難しい仕事ですが、これもまた、若いジョエルにとって魅力のあるものでした。

長い間、私は肉を担当しました。それを整える仕事を任されたのです。例えば、しばしば仔牛の腿肉が丸ごとで店にやってくる。それを捌く方法を学ばなければならないのです。今の厨房では、すべて下準備のされた肉が運ばれてくるので、この仕事ができる人間はおそらくいないのではないでしょうか。それに、多くのレストランでは、肉のすべての部位を使う機会はなくなりました……。つまり、すべての部位を知る機会がなくなったということです！　多くの《現代的》料理人にとって、仔牛は仔牛でしかない。それだけです。牛肉についてもそうです。昔は、アロワイヨ〔フィレ、ランプを含む牛の腰肉のかたまり〕をまるまる仕入れて、熟成させたのち、フィレや上部の背肉を切り出していました。見習い以降、あれほどまでに素晴らしい牛肉に出会ったことはありません。霜降りで、とてもやわらかく、肩バラ肉の上にあるかなり厚手の部位からステーキを切り取ったのです。それは、素晴らしく美味しかった。記憶に残る、甘美な思い出です。

六〇年代初頭は、グリルした赤肉が流行でした。最も好まれたのは、牛肉の骨つきあばら肉――素晴らしいパルトネーズ産〔ポワトゥ地方〕の肉です――と、仔羊のカレ〔肋骨付き背肉〕の二皿でした。赤肉の美味しさに出会って、お客は虜となったのでした。

シェフは、あらゆるノウハウを知っていたので、フォアグラの下ごしらえも教えてくれました。このフォアグラは好きでしたが、今ではその方法では作っていません。まず、フォアグラの下処理をします。氷の中に落とし、三つから四つのかたまりに崩します。すると、血管をきれいに取り除くことができます。すべてを一緒にして、塩胡椒し、袋に詰めたら、ゲル化したヴォライユのフォン（仔牛の足の出汁も含む）の中でポシェします。そのまま冷やして、何日間か休ませます。結果は、美味で、バラ色に仕上がっており、それは素晴らしいフォアグラでした。しかし、私が好きだったのは、他のフォアグラです。オーナーが何年間も保存していたフォアグラで、今でも口の中にその味わいを感じることができるほどです。今までに食べたフォアグラの中で、最高のものでした。多くの人をびっくりさせてしまう危険をおかしてあえて告白しますが、私にとって、フォアグラの場合、最高に美味しいと思うのは、新鮮なものではなく、缶詰のものなのです。もちろん丹念に作られ、熟成されたものです。それは、美しくて美味しい。新鮮なものとはまた別物ですが、実に驚くべき味わいなのです。保存食の熟成フォアグラは偉大です。新鮮なフォアグラにはない特別の味わいを醸し出すのです。

フォアグラの風味をまるごと楽しむためには、室温で食べなければなりません。それに対して、火をさっと通しただけのフォアグラは、冷製で供するべきです。そうしないと、すぐに黒ずんでしまう。バラ色に、よく火を通したフォアグラは、バターのように滑らかな口当たりです。

野菜に関しても、見習いにとって、非常に恵まれていた環境だったといっていいでしょう。新鮮な野菜しか使いませんでしたし、もちろん、すべての下ごしらえをしました。皮を剝き、洗って、切り分けて……。仕入れていたモジェットという白インゲン豆は、莢から出して、古典的な方法で茹でました。そして、そこに、タマネギを少しと、とても繊細な味わいのベーコンの細切れを落としたのです。お客にサービスするときには、クルミ油を少々たらして食べることをすすめました。これは、ポワトゥ地方の習慣なのです。クルミ油は味もいいのですが、消化にもよりいいのです。もちろん、このモジェットは、仔羊のカレに添えるのが伝統的でした。モリーユ茸が〝湯気を立てる〟のにも、ここでしかお目にかかったことはありません。きまってある年配の小柄な女性が厨房までモリーユ茸を摘んで持ってきてくれるのですが、摘みたてで、太陽の光の中で、蒸気を放っているのが見えるのでした。そのモリーユ茸を入れてシンプルなオムレツを作るのですが、神々しい味わいでした。それに、トマトの果肉を一筋まわしかける。そんなものに、以来遭遇したことはありません！

　白ワインなしで、鍋でエトゥフェにしたザル貝。ムール貝ソースにたっぷり入った茎セロリ。リンゴと一緒にヴィネガー漬けにした赤キャベツのコンフィ。これは、ファルシにしたリエーヴル・ア・ラ・ロワイヤル〔野兎のロワイヤル風〕の付け合わせに（これは、「ルレ・ド・ポワティエ」の名スペシャリテでした）。セープ茸の薄切りで覆った、スフレにした舌平目のポワレ……。他、技術上の秘訣に出会ったのも、この時代に遡ることができます。

　パーティー料理では、仔羊のバロン、牛肉の上部背肉のロースト、スフレにしたオヒョウ、骨ごと焼いた鮭の輪切りなどをサービスしていました。才能のある、独創性に溢れたシェフでしたので、何でもないものから、何か優れたものを生み出すことができました。最もシンプルな料理こそ、きちんと仕上げていました。昼にサービスする冷製の鮭は、朝に火入れをする。つまり、決して冷蔵庫においておくようなことはしませんでした。冷えた若鶏をグループ客に供するなどということもまったくありませんでした。ロースト肉はすべて、ローストする最初と最後に塩胡椒をしていました。私はたくさんのことを学びました。こうしたことをすべて実践したからこそです。

若いジョエルは、技術を完全に身につけるための段階を静かに辿ります。一九六三年六月。一八歳のジョエルは、見習いを終え、ディナール市の「グラン・ドテル」でワンシーズンを過ごします。そこでは、今までとはまったく異なった経験をすることになります。また別の組織、別の生き方に出会うのです。

その厨房では、予め決められた夏の間のメニューをこなすことになっていました。かきいれ時でしたので、二カ月の間、一日の休みもありません。シェフは、ジャック・シルヴェストルといって、ホテル業学校の教師でしたが、夏の間だけ、ディナールでシェフを務めたのです。彼からも多くのことを学びました。秩序に始まり、時間管理や仕事の流儀についてです。彼は病的なまでのこだわり派でした。仕入れた素材を、状態が完璧でなかったために、入っていた箱のままゴミ箱に捨ててしまうこともありました。素材を尊重する、またひとつの流儀を、彼から学ぶことになったのです。例えば、ベアルネーズソースが、ほんの少しだけ銅の上に垂れてしまったとします。もしもそれを即座にすくいとらなかったら、そのベアルネーズソースを捨てさせました。厳密な仕事は信じられないくらいで、ほとんど病的でした。鍋は、ナプキンで拭き上げてからでないと、決して使ってはならなかった。完璧に仕事をこなしながら、ナプキンは常に真っ白なものを用意していなければなりませんでした。清潔に仕事をすることが要求されました。シェフは完璧ではないものは我慢ならない。ですから素材は非の打ち所のないものでした。

ディナールでは、私はコミでした。朝食を作るために朝出勤しました。朝食は主に卵料理です。ここでは、レストラン業のまた別のあり方に出会いました。長期滞在者がいて、一八〇食のランチとディナーを用意したのです。料理はシンプルでしたが、魅力的だった。ジャック・シルヴェストルはホテル業学校の教師ではありましたが、とても独創的な料理を作っていたのです。

ディナールでの仕事は、それは素晴らしい思い出です。仕事はハードでしたが、とてもシンプルで、少々家庭的な香りもする料理を作ることを学べたのでした。テュルボなどの贅沢な素材を使うようなことが、しばしばあったとしてもです。シェフは、管理部門にも優れていて、土日に、オマールなどの高級な素材を使った料理を出すため、ウィークデーのランチを、ラングやニシンのフィレ、パスタや卵で構成して倹約していました。見習い期間では、田舎風の郷土料理を作っていました。それがディナールにやってきて、突然、今までに出会ったことのない素材――特に魚などの素材ですが――に遭遇したのです。例えば、仔牛の火通しをバラ色に仕上げるとか、より新しい方法で肉を焼くことも覚えました。サヤインゲンはサービスする直前に茹でる――これは特別に美味しい――ということもです。これは養殖のムール貝などにもいえることです。このア・ラ・ミニュットの調理は、とても現代風でしたが、非常に難しいものでした。サービスのピークは、シェフが厳しくなるだけ、身が縮み上がりました。しかし、一番大変だったのは、まったく休みのないことでした。それでも、このときの思い出は、素晴らしいものとして心に残っています。

シーズンが終わり、パリへ戻ります。名だたる社交界の人々が足しげく通う、当時名を鳴らしたレストランで本格的に働くことになります。

ジャック・シルヴェストルは「トゥール・ド・フランス」〔フランス津々浦々にあるコンパニョナージュをめぐり、各地のコンパニョンの下で、職業を身につけ、錬磨する制度〕を支持するコンパニョン〔職人組合に所属する職人〕でした（しかし、このとき、私はそれが何であるのかは知りませんでした。いずれにしても、当時の私にとって、それはどうでもいいことだったのです）。私に初めての職を見つけてくれたのは彼でした。シーズンが終わった後、「オーベルジュ・デュ・ヴェール＝ギャラン」というレストランを紹介してくれたのです。九月にその店に入って、翌年七月まで働きました。この店は流行の店でしたが、清潔さというものを知らない店でした。非の打ちどころのないホテルから、びっくりするくらい不快な店で働くことになったのです。それでも、この店にはポンピドゥー大統領や、エドガー・フォール〔政治家〕、弁護士の花形たち、さらにはフレデリック・ポテシェール〔司法ジャーナリスト〕や、フロリオ先生〔ルネ・フロリオ。弁護士〕などもやってきていたのです。

「ヴェール＝ギャラン」のスペシャリテはアンリⅣ世風雌鶏のポトフでした。ヴォライユのレバーをベースにしたファルスを詰めて、ポシェ〔沸騰寸前の液体の中で茹でる〕し、陶製のココット鍋で、野菜と一緒に供するのです。しかし、オーナーはオーヴェルニュ地方〔フランス中央部〕出身でしたので、故郷の料理も多く出していました。

衛生面においては、楽園といえる環境ではまったくありませんでした。しかし、当時のレストランでは、こういったことはかなりよくあることでした。私は、今までの見習いの経験から、こうした状況は堪え難かった。しかし、シェフのジャン・フーケが私のことを気に入ってくれ、特に優しくしてくれたので、店に残りました。彼は実際よい料理人で、愛すべき人でした。それに、私には仕事が必要だったのです。そして、告白してしまうと、当時の厨房のほとんどは、ネズミのすみか同然でした。従業員がきちんとシャワーを浴びていたかもわかりませんし、桶や大きなブリキ缶などに、食べられそうなものはすべて入れていた。そして週に一度、誰かがきて、それを集めて持っていくのです。それは腐った臭いがした！　特に夏場ときたら！　ロワイヤル通りの名レストランの厨房の床も、土で固めたものだったのですから！　ありがたいことに、こうしたことは、方々で大きく改善されました。いずれにしても、ここでの経験は、次の二つの点において、役立ちました。こうしたネガティブな状況から、厳格に、清潔に仕事をすることの大切さを再確認させてくれたということと、違うタイプの厨房を知ることができた、ということです。「ラ・ロレーヌ」というレストランで働き損なってしまいましたが、当時この店は、《料理人の墓場》と呼ばれていました。というのも、厨房に五、六人しかいないのに、一日に千五百人もの客を取っていたからです。思うに、厨房の状況はもっとひどかったに違いありません。それで、私は「ヴェール＝ギャラン」にとどまることにし、シェフは私と親しくしてくれたのでした。

　働き始めて二、三週間後に、そのシェフから、ソース作りを任されました。たった一人で作るので、全責任を持つということになりましたが、他のスタッフが私のソースの味をみにきて、かなり褒めてくれたのを、とても誇らしく思いました。私が作ったことのないソースを作らせてもらえるほど、やる気が刺激されました。トイレに行けば、『グランゴワール・エ・ソルニエール』の小さな本を取り出して、レシピを読んでは、それを作ってみたり、少なくともそれからインスピレーションを得て、ソースを作ったりしていました。実際、創り出すのが好きだったのです。《魚》のソースで、皆を驚かせたこともありました。煮つめたフュメとルーを混ぜる古典的な方法でソースを作るのが普通でしたが、私は、それぞれの魚から煮汁をまずとって、煮つめ、バターひとかけらでモンテ〔バターを加えてかき混ぜる〕するという方法を編み出しました。これはまったく別物の味わいになったのです。とても滑らかで、より軽やかなソースになりました。単純に、そのほうがよかったからそうしただけです。同僚が私の仕事に示してくれた興味ですとか、ある種の賞賛に、心から喜びを感じました。嬉しかった。きちんと成し遂げた仕事からくる満足感だったのです。

それで、ジョエルは「ヴェール＝ギャラン」に残りましたが、とてもいい雰囲気に恵まれました。きちんとしたジュレを作るなど、たくさんのことを毎日のように学んで、有名人のお客に料理を供していました。しかし、労働時間は十分《ゆとりのある》ものでした。一日は夜一〇時頃に終わったのですから。一九六四年七月、兵役に出るまでそれは続きました。

私は《輜重隊《しちょうたい》》にいました。何の情熱をも持たず行ったのです。強制的だったからのことで、兵役を免除してもらう理由もありませんでした。モンスレリー〔イル＝ド＝フランス地方エソンヌ県の町〕の後、二カ月後には、デュプレックス兵舎〔パリ一五区〕の厨房に配属移動になりました。そのとき、兵舎が開催する小さな料理コンクールで優勝しました――人生で初めてのコンクールです――。そこには三、四人の民間の料理人が働いていましたが、私に好意を持ってくれました。ここに残って自分たちと一緒に働いていてほしいと思ってくれたようです。住んでいた兵舎ではとても満足していましたし、外出も許されていました。私も、デュプレックスで仕事を続けてもいいと思ったこともあったかもしれません。

しかし、軍隊は軍隊です。それに、サン＝トーギュスタン・クラブ〔パリ八区〕への移動も告知されていました。サン＝トーギュスタン・クラブでは、大変失望させられました。やはり厨房の配属でしたが、シェフは腕はいいのに、しばしば酒に溺れ、彼が悪いと決めつけた兵（人員の一部は民間人でした）にちょっかいを出しては、雑役を押し付けたのです。軍隊については、いい思い出はまったくありません。デュプレックスでは、少なくとも食堂の料理といえるものを出していましたが、サン＝トーギュスタンでは、気取った料理を出すようにいわれていました。無断で外出するとき、長枕をベッドの中に隠し入れるなど、兵役にある二〇歳の若者にありがちな悪ふざけをすること以外、ここで学んだことは何一つありません。

一年後、一九六五年六月末に、ジョエルは兵役から解放され、コントレクセヴィル〔ロレーヌ地方ヴォージュ県。鉱泉水〝コントレックス〟で知られる〕へ向かいます。ジョエルが尊敬するジャック・シルヴェストルについて、ワンシーズン、仕事をするためでした。ジャック・シルヴェストルからは、すでに多くのことを学んでいました。ジョエルはすぐにソーシエ〔ソース部門〕のシェフに選ばれました。五人という少ない厨房スタッフで、「グラン・ドテル」の六〇人ほどのお客の料理を用意したのです。また、いい経験をすることになりました。

このホテルも、食事つきの宿泊施設でした。アントレ二皿、魚二皿、肉二皿からチョイスのできるコースメニューを用意して、毎日、昼夜と変わりました。さらに、特別な食餌療法をする人のための料理で構成するア・ラ・カルトのメニューもありました。特に米と、水の効果と釣り合いを取るためのチョコレートも必須でした。時々、ホテルをよく知っているお客が、特別な料理を頼むこともありました。仕事はヴァラエティに富んでいて、私は、その健康的な雰囲気（環境）、それに、ジャック・シルヴェストルの料理に対するより現代的な取り組み方も好きでした。彼の料理はシンプルでしたが、非常によくできていて、当時のレストランにみられる全体的に重くて消化の悪い伝統的な料理とはほど遠いものでした。ワゴンサービスもこの店で知りました。その当時はよくあったサービス方法ですが、今日はほとんど目にしません。最近ほんの少し見直されているのか、はやりの店で見かけることもありますが。しかし、このワゴンサービスは見直すべきだと思います。肉は一塊で、よく休ませるので、繊維がほぐれてやわらかくなる。シンプルな料理を好む、特にビジネスマンの要望に応えるものではないでしょうか。薄切りあるいは厚切りがいいなど、お客の好みや腹具合に応じて、サービスすることもできます。これは、とても理にかなっており、心地よいものです。もしも、牛肉の素晴らしい背肉の部分や他の部位を、シンプルにワゴンでサービスするような店があったら、ビジネスマンの間できっと受けるに違いありません。さらに、付け合わせの野菜と、ソースではなく肉のジュを一緒に出すのです。彼らは確実にこの料理を頼むでしょう。

コントレクセヴィルは湯治場ですが、必ずしもダイエット食を作ったわけではありませんでした。そのころはまだはやりではありませんでした。よく出たのは魚料理で、ソースは控え目にしていましたが、本当のダイエット食といえるものではありませんでした。

　私はそこで、とても心地よいワンシーズンを過ごすことができましたが、病気になったため辞めなくてはならなかった。一一キロも痩せてしまったのです。厨房の中はとても暑かったので、水をたくさん飲んだのです。医者がよく診てくれましたが、回復するまでに一カ月もかかりました。そして、一九六五年の九月二五日頃に、パリのポントワーズ通りにある「クロ・デ・ベルナルダン」に入ったのです。

　ジャック・シルヴェストルにつきながらも、仕事を始めたばかりのジョエル・ロブションは、これというひらめきに、いまだ出会っていませんでした。プロとしての人生を変えるターニングポイントとなるひらめきは、別の三人のシェフとの出会いによるものだったと、ジョエルは回想します。彼らは、ジョエルに最も大切なことを教えてくれました。香りと風味を固定すること。火通しを自在に操ること。

　ずっと長い間、私は見た目がとてもよくて、技術的にもきちんと仕上げられた皿を作っていました。しかし、味わいは二の次になっていたのです。美味しいには美味しかったが、研ぎ澄まされたものではなかったのです。ジャン・ドゥラヴェイヌ、シャルル・バリエ〔一九一七～。トゥール市に創業した「シャルル・バリエ」は、六八年から十一年間三つ星を守った名店だった〕、アラン・シャペル〔一九三七～九〇。リヨンのそばミヨネ市の「アラン・シャペル」を七三年に三つ星とした。〝厨房のダ・ヴィンチ〟と呼ばれた伝説の料理人〕と出会って、私は考えをすべて改めました。例えば、ルージェですが、ルージェの味わいを引き出すためには、ルージェのジュしか使わない。それだけです。何の飾り立てもしません。

実際、このひらめきを感じたのは、かなり後になってからでした。おそらく、料理において少しのことを知るためには、多くのことを経験しなければならないからでしょう。まだまだ学ぶことはたくさんありました。しかし、不意に、知っていたと思っていたことが、間違いだったと気づく。例えばアラン・シャペルが料理に塩をふりかける。その塩をする仕草を見たときや、シャルル・バリエがニンジンとタマネギの輪切りを一つ一つきれいに焼き上げて、ジュを作っているのを見たとき。ふとしたそういう瞬間にです。仕草は本質的なことで、ニンジンやタマネギを適当に切り、ソテーしたものでは、同じ結果は決して得られないということを皆知っています。すべてに対して現代的な考えを持っていたのは、ジャン・ドゥラヴェイヌでした。彼のことをああこう批評する人はいますが、彼は天才です。ドゥラヴェイヌから学んだ料理人はたくさんいます。例えば、ゲラール〔ミッシェル・ゲラール。南西部アキテーヌ地方ウジェニー・レ・バン市「レ・プレ・ドゥジェニー」のオーナーシェフ。一九七七年より三つ星〕、サンドランス〔アラン・サンドランス。ヌーヴェル・キュイジーヌの旗頭。「リュカ・カルトン」のオーナー・シェフとなり、三つ星を二八年間維持する。二〇〇六年よりリュカ・カルトンを、高級ビストロ「サンドランス」にした〕などです。彼は《推進者》となるタイプの人なのです。私がヨウ素で調理した魚を初めて味わったのは、ドゥラヴェイヌのものでした。魚をヨウ素を入れた水でポシェするのですが、そうすると、見事な香りを閉じ込めるのです。それを作るには、アイディアと素晴らしい味覚がなくてはなりません！　もしも師を一人選べといったら、優れたものを生み出したドゥラヴェイヌを選びます。彼は私に多くのことを与えてくれたのです。

料理をするために生まれついた資質などというのはあるのでしょうか？　いずれにしても、それは私のケースではありませんでした。料理人の運命を約束するものは何もなかった。始めは、中等神学校で、修道女の穏やかさと温かさを求めていました。持っていた天性をあげるとするなら、たった一つ、所作かもしれません。私は手先が器用なのです。料理は手でする仕事で、入念さを必要とします。それに、私は食いしん坊で、注意深い性格だと思います。見習いに入った時から、料理を好きになったのです。人生において、たった一度でも、この職を選んだことを後悔したことはありませんでしたし、他のことをしたいと思ったこともありません。料理は常に情熱を与えてきてくれましたし、今もそうです。もしも、もう一度人生を与えられるとしたら、やはり料理人を選ぶでしょう。料理はたくさんのことを与えてくれる！　懇親ですとか、分かち合うということ、そして特に、情ですとか愛を表現するための素晴らしい方法なのです。料理で人を喜ばせたいと思う。幸福の商人になることができるのです。殊に、私のような学歴のない人間にとって、これほどの満足をもたらしてくれる職業が他にあるとは思えない。そして、私は、九〇人もの従業員を抱える企業を指揮するまでになりました……。

私にとっての最も大きな幸せは、常に、きちんと成し遂げられた仕事を愛する気持ちから生まれるものです。おそらくこれは、母や中等神学校、そして、コンパニョンの人々から得た教育によるものでしょう。六八年五月の最中に、コンパニョンの人々から、きちんと成し遂げられた仕事を正当に尊重するよう教えられたのです！

二〇歳。コンパニョナージュ（職人組合）

職業との出会い。厳格な見習い期間。作品。
《ポワトゥヴァン・ラ・フィデリテ（忠実なる、ポワティエの人）》は
料理人になる。
料理人の見習いを進展させるために。
そして、学校について。

一九六五年の九月に「クロ・デ・ベルナルダン」に入った頃、店は良い評価を受けており、いい店と評判でした。一つ星もありました。オーナーのムッシュー・ダルモンは、バスク地方〔フランス南西部。スペインとにまたがる地方〕出身のその道の偉大なるプロで、なかんずく、バスク地方の郷土料理である美味しいピペラード〔赤ピーマン、トマトをベースとした炒めもので、最後に卵を入れ、かき卵にする〕は、お客の前で作ってサービスしていました。それは大変よくできていて、とても評判でした。

ここでの仕事もまた、今までと違うものでした。四〇人分の料理を作るのに、厨房スタッフは二人だけでした。つまり、パティスリーも含めて、何でもこなさなければならなかった

のです。清潔なとてもいい店で、日替わり料理があり――これは、私たちにとっては仕事の負担を軽くしてくれるものです――、料理はとても感じのよいものでした。例えば、ジャガイモのガトーは、鵞鳥の脂でよくよくコンフィにして、中はとてもやわらかく、外側は黄金色に仕上げるのですが、これがカリカリとして美味しかった。一人で、また素早く仕事をこなすことを、ここで学びました。オーナーは私をとても気に入ってくれて、私をぜひシェフにしようとしました。当時のシェフは、素晴らしい腕前の若者で才能があり、私たちは気が合っていたのですが、オーナーは彼を正当に評価していませんでした。私は、新しい料理をいくつか作って、それがお客の気に入ったので、オーナーは私をシェフにしたがったのです。ほとんどのレストランでは、同じ料理をサービスしていたので、私の創作した料理は、彼を喜ばせたのです。例えば、アンコウをオーブンで丸ごと焼いて、サフラン風味のパスタを添えるなどのモダンな料理です。そして、それを、ヴァンサン・ブレルという有名な食通が支持してくれたのです。そのお陰で、店の会計が潤ったと思います。

素晴らしい客層に恵まれ、新鮮で良質な素材を使って料理ができました。週に一度は、丸のままの豚の腿肉でハムを作りました。そのハムに、クルートをつけるか、あるいはクルートなしでそれを焼き、トマトとクリーム、エストラゴン風味のフォンを三分の一ずつ調合したソースをつけて出したのです。このハムが私はとても好きで、特にホウレンソウとの相性は抜群でした。しかし、もうこうしたものは出さなくなりました。また、新鮮なスカンピやラングスティーヌの殻を取って、フライ用の生地につけ、揚げました。今は、この古典的なフライ用の生地のかわりに、でき合いのブリックの皮に包んで揚げるようになりました。この方法だと、早く仕上げることができますが、味わいは劣ります。

　シンプルに仕上げた料理もありましたが、まだきちんとした料理を作っていました。古典的なベアルネーズ・ソースのかわりに、細かく刻んだフレッシュハーブを加えたシンプルな溶かしバターを、料理とは別にソース入れで供しました。これは、とても美味しくより軽やか、自然な味わいで、簡単に作れます。私は、自分自身が食べたいものを作ることに喜びを感じていました。勘を信じて実現するので、本を調べたりとか、人に聞いたりとか、他に頼ることはしませんでした。ウナギには、イラクサで作った緑色のソースを添えましたが、イラクサはレアル市場〔パリ一区。旧パリ中央市場〕から仕入れるのではなく、ベルギーからの直送で冷凍されたものを使っていました。豚肉加工業者が仕出ししてくれる豚の肩肉はとても上質で、それを、猪肉でするように、香りよく、香辛料をきかせてソテーをし、とろ火でゆっくりと煮て調理するのを楽しんでいました。お客はたいてい、それをお代わりしたものです（まだこの時点では、ヌーヴェル・キュイジーヌによってもたらされた、皿盛りサービスはありませんでした）。オーナーは、小ぶりの伊勢エビを一山で買う。私はそれをサービス直前にポシエして、溶かしバターと一緒にテーブルに運ぶ。それだけです。それをオーナーはお客の前で切り分けて、生温かい身の上にバターを流しかける。これ以上美味しいものはありません。

　素材重視の料理でした。オーナーは、週に一度はレアル市場に行き、他の日はモベール市場〔パリ五区〕に通っていました。結局、料理はとてもモダンに仕上がり、お客に喜んでもらえました。レストランは年中、昼も夜も満席で、また愛らしい客室だったのもよかったのです。
そこで何カ月か働いた後の一九六六年七月、「バークレー」に移りました。オーナーが、私をシェフにしたいがために、私が慕っていたシェフを解雇しようとしたからです。彼はそのシェフを解雇したのですが、私が辞めたので、もう一度そのシェフを呼び戻しました。しかしながら、繰り返しますが、この店では、めったにできない素晴らしい経験をさせてもらいました。いろいろな店で働いてみることをためらってはいけない、と、今の若い料理人達に言いたいと思います。それがたとえ小さな店だとしてもです。この店では、厨房に私たち二人しかいなかったので、すべてをしなければならなかったですし、すべての責任を負わなければならなかった。特に、どちらか一方が休みを取ったときなどはそうでした。

仕事はこのように続きます。そして同時に、さまざまな人とのつながりができました。そしてコンパニョンの人々と関係を持つことにもなります。

すべては、「ヴェール＝ギャラン」の頃に始まりました。アンドレ・トレイユという、傑出した、まれにみる徳のある人が、同じ厨房で働いており、私がコンパニョンが集まるバルに一緒に来ないかと誘ってくれたのです。彼はのちのち、私がコンパニョナージュに入会するときの推薦者となってくれたのでした。それがどんなものか知りませんでしたが、そこへ行ってみたのです。

それは大きな冒険の始まりで、ジョエル・ロブションの人生を決定する一つの本質的な要素となるのです。ロブションは、コンパニョンの絆、そして、コンパニョンの母となる役割の人に、心を惹《ひ》かれ感動もしました。入会するように勧められたとき、躊躇なく受け入れたのでした。

兵役に発つ以前、また、それから戻ったころは、私は吸い取り紙のようでした。家族の問題で孤独だったので、コンパニョンの存在は大きな救いでした。一人ぼっちでしたが、もう一つの家族を見つけたのです。彼らは私の心を奮い立たせて、きちんと成し遂げられた仕事に愛情を持つよう、導いてくれました。六八年の始まりにあって、このように導くことはかなり難しいことでした。私を含めて、あらゆる人は行動はしなくとも意識の上では革命家だったからです。私自身も、迷い、脇道にそれ、プロ意識にこだわらないという可能性もあった。コンパニョンの人々から、自分の仕事を尊び、名誉に思う心を学びました。これは、この時代の若者の精神に逆らっていました。つまり、仕事は生きるための手段で、それ以上ではない、との考えが主流だったのです。また、コンパニョンで教えられたのは、完璧は存在しないということ。しかし、常により良いものを目指せる、そしてすべてを改善できるということでした。この言葉は、絶えず耳にしていました。

コンパニョナージュでは、私よりも年齢の上の人がほとんどで、石工、大工、家具職人、時計職人、施盤工など、あらゆる職業の、その道のプロといえる人たちと交流ができましたので、とても実り豊かでした。皆が、幸福そうに、情熱を持って、自分の仕事について話している。ヴェルサイユ宮殿で働いている人たちもいて、その修復工事をしているということでした。彼らがそうやって話しているのを聞くのが楽しかった。なぜなら、彼らは、幸せそうで、自分の仕事に満足しており、ちっとも窮屈なところはない。それは仕事によって生まれる、素晴らしい生きる喜びでした。会合はとても和気あいあいとしていて、コンパニョンの母といわれる女性が、私たちの面倒をみてくれました。当時、パリのパヴェ通りに本部があり、そこで毎月大きな会合がありました。しかし私は、できるだけ毎日、午後に仕事が終わるとすぐ、そこへ出向くようにしていました。また、アンドレ・トレイユは集会所にもなる小さなバーを持っていて、そこでさまざまな人に出会うことができました。雰囲気はとても感じがよく、和やかだった。今日、コンパニョンについてより理解を深めるためには、コンパニョンには三つの支部がある、つまり三つのアソシエーションからなると知っていただきたい。〝コンパニョン組合〟、〝職人組合同盟〟――私が参加していたのはこれです――、〝労働者協会〟の三組織です。〝労働者協会〟は、前の二組織とは少々違った方針を持っていました。

コンパニョン同士では、宗教や政治について話さないということが約束でした。いさかいの種になるので禁止されているのです。定義上、コンパニョナージュが、労働者の組織で、手仕事を第一としているだけに、もっともなことでしょう。コンパニョナージュのメンバーは、知的な高等教育を受けた者がいるとは限らなかったのです。彼らは、自分自身の仕事に関しては、それは広い知識と経験を持っていましたが、控え目で飾り気のない人々でした。ラウル・ヴェルジェのように、抜きん出た人もいましたが、例外的でした。その上、彼らは、目立ちたいという人たちではまったくないのです。

コンパニョンの人々、そして特に、皆の面倒を見ている〝母〟は、私に対して、それは愛情を注いでくれました。このころパリは、他の《カイエンヌ》〔〝母〟がすべての面倒をみてくれる宿舎のこと〕からは孤立していて、〝トゥール・ド・フランス〟をしているコンパニョンの宿舎を確保するための技術的、経済的手段がありませんでした。

> ほぼ定義上、コンパニョンになることは、できるだけ控え目でいることを学ぶことでした。また、コンパニョナージュについて知識のない人々から、時には不審げな、しばしば軽蔑的な目を向けられることも受け入れなければなりません。

私には問題がありました。カトリックでは、特に、私が過ごした中等神学校では、コンパニョンに対して先入観を持っていたのです。それを奇妙な目で見て、すぐにフリーメイソンと混同するのです。まったくの無知から、ミステリアスな印象を持っていて、奇妙な儀式ばかりしている人たちだと誤解しているのです。コンパニョナージュは、門戸が狭く、正体が知られていないため、タブーとなってしまった。しかし、コンパニョナージュには、道徳を害するようなことは何もありません。そればかりか、料理人という職業を全うしたいと思っている若者達には、ぜひ、コンパニョンたちに会ってほしいと思います。傑出した人格者で、腕のいい仕事人たちばかりですから。それに、他の職業を持つ人々と接することも大切です。とても役に立つことでしょう！　同業者内だけにとどまらず、他の職業の人々と接する機会が、否が応でもある。それが、コンパニョナージュでは可能なのです。

《カイエンヌ》には、作品群が設置されているのですが、それはとても感動的です。コンパニョナージュの考え方に浴して、常により良いものを目指すことができるということを毎日繰り返していると、考えが変わり、それが身についてくるようになるのです。私は、コンパニョンとしての作品をベストを尽くして作りました。自分自身にあるものをすべて出し切った。しかし一方、私は、それ以上のもの、ずっといいものを作ることができる、ともわかっている。こうしたことを、若いうちに認識できると、もはや並みの人間ではない。年配のコンパニョンから作品について批評をいただくのですが、そうしたとき、私たちは、謙遜の心を知るめったにない教えを受けることになります。作ったものを隅々まで分析してくれて、より努力できた点を指摘してくれるのです。

入会式は非常に意義深いので、凝縮した、コンパニョンとしての人生の中でも最も素晴らしいひとときです。私の知る限りでは、すべてのコンパニョンが、入会式によって深い影響を与えられたはずです。

57　二〇歳。コンパニョナージュ（職人組合）

1966年1月。ジョエル・ロブションは《ポワトゥヴァン・ラ・フィデリテ（忠実なる、ポワティエの人）》の名のもとにコンパニョンの一員として迎えられた。ロッジの会長であるナポレオン氏、アンドレ・モロー氏とともに。(archives Robuchon)

ついに、偉大なる日がやってきました。ジョエル・ロブションは《ポワトゥヴァン・ラ・フィデリテ（忠実なる、ポワティエの人）》との名を与えられました。

一九六六年一月、作品を仕上げたのちに、コンパニョンとして入会を許されました。野兎のファルシを再構成した冷製の皿で、並外れた味わいをたたえる優れた作品でした。中はガランティーヌのように仕立て、表面に艶を出しました。小さな赤リンゴを、レモンと蜂蜜、胡椒で香りを高めたマンダリンオレンジのジャムで火を通し、添え物にしたのです。当時にしたら、これはいい出来映えでした。しかし、今日から見ると、恥ずかしい作品です。もっと洗練された方法で、違ったふうに調理することができたはずです……。いまだかつて実践してはいませんが！

コンパニョンになるためには、作品だけでなく、その人の道徳性や人生における倫理観、仕事に対する厳格な態度、周りの人を尊重する気持ちがあるかどうかも判断されます。二〇歳から三五歳で入会するのが一般的ですが、それよりも年齢が上の方が入会する場合も時折あります。私が入会したのはちょうど二〇歳でした。コンパニョナージュには、料理人はあまりいません。名高い〝トゥール・ド・フランス〟を実践するのに相応しい職業なのにもかかわらずです。料理人にとって、見習いの時期に地方をあちこちと巡ることは、その土地の料理や産物に出会える機会にもなるので、とりわけ実り多いものとなるでしょう。

私が参加していた職人組合同盟にも、料理人の数がとても少ないのは、大変残念です。入会する手段が欠如している以上、解決策はありません。入会したいと思っている人がいても、それに応えることはできないのです。たくさんの若者が興味を持つだろうと確信していますが、入会方法を提示している組織は、労働者協会だけです。職人組合同盟にはそれはありません。ともかくも、コンパニョナージュが、仕事を始めるにあたってのイニシエーションをするわけではありません。すでに、基盤をきちんと固めた若者でないと入会は許されないのです。同盟に入るためには、まず、コンパニョンに出会う僥倖を得ること。さらに二名の推薦者が必要です。私の店で働いていた若者を、コンパニョンに推薦することもしばしばあります。彼らは、コンパニョンとして不可欠な資質である厳格さと、仕事や他人を尊重する心を持つ、ある精神性のある者です。これは、とても大切なことです。こうした精神性は、日本に生きています。日本人は、仕事で金を稼ぐためだけではなく、自分自身のために働いている。コンパニョンには、あまり金を稼いでいない職人も大勢いますが、それは問題にならないのです。素晴らしい心の平静を保って生きられ、幸せで、伸び伸びといられれば……。そういう精神性は人を裏切ることはありません。多くのコンパニョンは、仕事だけでなく、家庭においても、とても充実した生活を送っています。素晴らしいことではないでしょうか。

二〇歳でコンパニョンになるということ。厳密にいえば、ジョエルは〝トゥール・ド・フランス〟をしませんでしたが、すでに五年も前から実践してきた仕事の中で、確固とした基盤を築いていたのでした。

私は、すべての人に、コンパニョナージュに参加できる権利があればいいと思いますが、それは簡単なことではありません。まずは、あなた自身に興味を持ってくれるコンパニョンに出会うチャンスがないとありえません。それに、先ほど申し上げたように、コンパニョンの料理人はとても少ない。さらには、コンパニョンになるには、プロとしての資質に加え、道徳的な資質も求められますが、これは近ごろ、失われてきた観念です。そのため、料理人のコンパニョンの数も少なくなってきたのでしょう。個人的に、若者でもコンパニョンになる人は資質のある人と判断していますし、公平に判断して、声をかけています。コンパニョン同士、若者を紹介し合って、推薦し、面倒をみています。コンパニョナージュには、男性しかいません。この伝統は遠い昔に遡ることになりますが、その当時は、女性は職業を持たなかった。コンパニョナージュに参加をしている女性は《母》だけです。一カ所のカイエンヌにつき一人はいます。そうした《母》は、たいていはコンパニョンの妻で、地方を巡る若者たちの世話をしています。彼女は、そうした若者たちの母の役割も果たしているのです。

コンパニョンになると、一生その一員として役割を果たすことになります。ジョエルは、仕事が忙しくて、集会へ出向く時間がなかなかとれないにしても、常に連絡は欠かしません。他のコンパニョンのために何かできることがあったら、二つ返事で引き受け、できるだけのことをする。物理的には離れていても、精神的にはつながっているのです。

ここで、現行の見習い制度について考え直してみましょう。若者を酷使しようとする企業から守るため、それは見直され、手直しされて、法的な制約が加えられています。しかし、これは過保護すぎて、企業での見習いの概念さえも凍結してしまうということにならないでしょうか？　若者から、レストランの雰囲気にどっぷりとつかり、自分の職業を余すことなく体験する機会を、取り上げてしまうことにもなるのです。

今日の見習い制度は、重大な問題に直面しています。学校を出たばかりの職人を雇用するときに、見習いを経験していないという者が大多数なのです。しかし、我々の仕事の大部分は、当然現場で学ぶことになります。学校では、調理法を学ぶことばかりに時間を費やすので、サービスのピーク時に調理場に流れる雰囲気や緊張感がどんなものかは、想像もつかないのです。本質的な要素が、そこではたくさん抜け落ちているのです。

近年、見習い期間は二年のみに短縮されました。つまり、一六歳になって初めて見習いを始めることになります。しかし、私が思うに、若ければ若いほど、さまざまな決まり事に順応できる。一八歳、あるいは二〇歳では、すでに遅すぎるのです。さらに、それ以来、企業での研修と学校での勉強を同時進行することになった。周知のことですが、この職業を選んだ子供たちのほとんどは、学業に向いてはおらず、そうした子のほとんどは、学校ではうまくいかなかったからという理由で、この職を選んでいます。ですから、そうした子供たちを、学校の枠組みにとどめておこうとする考えには、頭をひねってしまいます。前にも言ったことですが、見習いは夜の一〇時には帰らなければならないことになっています。すなわち、都会の店ですと、ディナーのサービス時間には参加できないということになります。こういう状況ですから、実際に働くことになったときに、実践が伴わないということに陥る。オーナーが放任主義だとか、従業員の働きを監視しないような田舎の小さなレストランなら、もしかしたら、それでも通用するかもしれませんが。このような状況では、若者がリスクをしょうばかりです。

今日の料理人は、学校だけで研修を受けたものが大多数です。学校から出たら、すぐにあらゆることを学ばなくてはならない。このような状況ではさらに、一年から一年半の実践が必要となります。そうこうするうちに、今度は兵役義務を果たす年齢になる！　時差が生まれてしまうのです。

さらに、学校では、才能のある教師はまれですから、これでは事態は好転しません。そのために、学校から出たがらない人がいるのを知っています。生徒がそのまま教師になってしまう。授業プログラムや、習う料理、実践する料理に関しても、それらは、一昔前のもので、現代の料理とはまったくかけ離れています。

現在、おそらく、こうした教育について考え直さねばならないことがあるのではないでしょうか？　三つ星を冠するジョエル・ロブションが、学校のプログラムを編成し直し、学校で学ぶ料理を現代に適応させるため、影響力を示すことは、おそらく可能なのではないでしょうか？

もちろん、このテーマについては、心を動かされますし、すでにいくつかの会合にも参加しています。しかし、何も解決されません。結論はいつも何かをしなければならない、ということになるのですが、実際、何もおこらない。それは、学校の校長が、プログラムを見直す自由な権利を持ち合わせていないからです。文部省のやり方は信じがたいもので、動かすのは不可能なのです！　ですからその結果として、若者はありきたりの研修しか受けられず、厨房の雰囲気も知らず、最も大事な、サービス時に要求される迅速さをも学ぶことができない。とにかく早く作業することが要求されるのです。高級レストランであっても、お客は料理を二〇分と待つことはできません。それに、用意する料理は一皿だけではないのです！それは、ストレスがかかります。きちんと研修を積んでおらず、また厨房のリズムに乗り遅れ、夜や日曜日に働くことに慣れていない者は、長い間持ちこたえることができないのです。学校を出た若者が、私たちのようなレストランで働くことに耐えられないとは、無駄としか言いようがないでしょう。私たちの店よりも小さなレストランでさえ、まったく異なった毎日の生活や仕事のリズムを一度に受け入れるのは難しい。彼らは繭から出てきたばかりの、ほとんど乳呑み子のようなものです。

もちろん、昔はやりすぎだった面もあるかもしれません。しかしながら、正当な中庸案を取るべきでしょう。厨房のリズムの規律をきちんと身につけさせ（正しい検閲をしながら）、また一方では、学校での教科を見直し、本当に役立つことを教え、現代の素材や技術にも開眼させ、現実と常に接触させるような改革が必要なのです。

学校を出たばかりの駆け出しの料理人で、野菜を剝くこともスライスすることもできないという者もしばしばいます。それは、ほとんど何もできないということです。それに、店に入ったばかりで、どうしたらいいかわからず、リズムに合わせられないままでいます。結果、若者たちの人手がどうしようもなく足りない、という状況に陥る。皆、厨房であれ客室であれ、常にスタッフを探しているというのが実情です。客室の現状はもっとひどい。肉体的にもきつい仕事であると同時に、特に労働時間がハードだからです。もし、すぐさま、法定の労働時間を適用しなければならないとしたら、立ち行かなくなるレストランがたくさん出るでしょう。そればかりか、質も失われてしまう。同じ仕事をするのに、昔は、一人雇えばよかったところを、今では三人も必要です。それは単純に、きちんとした研修がされていないからのことです。

もっと深刻なのは、小さな店の上に立つ若い料理人が、バターでモンテすることも、パイ生地を作ることも、古典的なソースを作ることもできないということです。ベーシックな料理をもはや作ることができない。CAP〔Certificat d'Aptitude professionnelle（職業適性証）〕のプログラムしかこなさないので、レシピをいくつかしか学ばないのですが、そうしたレシピは驚くことに、私がこの世界に入った当初と、ほとんど変わらないものなのです！　それに、フォン・ド・ヴォーを多用しすぎる。豚の背肉や、グラン＝メール風若鶏のココット、仔兎のマッシュルーム添え、ホロホロ鳥のひなのロースト、オリーヴやかぶを添えた、あるいは、オレンジ風味の仔鴨など、全く手を加えないでいいような料理にも使ってしまう。フォン・ド・ヴォーから、どうして、鴨のフォンやヴォライユのフォンを教えようとしないのでしょうか？　奇妙すぎます！　CAPの教科書『実践料理研究』の写真やレシピを見てみてください。目が覚まされるはずです。なぜ、共同食堂や、またレストランさえ、ひどい状況のところがあるのか、すぐに理解できるに違いありません。六〇年代の時代おくれの料理にすぎない。重くて、創造性のない、たっぷりとソースをかけた、火を通しすぎた魚。素材選びにまったくこだわらないばかりか、調理に関してリスペクトもあったものではない。そして二皿に一皿は、とろみをつけたフォン・ド・ボーだ。これは、まったく惨憺たるものです！　ひとたび私の店に入った若者は、そうした記憶をすべて、あるいはほどんど消し去らなくてはならない。ですから、ゼロからすべて教え込むことになるのです。

ベシャメルに捧げるオード。きちんと仕上げられた、素晴らしいベシャメル・ソースは、以前はあらゆる料理の上を覆っていたものでしたが、何処へ行っても見当たら

なくなってしまいました。

レシピは常に同じ、あるいはほとんど同じなので、それを空で覚えることになります。何の変化もありません。ところがベシャメルでさえ、彼らはもはや作り方を知らないのです。しかしながら、ベシャメルから、美味しいマスタードソースを作ることができます。私は見習いのときに覚えたのですが、これがニシンにとても合う。エシャロットと一緒に白ワインを煮つめて、そこに軽めのベシャメルとマスタードを入れて作るものです。とても軽く、滑らかに仕上がります。今日では、卵黄とバターからオランデーズソースを作り、これに、クリームとマスタードを加えている。これでは、胃と肝臓がやられてしまう。コレステロール値を考えていないようなソースです。ベシャメルの名誉を回復しなければならないでしょう。以前、ベシャメルばかりが多用されていると思ったら、今度はそれをすっかり放棄してしまう。ここでも必要なのは、きちんとした中庸なのです。新しい料理を創るのはいいことですが、今日雇う若者たちは、ほとんど基盤がない。学校では、基本を教え込まなければなりません。ブール・ブラン〔エシャロットと酢を煮つめ、バターを加えたソース〕を追々使うようなことはないにしても、それを作れるというのが大切なのです。エマルジョン〔乳化〕の原理、つまりそれがどうしてある程度の固さを得て、安定するのかという原理を理解することになるからです。

CAPの《正しい》あり方は、ここにはないのでしょうか？　基礎を学校で学べば、

足元をきちんと固めて――あるいは、手先を器用にして、というほうが適切でしょうか――、世界へ飛び立つことができるのではないでしょうか？　もちろん、以前から存在するレシピを教えながら、それをより〝今〟の時代に合わせる方法も提示しなければなりません。現状ですと、魚を火入れをしすぎるなど、素材はきちんとリスペクトされていませんし、生徒たちは、素材についてきちんと教えられていないままなのです。

問題は、生徒に始まったことではなく、教師に非があるのです。よい教師がだんだんと減ってきていて、今年、M.O.F.〔フランス最高職人賞〕を獲得した人など、何人かよい教師も知っていますが、そうした人はとてもまれなのです。このM.O.F.となったばかりの私の知り合いは、並外れた才能の持ち主で、また別の人生の質――つまり、ここでも労働時間の問題ですが！――を求めて、教師になった。しかし、こうしたレベルの教師は、多数派ではありません。教師のほとんどは、調理に対する概念があいまいなままです。一時期の料理人たちを育てたシルヴェストルやプランシュなどのような人物からはほど遠い。彼らは、モダンな料理は作りませんでしたが、基礎はしっかりと仕込んでくれたのです。現在、基礎を踏まえた熟練した職人はまれなのです。

しかしながら、失業率が高く、経済的に危機に陥っている今の社会にとって、レストラン業は、とても魅力的な仕事ではあります。仕事がたくさんあるので、見習いを終えた若者は、すぐに昇進します。二年か三年すれば、たくさんのことを身につけて、部門シェフにもなり、二一歳か二二歳で、一万フラン以上も稼ぐことができます。高い給料ではありませんが、二五歳や二六歳ではシェフにも就くことができる。この歳になるまでは、まだ力は残念ながらついていません。そして、一度シェフになれば、二万〜三万フランを容易に稼げるようになる。「リッツ」や、モナコの「オテル・ド・パリ」のような特別の場所であればそれ以上で、その給料は、大企業の社長レベルです。仕事をする意欲のないような人は別ですが、常に引き手があって、失業することのない職業です。私の店にも、高級レストランから、ひっきりなしに問い合わせがあって、厨房や客室のスタッフを捜している。私の店を含め、デュカスやサンドランス、サヴォワなどの店は、若者のほうから働きたいと志願してきますから、恵まれています。さらに、私の店では、いい給料を払っています。学校から出たばかりの若いコミでも八五〇〇フランと毎日の食事、さらに一年後には、九〇〇〇フランにもなります。客室スタッフは、もっといい給金を稼いでいます。

なぜ、レストラン業の仕事が嫌われるのか、きちんとした理由は説明されていません。労働時間が本当にきついとか、若者たちにとって遊びたいという欲望は抵抗しがたいから、というのが理由かもしれませんが。もちろん、大グループのホテルでは、給料はあまりよくありませんが、その代わり、時間外の仕事をすることはありません。これほど雇用の多い分野に対して、多くの若者が魅力を感じないというのは残念でし

かたありません。

しかし、最近は、料理人もテレビなどの媒体に登場するようになって、その成功が、若者の心を捉えるようになったでしょう。しかし、そうした成功に至るのは、容易なことではありません。仕事をせずして、こうした地位につけるようなことはないのですから。皆、厨房で、たくさんの時間を費やしてきたのです。見習い期間では、いいことばかりではなく、この仕事の窮屈な面について知ることになる。学校を出たばかりの若者が、学校から出て仕事を始めると、実際の仕事に対する概念を持ち合わせていないので、挫折してしまう。私たちの一日が、しばしばとても長いというのは、本当のことなのです。

職業意識というものは失われてしまったのでしょうか？　現代を生きる人々は、今日得られるようになった休暇や、生活の質を求めるため、拘束時間の長い仕事というのは、あまりに過酷なのでしょうか？

職業意識が失われてしまったということはありません。しかし、質の高いレストランでは、熟練したスタッフを獲得することが、だんだんと厳しくなっているというのは、確かだと思います。今日の教育制度が、未来の困難を用意しているのです。質を気にかけないようになり、社会保障の負担がどんどん増えるために、私たち雇用者は、訓練の足りないスタッフを数で補う——これは一番妥当な手段なのですが——ということもできないでいます。すべてを考え直さなければならない。つまり、精神のあり方、見習い、教育課程、教師などのすべてです。そして、基本から始めなければなりません。よい教師を育てて、教育課程を改定し、少しずつ改善を図っていく、ということです。

しかし、まずは、見習い期間を三年に延長するよう考え直すことこそ、早急になすべきことだと思います。二年では不十分です。それに、昔のように、一五歳から始めるべきです。もちろん、子供たちが、読み書きができたり、表現したり、英語を少々でも話せたり、国の法律について基礎知識を持ったり、など、こうしたことを学校教育に任せるということに、私は賛成です。また、労働時間も見直すべきで、ディナーのサービスに参加できるよう、夜の仕事を一一時までに改定すべきだと思います。そして三年後、見習いがその企業から卒業したときには、少なくとも、技術やどのように動いたらいいかという所作を身につけている——。これが、肝要なのです。所作というのは、私たちの仕事において、とても大切なことです。またその間、ランジス市場〔パリ郊外ランジスにある中央市場〕に行くなどの授業があれば、素材の本質を学ぶことにもなるでしょう。

残念ながら、教育課程の改定を主張しても、有能な人にではなく、常に、美辞麗句を並べ立てるような人に訴えることになってしまう。私は今までにたくさんの委員会に参加しましたが、何も進展しなかった。とても大切なことなのにです。何も変わらず、何にも至らないのです。CAP の教育課程は少しずつ進化してはいますが、あまりに遅々としているために、変わりゆく現代にはとても追いつかないのです。

このようになかなか進展のない中、ストラスブール〔アルザス地方の中心都市〕やブロワ〔サントル地方の町〕のホテル業高校あるいは、パリのフェランディ高等学校など、おそらく、料理人になるに相応しいエスプリをもって教育しているところもあります。こうした学校では努力をしており、よい教師がいて、きちんとした職業訓練を受けることができる。しかし、こうした学校でも、文部省は避けて通れず、平然と何くわぬ顔で、しばしばイニシアティブを取ろうとするので、機能しなくなることもあるのです。

しかし、誰も動こうとしないかぎり、レストランは、スタッフに恵まれず、十分なチームを構成することもできません。

優秀な学校が、現場での見習いを義務づけるしかありません。料理人になりたいと思っているすべての人に、繰り返し助言したいのは、こうした現場での見習いこそ大切だということです。

まずは小さな店から始めることをお勧めします。そうすれば、すべての仕事に携わることができる。結果、すべてを学ぶことになりますから、私の店のようなレストランで働くよりもよっぽどいい。私の店ですと、仕事はあまりにも細分化されていますので、多くのことを学べないのです。その代わり、経験を幾分か踏んだのちには、大きなレストランをあちこち回ってみるのも、まったく難しいことではなくなります。というよりも、自分の店を持ちたいと思っている人は、あらゆる店で働くことが必須でしょう。

もう一つ大切なことは、他の形態のレストラン業を中傷してはならないということです。共同食堂で働くということは、また別の料理の方法を教示してくれることにもなります。ほとんど何もないところから、何かを作ることを学び、技術を身につけることになる。学校や現場で基本を学んだら、理想は、あらゆる形態のレストランで働いてみることです。共同食堂、ブラッスリー、駅食堂、町のビストロ——ここで学ぶオムレツに勝るものはありません——、そしてもちろん、大きなグループ・ホテル（カクテルパーティの開催や、量をこなす依頼に応えるにはどうしたらいいかが学べます。しかし、これに慣れすぎて、他のことができなくなってしまわないよう、あまり長くいすわらないことです）もです。迅速さや、能率、料理のすべてを学ぶことです。料理をうまくこなせないというのに、飛び級をするとか、高級レストランで働くような背伸びはしないことです。

偉大なる学校「ル・バークレー」

メルラン〔タラの一種〕からオルトラン〔ズアオホオジロ〕まで。ここで、若きロブションはすべてを学ぶ。

フォージュロン〔アンリ・フォージュロン。一六区ロンシャン通りに名店「フォージュロン」をオープンする。現在はレストラン「ひらまつ」〕やサンドランスとも出会い、シェフはアンドレ・モローだった。

モローは毎日メニューを変えていた。


一九六六年の夏、私は「バークレー」にやってきました。コンパニョンの人々が私に注意を払ってくれており、彼らの助言で、「クロ・デ・ベルナルダン」を辞めることにしました。そして「バークレー」にポストを見つけたのです。そのとき、私は二一歳で、パリで最も有名なレストランの一つに入ることになったのです。当時のパリのレストランというと、他には、「マキシム」や「ラセール」、「トゥール・ダルジャン」、「ルドワイヤン」などが繁盛していて、他にも小さなレストランがたくさんありましたが、そうした小さなレストランについてはまったく話題にならなかった。ガストロノミーのジャーナリズムというのが今日のような影響力を持っていなかったからです。

バークレーからは、サンドランスやフォージュロンがまさに巣立ちの時を迎えていて、すでに偉大なるシェフとして認知されていました。「バークレー」は、正真正銘の学び舎でした。シェフのアンドレ・モローは、それは素晴らしい、偉大なる料理人で、彼の作るメニューは、常に五〇以上はある料理から構成されていましたが、毎日それを変えていました。皆、そこではたくさんのことを学んだのです。私は、部門シェフになり、他に頼らず自分で巧くこなさなければならなかった。シェフはわずかな言葉だけであれこれするよう指示するのですが、それをきちんと処理しなければなりませんでした。質問を投げかけずに、料理を作り上げなければならなかったのです。

厨房でオルトランやメルランに頻繁にお目にかかれるほど、それはいい時代でした。客層も今までの経験を眺めわたしても、最も錚々たるものでした。こうしたお客の面々に、未だかつて他の店で出会ったことはありません。オナシス〔一九〇六～七五。ギリシアの大富豪。船船所有者〕やダリ〔一九〇四～八九。スペインの芸術家〕、ラザレフ〔一九四五～。ロシアの指揮者〕、マルロー〔一九〇一～七六。フランスの政治家・作家〕など、世界中の大物がやってきていたのです。一回のサービスに一〇〇人まで入りましたが、そのかなりの割合を有名人が占めていたのです。しかし、店のインテリアは手放しでいいといえるものではなかった。大変豪華でモダンな雰囲気なのですが、忘れがたいというほどのものではありません。オーナーは複数いたのですが、ストラスブールの人たちで経営に長けていました。あらゆるレストランの中でも、屈指の店であり、そこで私は自分の職を身につけたといっていいでしょう。

とても若い職人にとっては特に、仕事は多様性に溢れるものでした。仕事では、基本を捨てることが要求されましたが、それは芸術家になる訓練となります。

アントルメ部門にいた時は、あらゆる卵料理を作りました。フライ、落とした卵、炒り卵、オムレツ……。もちろん、注文が入ってからすぐに仕上げることになるのですが、それは簡単なことではありませんでした。技術と所作が、極めて大切なのです。伝統的な料理もたくさんありましたが、テュルボのフィレのオゼイユ風味（オゼイユの中には、フヌイユ、マッシュルームとレタスも少々入れていました）など、現代風に解釈した料理も作っており、これは、店のスペシャリテでした。また、マスのオ・ブルー〔酢入りのクール・ブイヨンにくぐらせたもの〕も出していましたが、これは、生け簀から出したばかりのマスの頭に一撃を与え、内臓を取り出して、ブルーに仕上がるようにヴィネガー漬けにしたものです。ザリガニのナージュ〔香辛料入りのクール・ブイヨンで煮て、煮汁に入れたまま供する〕や、魚のグラタン、季節になるとジビエも出しました。

狩猟が解禁されると、一回のサービスで、三〇羽から四〇羽ものヤマウズラが出ることもありました。そのヤマウズラは、その血をたらしながら焼き上げたものです。腿のところに少々ナイフを入れて、塩とレモン汁を仕込んで、隠し味にしていました。雉には、ふるいにかけた菩提樹のドライリーフを散らしました。野鴨や野兎も人気でした。それはとても美味しいジビエでした。ジビエの大きな塊を、日替わり料理で出したこともあります。ヤマシギは、客室で調理しました。リュカ・カルトン風に、それを客の前でフランベするのは、劇場仕立てのようでした。これは、すこぶる人気の料理でした。しかし、その当時はもはや、ジビエをねかして熟成させるということはしていませんでした。客室には、ロースト用の回転器がありました。これで若鶏、というよりも、ブレス産の肥育鶏をローストしていたのです。そのころ流行だったキャビアには、作りたてのブリニを添えて出すのですが、当時の「バークレー」でそれを担当したのは私でした。発酵生地をまず作っておいて、注文が入ったらすぐに、泡立てた卵白を入れて作るのです。

金曜日には、川スズキ料理が少なくとも六〇皿から七〇皿は出ました。ポシェにした大きな川スズキを切り分けて、ブール・ブランと一緒に出すのです。これといった料理ではありませんが、《骨の回りがバラ色に火入れ》されているだけに、美味しいのです。《アルデンテ》に仕上げたインゲンについても同じことがいえました。この店では、ヌーヴェル・キュイジーヌを待つことなく、控え目な火入れにこだわっていました。ヌーヴェル・キュイジーヌは、過度な方向へ向かうことになるのですが。

そして、「バークレー」ではギー・デュクレが働いていました。彼は三つ星となるジョエル・ロブションと共に働くことになる人物です。彼は、そのころの美食の思い出を振り返ります。

この名高い川スズキ料理について、かなり明瞭に覚えています。完璧な火入れがされており、ふっくらとして、えもいわれぬ仕上がりでした。メルランにしても同じで、オルロタンのように入念に仕上げられていました。最も難しい料理は、トゥピネル風卵〔焼いたジャガイモの中身をくり抜いて、その中身をセロリのピュレと和えてもどし、ベシャメルベースのソースをかけて、卵をのせたもの〕でしょう。古典的な料理なのですが、そのころの料理人らが再考し構築し直して、その時代に相応しく仕上げられていました。皿盛りも、とてもモダンでしたが、大皿からサービスするのが定番で、銘々皿で厨房からそのまま出すようなことはありませんでした。そして、ジョエルが作ったブリニの、それはそれは軽かったこと！　一人につき三枚出しましたが、お客は決まってお代わりをするほど、焼きたてでとても美味しかったのです。ブリニは作りおきできません。時間をおくとすぐにやわらかくなってしまうからです。当時大変だったのは、熱源が炭火だったことです。竈に火を入れるのですが、サービスのはじめから、竈の台が赤くなるまで熱くし、その状態を保ち続けるようにしなければなりません。シンプルなジャガイモのソテーも、一つ一つ、へらでひっくり返しては、きれいな焼き色がつくように火を通していました。こんなふうに仕事をしている店は、他になかなかありませんでした。また、竈の隅には伝統的なフォン・ド・ヴォーを常備してましたが、この店では、少なくともデンプンを使ってソースにとろみをつけるようなことはしていませんでした。そのソースはとても軽い味わいのものでしたが、ステーキの胡椒ソースや、ロニョン、あといくつかの料理にだけで、結局のところ、それを使うことはめったにありませんでした。その店で私たちは、ある料理の終焉を体験しながら、それと同時に、より確かに、またよりポジティブに、新しい料理の幕開けを享受していたのです。

疑いなく、それは偉大な時代でした！　「バークレー」は、才能ある若い料理人たちの学び舎であったのと同時に、新しい料理の実践場所の一つだったと、証言することができるでしょう。ここで、将来、星を獲得することになる料理人たちが学んだのでした。その中に、ポワトゥ出身のジョエルもいたのです。

それは、胸の高鳴るような素晴らしい経験でしたが、すべてがバラ色だったわけではありません。厨房は地下にあり、天井がとても低かった。コック帽を被れないほどだったのです。それでコック帽のかわりに略帽を被っていました。それに、あまりに暑かったので、コック服は半袖のものを着ていましたが、一日に二度も取り替えなければならないほどでした。あまりに汗をかくので、びしょびしょになったのです。それに私は何年か病気がちで、そうした状況でも、昼夜のサービスをこなしていました。激しい不安と疲れのために、潰瘍ができてしまったのです。しかし、私は粘り強かった。厨房には、一四人から一五人が働いていましたが、毎日のリズムはとてもきつかった。先ほど申し上げましたように、メニューは、毎日変わりましたし、多岐にわたる内容でしたので、仕事量はそれは多かった。毎日、配置変えをして、新しい料理の練り上げをしなければなりませんでした。

例えば、舌平目のズッキーニ添え。これはムニエル仕立てなのですが、注文が入ったらすぐに火入れをします。ズッキーニも同時にポワレして、舌平目の上にきれいに盛りつけをします。これはとても技術のいる仕事なのです。スフレもよく作っていました。スフレは、おそらく、今日ではもはや作らなくなってしまったレシピかもしれません。若い料理人は、その所作を習得していないのです。モルドバ風仔羊のソテーは、松の実、ピーマンとズッキーニ、ナスの賽の目切りで作りましたが、挽き割り粉で作ったニョッキをオーブンで焼いたものを添えていました。この料理は、実に斬新な料理でした。このとき、私たちは、年配のシェフから訓練を受けるという幸運に恵まれましたが、今日こうした人はほとんどいないのです。基礎から叩き上げられた最後の世代は、私たちでした。私たちが用心していなければ、こうした基礎は失われてしまうでしょう。将来的に向かっている料理が、国際的で視野が狭すぎるものだけに、技術は失われるのです。

「バークレー」の優れた点をもう一つ加えるとすると、今日、アラン・サンドランスの第一メートル・ドテルを務めているロジェ・モローがいたということです。つまり、他に、これほどまで優れたプロを揃えた店は見当たらなかったのです。しかし、給料は、他の店と変わらない正当な金額で、それ以上というわけではありませんでした。

私たちは、今とはまた違った時代を生きていました。シェフは、料理人たちのアルコール依存の傾向と戦わねばならなかった。彼らがソースに使うポルトやワインなどをこっそり飲まないようにするために罰金を課しました。《料理人になりなさい、少なくとも一生食いっぱぐれないよ》と、昔からよくいわれるように、学校で出来の悪い子供は厨房送りにされたので、無知な料理人も多かったのです。字をまったく書けない料理人もいました。皆が同じ料理を作って、隣の人が作ったものを真似していただけですので、こうした宿命から抜き出た個性ある人はまれでした。誰かが料理を創作するというようなことは、例外的でした。皆が盗作し合うような中で生きていたのです。小さなレストランはご多分に漏れず、名レストランのメニューでさえ、何処も同じようなものでした。一方では、シンプルで感じのよい料理もありながら、もう一方では、重くて複雑な伝統的な料理もあるという混沌としたものです。魚介料理などは、予めポシェしておいて、注文が入ったら、それをあたため直すようになっている。そして、厨房の隅には、例のソースのフォンが散乱しているのです……。ですから、注文が入ってから仕上げる〝ア・ラ・ミニュット〟の料理は大変珍しかったのです！　魚などは、火が入りすぎているのが普通でした。しかし、皆が同じように生きていたわけではありません。ヌーヴェル・キュイジーヌに見られる進化は、既に始まっていました。ほんのわずかですが、それが到来するのを感じることができたのです。

料理人の世界に入って五年。この前途有望な料理人は、毎日のように新しい技術、アイディアを目にしました。この集大成こそがジョエルを世界一の料理人にしたのです。

「バークレー」では、料理の盛りつけをきちんとこなすことができるようになりました。シェフは、あらゆるコンクールの優勝者で、私自身も「バークレー」で初めて、コンクールに参加しました。今までに作っていた料理をより洗練させることを学び、あらゆる皿を瞬時に仕上げることができるようになりました。素材さえよければ、注文が入ってすぐに取りかかり、入念に仕上げれば、結果は常にきちんとでき上がったのです。

「バークレー」では、さまざまな技術を学びましたので、プロとしての腕をより豊かにすることができました。例えば、フライドポテトですが、ジャガイモは熱湯でいったん湯がいてから揚げるということを覚えました。多岐にわたる、こうした料理のコツや技術をたくさん学んだのです。基礎的な部分はしばしば古典に求めますが、それらを、〝今〟の味わいに作り直さねばならなかった。ですから私は、知らないことを徹底的に学ぶ必要があったのです。『グランゴワール・エ・ソルニエール』などの本を紐解き、付け合わせやソースなどを空で覚え、シェフからそれを頼まれたらすぐ、ためらうことなく作れるようにもなりました。このときすでに、すべてをこなせる人はいなかった。私にそれを否が応にも仕込んでくれたのは、「バークレー」だったといえます。私は、部門シェフでしたから、ある程度のヴァラエティのソースや料理を作ることができなくてはならなかったのです。

料理を始めたばかりの初心者に助言をしておきましょう。『グランゴワール・エ・ソルニエール』を買って、手元においておくことです。この本は必須です。一番始めに買うべき本といっていい。理解するのは、常に容易とは限りませんが、たくさんの情報が詰まっていて、とても参考になるのです。以前は、私たち料理人には、エスコフィエも必読書でした。しかし、これはしばしば時代おくれのことがあるので、現在の料理人の本棚では、あまり重要な存在ではなくなってしまいました。『グランゴワール・エ・ソルニエール』は、とても研ぎ澄まされた内容で、シンプルにでき上がっているので、今でも基本となる部分をきちんと示してくれているのです。そこに見られる情報やレシピから、料理を編み出し、自分なりに解釈し、創り上げることができます。残念なのは、適用できるのは料理だけということで、パティスリーについては参考になりません。

料理人のバイブル『グランゴワール・エ・ソルニエール』は、デザートには役に立ちませんでしたので、ジョエルは、とてもシンプルな基礎知識をベースに、他に頼らず切り抜けました。タタンの秘密はそうやって見つけたのでした。

パティスリーはシンプルなものです。レシピの割合は常に同じですので（二〇年前に比べて、砂糖の分量が三分の一減っているということはありますが）、パイ生地やクリーム、スフレの作り方を覚えれば十分なのです。例えば、ヴァニラ・アイスクリームのためのカスタードクリームでしたら、卵黄は八個、砂糖は二〇〇グラム、牛乳は一リットルと、分量は変わりません。

「バークレー」では、パティスリーはあまり作っておらず、どちらかというと、料理人が作るデザートをよく出していました。例えば、クレープ・シュゼットやスフレ、フルーツサラダなど。そして時折タルト・タタンも作りましたが、これは私の得意とするところでした。この間のM.O.F. コンクールで入賞した三位までのタルト・タタンは、皆私のところで働いているか、働いていた料理人が作ったものでした。すべての志願者が、同じリンゴを使っているのにです——タルト・タタンを作るのに一番優れているリンゴはル・マン〔ロワール地方の都市〕のレネット種でしょう——。私の技術は、最も優れているものの一つだということを、このコンクールの結果が証明してくれました。リンゴはまず四つに切る。それをバターと砂糖を塗りつけた型に詰めていきます。リンゴが動かないように、きちんと並べることです。そして、それを弱火のオーブンに入れて、じっくりと長時間焼きます。そうすると、リンゴは果汁をすっかり出して、ペクチンも外に出すため、完全にコンフィの状態になるのです。この上に、火入れをしていないパイ生地を直接かぶせることはしません。リンゴを加熱すると、それから発生する蒸気のせいで、パイ生地がやわらかくなってしまうからです。私はまず、円盤状に切り抜いたパイ生地だけを、そのままオーブンで焼くことにしました。そして焼き上がったら、それを初めてリンゴの上にのせて、オーブンにほんの瞬間だけ入れるのです。結果、リンゴとパイ生地がくっついてくれる。リンゴは、重なり合うようにきちんと結合し、輝いて、キャラメル状になって、とても美しい。パイ生地はとても軽やかに砕けて、えもいわれぬ美味しさなのです。

　M.O.F. のコンクールでは、候補者の半分が、タタンを失敗してしまいました。私は、「バークレー」で作り方を学び、その後、自分自身で技術を洗練させました。タルト・タタンでつまずいてしまうプロは多い。シンプルに見えますが、思っているよりもずっと複雑なのです。パイ生地が水分を含んでやわらかくなってしまったり、リンゴがしっかりキャラメル色に仕上がらなかったりするのです。

バークレーでは、職人として申し分のない技量を身につけることができたと思います。これこそが、訓練の場であり、すべてに取り組むことができました。冷製料理、魚、グリル料理、卵のアントルメ、またポタージュも作りました。またコンソメも作りましたが、卵白で澄ますやり方を覚えました。ビーフコンソメですが、肉の味わいが取り除かれてしまうことはありません。だいたい一時間ほど火を通して火から外し、それを澄ましていきます。また、仔牛の脂やブレス産ヴォライユの脂をとっておいて、節約することも覚えました。ステーキの胡椒ソースを作るときに、バターではなく仔牛の脂を使うのです。これは美味しいし、節約にもなる。また、料理人の間で競争意識があったので、これも腕を磨く一因となりました。それぞれが、もっとも美しいジャガイモのソテーや優れたオムレツなどを作ろうと、全力投球したのです。

「ル・バークレー」のスタッフには、ジョルジュ・プヴェルもいました。彼は、ホテル業学校の最も優れた教師の一人で、ジョエル・ロブションもよく知っています。また、もう一人の優れた料理人は、「セルクル・フォッシュ」のシェフとなったジャ

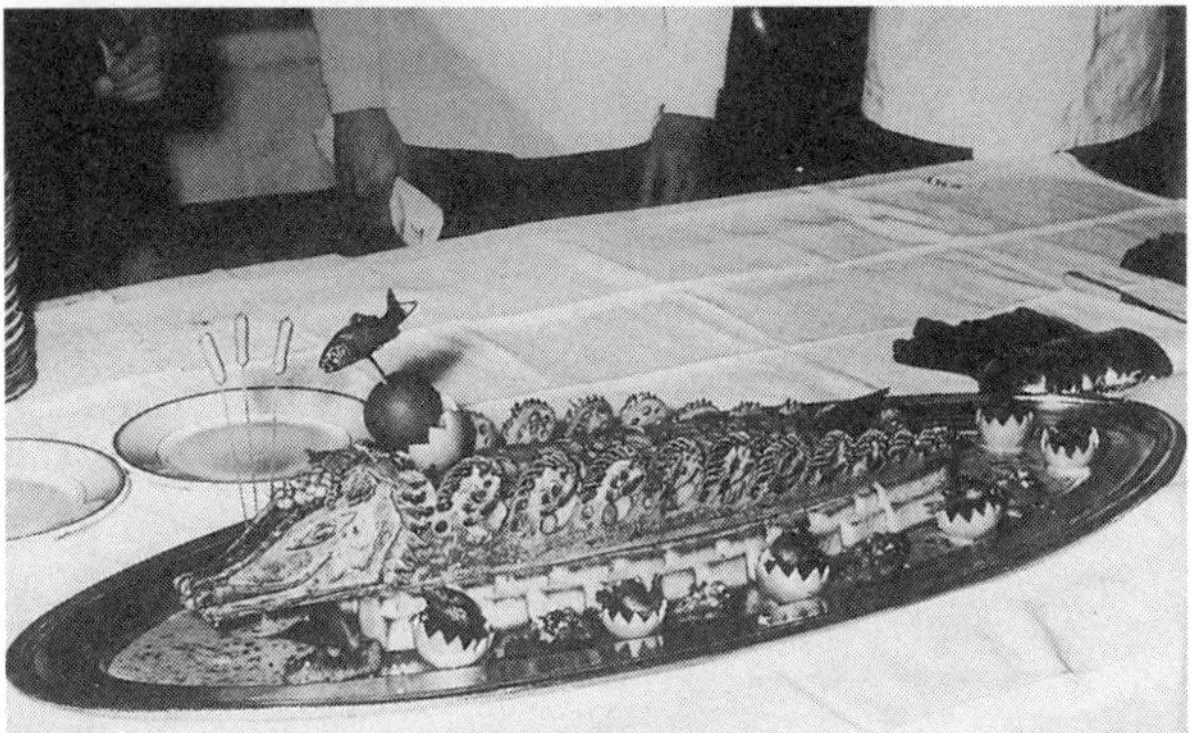

上：1969年。プロスペール＝モンタニエ賞受賞。(archives Robuchon)
下：その際に制作した川カマスのファルシ。(archives Robuchon)

ン・リバンでした。こうした偉大なるプロたちの中から、のちのち有名になった人もいましたが、すべての人がそうなったとは限りません。彼らの大多数が、非常に才能のある人だったにもかかわらず、です。

六八年の出来事の後、正確にいうと一九六九年四月、「バークレー」が閉店を余儀なくされたことをきっかけに、生活を揺るがされた料理人は多かったと思います。団結力の強いチームで、互いに助け合っていましたから。しかし、「バークレー」が閉店したのは、私にとってはよかったのかもしれない。そうでなければ、とても心地の良い職場だったので、一生をそこで過ごすことになったに違いありません！

もちろん、私自身の料理を創作できたわけではありません。しかし、それは、場所というよりも、時代に起因するものでした。創作した者は、ほとんどいなかった。かといって、それは、私があれこれ研究することの妨げにはなりませんでした。プロスペール＝モンタニエ賞を獲得したのは、「バークレー」にいた時で、自分自身で創り上げたガルニチュールをその時発表しました。それは、燻製サーモンをサイコロ状に切ったものを入れた、オゼイユ風味の小さなキッシュでした。コンクールは一九六八年でしたが、そのキッシュを、元の姿に完全に成形した川カマス（これが課題でした）に添えたのです。ズッキーニとマッシュルームを薄切りにしたものを、鱗に見立て、川カマスの上に並べました。それは結果的に、かなり斬新な料理となったのでした。

シェフ誕生

ティエ市〔イル＝ド＝フランス県。パリ市近郊〕の「アルボロ」で部門シェフとして契約したのち、ジョエルは二日後にはセカンド・シェフ、二週間後にはシェフとなった。

結婚し、父にもなった。学ぶことへの渇望は変わらない。

船上レストラン「イル＝ド＝フランス」で二年過ごす。

ジャン・ドゥラヴェイヌとの出会いがある。


「バークレー」が閉店し、その場所を発つときには、料理の所作や加熱調理、技術などたくさんの貴重な財産を身につけていました。そして、その財産とともに、一九六九年五月、ティエ市のホテル「アルボロ」で働くことになったのです。何年も前から存在する、モダンな最高級ホテルの一つでした。オープニングの際には、アンリ・リコティエという、よく知られた優れた名シェフが指揮をしていましたが、彼はそこを出て、「ラマゼール」〔故ロジェ・ラマゼールによるパリのレストラン〕のシェフになった。ジャン＝ポール・ボナンを連れて、スーシェフにしたのです。

私は職場を探すのに困難はありませんでした。特に知り合いのシェフからの助けもあったからです。「アルボロ」のポストには、とても興味を引かれていました。ホテルレストランの管理部門について学んでみたかったからです。

着任したときは部門シェフの配属でしたが、二日後にはスーシェフのポストを提案されました。ローラン・マニュ（「パクトル」〔パリ五区のレストラン〕でマニエールのセカンドをしていました）が、私をセカンドにするように助言をしたのでした。マニエールが、「アルボロ」のオーナーと仲が良かったので、マニュは、マニエールから後援として送られてきており、代理として働いていたのです。そして、二週間後には、シェフにおされました。生まれて初めてシェフになったのです。

それ以前も、すでに正当な給金をもらっていましたから、経済的な変化はそれほどありませんでした。結婚もしていたので（とても早く結婚をして、二一歳には一児の父になっていました）、それほど裕福と感じたことはありません。大金持ちではありませんでしたが、妻のジャニーヌも働いていたので、生活できていたのです。そして、私の祖母が、お金を五万フラン融通してくれて、一九六六年、モントルイユに三部屋のアパートを買うことができました。それは、慎ましい場所にあったので、一五万フランしかしませんでした。アパートと車のために——車はＲ８でした——借金をしたので、月末は、常に容易とは限りませんでした。

この祖母がいてくれたのは幸運でした。しかし、彼女は実は本当の祖母ではないのです！何年か前、ポワティエ市で見習いを始めたときに知り合って、私がひとりぼっちの時、仕事が休みの時は、昼食や夕食に招いてくれたりと、なんだかんだ世話を焼いてくれたのでした。家の一室をただで貸してくれることもありました。聖女のような心清らかな人で、このような人はめったにいないでしょう。初めて彼女の家に足を運んだとき、料理を作ってくれて、パテの箱を開けてくれました。鵞鳥のフォアグラだったのですが、フォアグラを食べたのは、このときが初めてでした。私は一五歳でした。彼女はポワトゥ地方の典型的な料理を作ってくれたものです。エスカルゴ、仔羊のジゴ、インゲン、それに、蟹のサラダなど。本当に素晴らしい料理人で、昔は、オリヴィエ・ギシャール〔政治家〕の家で働いていたということです。若いときに夫をなくして、たった一人だったので、私が結婚してエリックが生まれたときには、私の家に住んでもらいました。私たちはとても若かったので、私たちだけでなく、エリックのこともよく面倒を見てくれました。すべてを手伝ってくれたのです。彼女に負うところは本当に大きい。妻も、その当時手に職がなかったので、祖母がすべての面倒をみていてくれたその間に、技術を身につける時間をみつけ、歯科の助手になれたのです。大変でしたが、できないことはなかった。私たちはとても恵まれていて、どちらかというといい生活をしていました。

　ティエ市では成功を得ました。とてもシンプルな料理を作りましたが、それは、ジョエルの優れた天分を表すものでした。偉大なるロブションは、若手として頭角を現し始めたのです。

実際、「アルボロ」では、期待していたような管理部門については学ぶことはできませんでしたが、私の職歴において、ブラッスリーとして最もよい仕事ができたのがここでした。ランジス市場のそばだったので、毎朝市場に出かけました。そのため、どこよりも安い値段で優れた食材を手に入れることができたのです。たとえば伊勢エビ。ポシェして、レモン風味のバターと一緒にサービスしました。オマールについてもそうで、アルモリック風〔甲殻類のソースで〝アメリケーヌ〟ともいう。トマト、にんにくベース〕に仕上げていました。ブラッスリーでのこうした食材は、間違いなく、お客を幸福にするものです！　アントレと日替わり料理は、毎日ランジスで見つけたものから作っていましたが、これが大変な成功でした。私は心から楽しんでいました。場所もとても新しく、いうことはありませんでした。

この仕事では、たくさんの喜びを得ることができました。そして初めてシェフを経験した。私はたったの二四歳でした。

オーナーの間で仲間割れがあったのは残念なことでした。ホテルのディレクターは、ムッシュー・アラールといって、尊敬に値する人物でした。彼とは大変ウマが合ったので、とてもやりやすかった。彼が、共同経営者たちとけんか別れしてホテルを出た時、私も彼に従って辞めましたが、そのときすでに、船上レストラン「イル＝ド＝フランス」のポストの話があったということもあって、辞めるのは難しくはなかったのです。この人物との絆が深かっただけに、彼のいないレストランに残ることができなかったのです。

アルボロ・ホテルで一年働いた後、一九七〇年七月に、大西洋汽船会社の持ち物である川船の船上レストラン「イル＝ド＝フランス」で働くことになります。「フランス」の元シェフだったクロード・ヴィラモというとても優れた料理人がオープニングシェフを務めたばかりでした。ヴィラモは、ルイ・ルヴェルソというディレクターとうまくいかなかったので、その店を辞めることになったのです。ルヴェルソは、トロンピエ校で訓練を受けた、その道のプロでした。

本当にいい給金を手にできるようになったのは、このときからです。「イル＝ド＝フランス」では、今までよりもずっといい待遇でしたが、厨房スタッフは四人なのに、一度のサービスで一八〇人分の食事をこなさなくてはなりませんでした。「バークレー」のような高級レストランで供する料理ばかり作っていたわけではありません。よりシンプルで、今までとは違う興味深い料理を作っていました。またここでは、多くのことを学ぶことができました。ストレスなく料理を作ることができるようになりはじめたのは、この店からです。ルイ・ルヴェルソは、本当に素晴らしい人物で、大変優しく、驚くような説得力のある人でした。お客が満足するようにいつも心を砕いており、身なりも常に完璧でした。それを自らに課していたのです。私の経験において、今まで出会った中で、最も優れたサロンのディレクターの一人でした！　お客は彼に親愛の情を抱いており、それがこの船上レストラン「イル＝ド＝

1970年。「イル＝ド＝フランス」の船上にて。(archives Robuchon)

フランス」を繁盛させていたのです。そして、常に記録を破っていました。レストランは、船がきしんでしまうのではないかと思うくらいいつも満席でした。席は一五〇席しかないのですが、昼夜とも、一回のサービスでお客は二〇〇人を軽く超えてしまう。ビジネスマンがよく通ってくれましたが、このときについたお客に、今でも私の店に通ってくださる方もいます！　私がいるところ、いるところに、ついてきてくれたのです。

仕入れや料理は任されていましたが、メニューは常にディレクターと話し合って練り直しました。この作業は仕事を少々閉塞的にしてしまっていました。といいますのも、ディレクターは絶えず、他のレストランのメニューと比べて、他のレストランでもやっているようなことを意識するよう仕向けたからです。繁盛している店があったら、その店がやっていることを見に行く。それに似せた料理が、店から店へと伝わっていたのです。それに対して、私は日替わりの料理で自分を表現できました。〝マルシェの料理〟というのは、当時では斬新な提案だったのです。

　ボキューズが料理やメニューの概念を変えはじめたのはこの頃でした。ボキューズや、他の料理人、「トゥール」のシャルル・バリエ、また、《ブージヴァルの鬼才》と呼ばれる、私の友人のドゥラヴェイヌのような料理人は、個性的な料理を作り、メニューについての意識など、たくさんのことを大胆に変革していったのです。そのころ、私は、重要人物が集う〝パリ料理人協会〟にかかわっていましたが、私は彼らを知りませんでした。協会には素晴らしい図書館があって、よく調べ物をしにそこへ通ったものです。でも、まだ私は、大料理人といわれる人やジャーナリストとの接触はありませんでした。ジャーナリストが一般的に議論を交わすのは、メートル・ドテルや客室のディレクターに限られており、私たち若手の料理人は、厨房で仕事を繰り返すだけでした。もっとも私たちも、クリティックには興味はありませんでした。この船上レストランに勤めていた時、初めてよい批評をしてくれたのは、フィリップ・クデルク〔「ヌーヴェル・オブセルヴァトゥール」の美食ジャーナリスト〕でした。すでに！　しかし、この時代、批評は重要ではありませんでした。でも、私がテタンジェ賞に参加したときに、ロベール・クルティヌ〔「ル・モンド」の美食ジャーナリスト〕が攻撃的な批評を書いたのを覚えています。私に対して批評をしたのではなくて、その賞に対してでしたが、少なくとも私の目には、あまりたいしたことには映りませんでした。

調理場に話を戻しますが、料理の進化について触れてみましょう。こうした進化のあらわれは、フォンがだんだん使われなくなるということではなく、洗練度の中に見られるのです。

以前は、魚のフュメは、手に入るすべての魚の骨や頭を使って作っていました。しかし、今は、ルジェのためにはルジェの骨や頭でフォンをつくり、テュルボのためにはテュルボの骨や頭からフォンを作っています。また、ソースではなく、ジュを作るようになりました。しかし、それがより簡単になったとはいえません。例えば、ローストした雌鶏のジュのためには、まずベースを作らなくてはなりません。毎日二キロの手羽と首を仕入れて、それにじっくりと火を通す。そこに、水だけを加えるのですが、すでにとても強い味わいで、濃縮したジュになっています。そして、ヴォライユが焼き上がったとき、このジュでデグラッセするだけです。これは、とてもおいしいのですが、作るのにお金も手間もかかるのです。

ジョエル・ロブションは、その船上レストランに二年と少し、一九七二年の九月までいました。

ですから、私は、日替わり料理と、少々特別な注文が入って作る料理を通してしか、自分を表現することはできませんでした。メニューはとても古典的でした。幸運だったのは、大切なお客が特別な料理を用意するよう注文してくれたり、常連客がすぐに日替わり料理を好きになってくれたことでした。こういったお客はよく足を運んでくれて、それを楽しんでくれていました。日替わり料理は実によく出ました。二〇〇人の料理のうち、一二〇食から一三〇食分にのぼることもあったのです。料理の値段は高く設定されていましたが、星はついていませんでした。レストラン内にあった《ルイジアナ》も心地よく、冬以外は、一回のサービスでに八〇食から一〇〇食が出て、いつも満席でした。この時代には、こうしたクラスのレストランは少なかったといっておくべきでしょう。ですから、それに応じて、お客も多かったのです。高級レストランの数は、この二〇年で著しく増加したのです。ひょっとすると、それは多すぎるくらいでしょう。

これまで、仕入れや料理の管理は学びましたが、私自身が作りたい料理を実現できてはいませんでした。この船上レストランで学んだのは、迅速さです。四人で一八〇食も作るのですから、急いで調理しなければなりません！　それだけに、仔牛のロニョナードや川スズキのクルート包みなどの日替わり料理以外は、あまり手のこんだ盛りつけはしていませんでした。もっとも、大皿に盛って、客間で銘々にサービスするというスタイルをまだとっていましたので、料理にかかる時間を稼ぐことはできましたが。日替わり料理は、とても簡単でした。というのもワゴンサービスがほとんどでしたので、仕事量を軽減してくれたからです。二人分でサービスする、伊勢エビのグリルや、スズキのグリル――つまりあまり手のかからない料理——もよく作りました。

最も手のかかるのはオードブルで、添え物についてはあまり手間がかかりませんでした。例えば、鵞鳥の脂でジャガイモをコンフィにしたものや、ズッキーニのグラタン、あるいは魚に添える米でした。また、甲殻類のスタンドが設置されていて、これも、とても人気でした。船上では、お客は貝類や海老を食べたくなる。これもまた、オードヴルの仕事を楽にしてくれます。エカイエ〔貝の殻あけ職人〕が一人いて、彼は当然のようにサヴォワ地方〔フランス東部。スイス、イタリアと国境を接する〕出身の人でした。当時のパリのエカイエは、皆サヴォワ地方出身の人で、腕がよかった。彼らは、牡蠣を、殻を欠くことなく、貝柱もそのままの完璧な状態で開けることができた。いうことのない仕事ぶりでした。

一八〇人分の料理を四人で作る。私たち料理人の出勤は朝の九時でしたが、今日の四五人分を用意する店と比べれば、決して早い時間ではありません。時間配分を考え、手際よく準備するだけで十分。特に、狭い厨房ではそれが生きるのです。

> より才能は確かになり、より迅速に仕事をこなせるようになったジョエル。このとき彼は弱冠二七歳でした。ホテルで食品管理部門を経験したいという夢を見つつ。そして、その夢を手に入れることになります。

私たちがいくら完璧に手際よく準備しても、仕事量が変わるわけではありません。そしてあるとき、ついに「フランテル」というホテルのポストに就かないかという誘いがあったのです。私はずっと、ホテル内の厨房にかかわるすべてを管理する術を自分のものにしたいという夢を持っていました。船上レストランでは、生産高、つまり一皿がいくらくらいの売り上げにつながるのかを知らされていませんでした。収支表も作っていませんでしたし、それがどんなものかも知りませんでした。当時は、どんな店でもそうしたことはやっていなかった。他の店の値段の様子を見て、料理の値段を計算していただけなのです。偶然で何事もまわっていたのです。係数は、二、三、四でよかった。正確さというのは、通用しなかった。それから、食材は、より安くつくものでした。それがトリュフでも、牛肉のフィレでも、魚でもです。

素材の値段、そして質を管理するということには、大差はなく、どんなシェフでもその職業において、克服しなければならない問題です。しかし、ロブションは、《何もかもだめになった》とか《その時代はよかった》というような、よくある繰り言に陥ることはありません。《ジョエルの時》は常に素晴らしくも現在形なのです。

物価は今よりも安かったのですが、全体的に質は劣っていました。牛肉以外は、です。牛肉に関しては、以前は今よりも、牛を長い期間をかけて飼育していましたし、肉屋は肉をきちんと熟成させていましたから。しかし、他の素材に関しては、今のほうがずっといい。専門の生産者がいて、常に質を改善する努力をして、最大限によいものを作ろうとしているからです。「昔はよかった」と主張する人がいますが、思い出でごまかされているだけです。以前は、素材に今ほどの注意を払っていなかった。今日のように、トロール網でとらえた魚ではなく、一本釣りの魚を求めようとはしなかったでしょうし、そうしたことを聞いたことすらなかった。昔も、素材の見た目は素晴らしく、新鮮で、優れた質であったけれども、それに求めたのは、目に見えるものだけだったのです。現在、私たちが素材に求めるのは、とても事細かなことで、それは重要な位置を占めています。このような態度が、生産者たちに、よい素材を作らせ、よりいっそう優れた質にするための努力を惜しませない、といった後押しをすることになります。こうした過程から、見直され、窮地から救われた、忘れられていた素材もあるのです。

それにもかかわらず、質の劣る素材もあります。例えばクリーム。以前なら、簡単に、低温殺菌のされていない上質の生クリームを手に入れることができましたが、今日では問題だらけです。本当に質のいいクリームが見つからないのです。そのかわり、あるお客から教えてもらって、シャラント地方で生産されている、素晴らしい攪拌バターに出会うことができました。以前は、まあまあのバターを使っていましたけれど、その女性客が味見させてくれて、生産者に会いにいったらいいと勧めてくれたのです。その生産者は、湧き水でバターを作っているということでした。見事な質で、この上ない味わいです！ 私が修業を始めたばかりのころ、農場のバターといえば、悪臭のするようなものがほとんどでした。シェーヴルチーズに関しては、質の良いものを常に手に入れることはできますが、小生産者の農場で作られているものに関しては、あまり信用していません。往々にして、塩がききすぎていて、食感がよくないのです。

ジョエル・ロブションがジャン・ドゥラヴェイヌに出会ったのは、この時代です。そして、すぐに、ジョエルの生涯の師となりました。

ジャン・ドゥラヴェイヌに興味を持ちはじめたのは、船上レストランで働いていた頃です。料理アカデミーで、初めて出会ったのでした。一九六九年のことです。ガストロノミーに関する深い造詣にすぐに惹かれたのでした。近づきたいと思いましたが、彼の方では心に留めてはくれなかった。他の人と同じ、一介の若い料理人にすぎなかったのです。私はそれでも諦めなかった。「カメリア」まで昼食を食べに行きました。そこで私を認めると、自分の仕事について語ってくれるようになりました。彼は料理に偉大なる情熱を抱いているのです。料理に無我夢中の彼を見ると、ヴァン・ゴッホを思い浮かべたほどです。情熱の人なので、最高にも最悪にもなりうる。つまり、狂気と天才が、紙一重で共存していました。なんとか彼と近づきになりたくて、私は少しずつアプローチしました。そして、私にとって、彼は精神的な父となりました。私の料理の方向を変えてくれたのは彼です。ジャン・ドゥラヴェイヌは、七〇年代の前半にあって、最もモダンな料理人で、料理にもたらしたものは大きい。

ミッシェル・ゲラール、アラン・サンドランス、ジェラール・ボワイエ〔シャンパーニュ地方ランス「レ・クレイエール」を一九七九年より三つ星に。二〇〇三年引退〕など、多くの料理人が、ジャン・ドゥラヴェイヌの店で働きましたし、私のように、彼のそばで学んだ人も多かった。おそらく彼なしでは学ぶことのできなかったような仕事のコツやノウハウ、知識を教えてくれました。私たちの世代の師だったのです。昏睡状態にあった料理を、目覚めさせたのは彼でした。当時はまだ、皆が伝統的な料理を作っていたのを革新し、さまざまな風味を織り交ぜた新しい料理を創り上げたのです。料理に革命をもたらしたのは、ジャン・ドゥラヴェイヌです。彼以前の料理人は、みな古典から抜け出せなかった。シャルル・バリエのように、モダンな考えを持つ料理人もいましたが、とてもまれでした。シャルル・バリエもまたパイオニアで、自分で鮭を燻製にしたり、フォアグラやパンも作っていました。それに対して、ジャン・ドゥラヴェイヌは、料理に調和をもたらした革新者でした。素材や味わいを尊重していました。素材に興味を持ち、その調理の緻密さを追求した、おそらく初めての人物ではないでしょうか。ヨウ素を入れた湯で、魚の火入れをすることを考え出したのは彼でした。狂気でないとこうしたことを考え出せないでしょうが、アイディアは素晴らしいものだったのです。

前途有望な若い料理人は、ついに師といえる人物に出会いました。料理においても、また思考するという意味でも師と仰ぐことができたのです。二五歳を越して、このポワトゥの人は、《ブージヴァルの鬼才》に従ったのです。

思うに、ジャン・ドゥラヴェイヌとアラン・シャペルこそ、私を変えた人物です。彼らと出会うまでは、私は料理の意味を解さずに、学んだ料理を作っていただけでした。コンクールだけを目指す野獣みたいなもので、ハーモニーが大切だという考えに至っていなかったのです。彼らが初めて私に、味わいを追求すること、それを定着させ、風味を組み合わせ、本当の料理を作ることを教えてくれたのです。これこそが、料理なのだと。これを、彼らのそばで学んだのです。誰もが人生における師を必要としますが、ジャン・ドゥラヴェイヌは、私にとって、料理におけるたった一人の師となっただけでなく、それをも超えた精神的な父にもなったのでした。私は、本当に彼にとても似ているのです。私たちは何度も一緒に夜を過ごし、語り合いました。一晩中、海辺で星を一緒に眺めるということもありました。彼は、どのように船がカーブを切るかを説明してくれました。人生や人間の存在についても語り、他の人の態度、あるいは私たちの態度についての反省もしました。私が若いころに見て、脳裏に最も焼き付いているシーンは、カンフー映画の一コマです。目の見えない賢人である師が、若者を連れて歩いている。そして、この若者は、この師の知恵や知識を吸い取り紙のように吸収して学んでいくのです。私にとってはジャン・ドゥラヴェイヌこそが、この賢人であり、心を落ち着かせ、教育を施してくれる、道先案内人なのでした。これこそが私の師です。私は何かをするときに、彼と交わした言葉についてしばしば考えることがあります。彼の助言は、仕事だけでなく家庭生活においても、常に記憶に蘇ってくる。今も頻繁に会い、料理の進展について議論を交わしています。

まさにその問題ですが、現在の料理が、源へ大地へ戻っているという現象をジャン・ドゥラヴェイヌはどう思っているのでしょうか。最近のレストランのメニューによく見かけるようになった、ブランケット・ド・ヴォー〔仔牛肉の白い煮込み〕などを。

料理は、その翼に弾丸を受けたような思わしくない容態ですが、それは小さな弾丸にすぎません。異端分子的な動きには、近年辟易させられていますが、誰に過ちがあるというのでしょうか。言葉の宗教的な意味合いでは、職業を裏切った料理人たちに、過ちはあります。料理人は、メディアに気に入られんがために、自らの職業を裏切ったのです。ドゥラヴェイヌは三十五年間ブージヴァルで仕事をしてきましたが、彼はメディアが助言をしようとしたり、ましては命令をしようとするようなことを、毅然と拒否してきました。流行に反したことをさせて、それが流行だとメディアは言う。しかし、流行というのは、昨日の流行に対するアンチ流行だということは当然のことではないでしょうか？　料理人は、新聞記事に掲載されるためなら、どんなことも厭わなくなってしまった。しかし、彼らは、ますます能力がなくなっています。コンクールの審査で、彼らの書いたレシピを読まなくてはならないときなどは、仰天してしまいます。書くことさえ知らない料理人もいるほどなのです。どうしたら、こういう人は、緻密に統一感をもって、料理を作ることができるというのでしょう？

ありえません。料理というのは、文化的な現象だと繰り返しいわれてきたものですが、これでは悲観的に感じるしかありません。今日は、料理もできない人をまるで花形スターのように仕立て上げてしまっています。料理人はメディアのワナにひっかかって、舞台で見せるためなら、何でもしてしまう。たとえ最悪のことでもです。牛の草をとりにいったりとか、とんでもないブランケットを創り上げたりとか、何も彼らを止めてはくれないのです。

　私が、もし、今一度レストランを持つようなことがあっても、何も変えないつもりです。ブージヴァルでは、一日に一二〇人のお客がありました。世界中から、お客が「カメリア」にやってきたものです。もし私が少しでも気難しくない性格だったら、三つ星をとっくに獲得していたはずです。これは、ミシュランの人たちが実際に言ったことですけれど……。しかし、二つ星で私は満足でしたし、よくやっていました。一年に、三〇〇羽から四〇〇羽ものヤマウズラが出ました。これをキャベツと一緒に、旨いジュで調理するのです。客室に行くと、お客はジュのお代わりをするのです。それに、私はムイエット〔細長く切ったパンで、半熟卵やスープなどに浸して食べる〕をつけてサービスしていたのです。すりつぶした塩をちょっと加えるようにお客にアドヴァイスして、堪能していただけた。しかし、私は料理を変えたことは一度もありません。特にメディアのせいで変えたなどということは。

　ジュを作るようなこともできない料理人は、私の店で働き続けることはできません。私はジュを小さなスプーンで一〇回も二〇回も味見します。それに、コニャックを数滴とレモンを二、三滴落とす。ジュは、ブイヨンでもパウダーでもないので、それだけで味わいを出すのは無理なのです。とても難しいのです。名高いノワゼット・バターやベシャメルにしても同じです。今日では、このジュを作れないものさえいる！　独創的でありたいと思うあまり、単純に料理をするということができなくなってしまったのです。そこには、基本はもはやありません。伝統に基づいた基盤があるからこそ、モダンな料理を作ることができたのです。技術を駆使することも必要ですが、例えば、エマルジョンなど、化学的な反応をも知らなくてはなりません。そして、ついに今、彼らはブランケットに立ち戻っています。これは、料理を少しは作ることができるという証明でしょう。私はそれに反対ではありません。何でもかんでも作っていた少し前よりはましです。しかし、それはクリエーションではありません。私が作っているもの、それこそがまさに伝統的な技術に基づいたクリエーションです。しかし、それをモデルとして使ってみたり、模倣してはいけません。パリにジョエルの店と同じ店が二軒とあったら、それは多すぎる。上手くいくはずはないのです。

　この師は、情熱を持って料理を語ってくれました。声に郷愁の思いをしのばせて。そしてもう一度、たったもう一度だけでも、彼のみが知るジュを再び作ってくれたなら。それを味わう欲望に誘われてしまうのです。

　素材に精神が投入されたものこそ料理です。だから知性が必要になるでしょう。そしてさらに、技術による仕事、手仕事ですから、実践力も必要なのです。あるとき、フェルナン・

ポワン〔一八九七～一九五五。ヴィエンヌのレストラン「ピラミッド」の大料理人。ポール・ボキューズなどを排出した〕が、誹謗する人たちに対して、《庭の柵を塗っているのに、画家気取りのヤツが多い》という言葉を口にしたことがありますが、私はよくそれを借用しています。これが伝えるのは、シンプルかつ誠実でなければならないということです。ポワンは模範的な料理人ではありませんし、料理にもたらしたことは、それほどありませんが、彼のレストランは、それは素晴らしい店でした。料理人は、ともかくも、グルマンでなければなりません。しかし、食事を飲み込むような、食べ方を知らない料理人を、私はいくらでも知っています。

先週、フィリップ・グルー〔パリ一七区にあった「アンフィクレス」のオーナーシェフでM.O.F.の保持者〕の店で、それは素晴らしい食事をしました。アントレからそれは美味なものでした——大げさに言っているのではありません、とにかく私は料理人なのですから！　さらに、その後に出てきた、ジュと一緒に供された仔牛のローストの凄まじい美味しさといったら。小さくちぎったパンを、そのジュに落として食べましたが、夢中で味わいました。しかし、それを彼に伝えると、とても驚いた様子でした。そのジュの並外れた力強さを理解していなかったのです。その本来の価値を、当人は意識していなかった。これこそが、本当の料理だと思います。仔牛にはきちんとした火入れがされていて——仔牛は取り扱いの難しい肉なのです——ジュは自然な味わいで、〝パトレル〔一八五二年創業の、調味料を中心に製造する会社名で、その製品そのものを指す〕〟で味をつけたものでなく、ダマもできていないし、粉でとろみもつけていない。正直で味の良い本物のジュでした。これをデグラッセにして、マティニョン〔細かく切った野菜をバターで炒め溶かした料理用ベース〕の上にかける。その美味しさといったら言いようがありません！

しかし、料理は文化的な役割を果たすことに背を向けてしまいました。これは本当に残念なことです！

ジョエル・ロブションがドラヴェイヌの言葉に付け加えて言います。

私たちは自分たちのアイデンティティを見失ってしまいました。なぜなら、世界中で同じような料理を作っているからです。私たちの個性というのがわからなくなってしまった。なぜなら、誰の手にも届くような料理を作っているからです。自分自身の技術というものを各々が持つべきで、模倣されるべきではありません。幸いなことに、郷土料理が見直され、今の時代に添う形で出されるようになってきました。マキシマン〔ジャック・マキシマン。長年、ニース「ネグレスコ」のシェフを務め、二つ星に導いた鬼才。一九九六年、ヴァンスに「ジャック・マキシマン」をオープン。二〇〇七年に閉店〕は、こうした動きの先駆者でした。彼は、ニース風サラダに注目して、彼流に構築したそれをメニューに載せたのです。今の時代、デュカス〔アラン・デュカス。モナコ、パリ、ニューヨークにおける三つ星のガストロノミーレストランの他、教育、コンサルティング、ホテルの分野で世界中に事業展開する〕やトレル〔ジャック・トレル。ブルターニュ地方「ローベルジュ・ブルトン」のオーナーシェフ。二つ星〕、ドゥトゥルニエ〔アラン・ドゥトゥルニエ。二つ星、パリ「カレ・デ・フイヤン」のオーナーシェフ。南西地方出身。郷土料理を意識した創作料理で知られる〕など、多くの料理人が、自分の故郷の料理を見直して、自分なりの解釈を加えた料理を作っています。ロランジェ〔オリヴィエ・ロランジェ。ブルターニュ地方カンカル「メゾン・ド・ブリクール」のオーナーシェフ。三つ星〕も忘れてはなりません。彼は偉大なる料理人です！

コンクール

テタンジェ賞〔シャンパーニュのテタンジェ社協力で開催される一九六七年にスタートした権威あるコンクール〕、他諸々のコンクール。

すべて、あるいはほとんどのコンクールで、ジョエルは一度で優勝を果たす……。

まるで雨のように、トロフィやメダルが、彼のもとに降りる。

「フランテル」での初めての管理部門、一九七四年一月には「コンコルドホテル」に降り立つ。


コンクールは、料理人の人生において、とても大切なことです。しかし、すべては環境と訓練にもよるのです。私は、一五歳の時、見習いをしていた店のシェフが、コンクールの準備をするのを見ていました。これは、とても妙なことに感じました。あるいは、それに魅惑されたのかもしれません。シェフは、毎晩毎晩、コンクールのため訓練を重ねていました。それは、まさに情熱の表出といった感じで、私の心に強く残ったのです。シェフが挑んでいたのはプロスペール＝モンタニェ賞で、再構築した野兎のファルシを作っていました。とてもいい料理で、味わい深いものでした。シェフにとって大変だったのは、訓練するのに必要な時間を見つけることでした。技術の深淵にまで踏み込んで、詳細を極めなければなりません。これは、仕事中にできることではありません。シェフがコンクールに参加した時の彼の料理は完璧な仕上がりでした。そして優勝したのです。その料理は、その後すぐにレストランのメニューに載りました。この料理を仕上げるのには、盛りつけがとても複雑なので、時間がかかりました。彼が作った試作品はすべて味わいましたが、それは、素晴らしい出来でした。初めの頃の試作も、シェフの目には失敗だったようですが、私にとっては、それは美味しかった。

私の野心はすぐに、日常的に作っているものの向こうへ羽ばたくための、コンクールへ向けられました。完璧を目指す主義が好きで、自分にある限りのものを出しきり、自分を乗り越え、さらには、自分自身を表現したいと思ったのです。当時のレストランの料理は、伝統の枠組みにとどまり、束縛されていたので、にっちもさっちもいかない状況でした。ですので、日常で自分自身の料理を作って、自分を表現するということはできなかったのです。メニューを作成するのは、料理人でなく、オーナーというのがほとんどで、私たち料理人には自由が与えられていませんでした。コンクールでは、いろいろと研究しようという意欲をかきたてられますし、与えられたテーマがとても古典的なものでも、それを少々変えて、創作することはできました。またこの頃はコンクールに挑戦する人も少なかったので、私はラッキーだったでしょう。しかし、すでに、盛りつけはかなり凝っていました。技巧が凝らされて、ときに食べられないものも飾り付けに使われました。しかし、それはどれも見応えのあるものでした。こうした訓練を、私は大いに楽しんでいたのです。

私はコンクールにかなり夢中になりました。今日の若者たちにも、ぜひ、同じように、あるいはもっとコンクールに参加するよう、奨励したいと思います。できる限りコンクールに参加すべきだと思います。コンクールに参加することによって、たとえ結果が思わしくなかったとしても、優れた技巧を学んだり、実力以上の力が出せたりする。自分の技術や考えを深めていってほしいと思います。

もちろん、今日、私の店の料理の盛りつけを、コンクールの料理のようにしているわけではありません。味を損なうものは、何も加えていません。しかし、常に、素材の盛りつけに気をつけています。この分野に関して、私がかなり長けているということを、多くの料理人の人が認めてくれています。それは、コンクールの経験からきたのではないかと思います。コンクールでは、冷製料理でも、温製料理でも、盛りつけに関する技術やコツをたくさん学ぶきっかけになったのです。さらに、コンクールは、力のある他の料理人と近づくきっかけになりました。そうした彼らと、考えを交換して、さまざまなアイディアを得ることができたのです。これも、素晴らしい勉強になりました。もし、もう一度、この仕事を一から始めなければならないとしたら、同じくらいの量のコンクール、あるいはそれ以上のコンクールに挑戦したい。コンクールは、日常の仕事から料理人を解放してくれて、現状にあぐらをかくことを、忘れさせてくれるのです。

それは、肉体的にも精神的にも、とてもつらいことです。プレッシャーにも、仕事量が増えることにも耐えなければなりません。しかし、意志を鍛えるためには、とても効果的です。実際、コンクールというものからは、優勝したというタイトル以上に与えられるものが大きいのです。私はもっと先のものを目指しました。プロとしての人生を通じて、自分自身がそのタイトルに相応しくあろうと努力をするのでなくては、タイトルそのものは重要性をもちません。すべてが決まるのは、コンクールの時ではなく、そのタイトルに値するということを、その後、証明できた時なのです。その栄光に浴したことに、甘んじるなどはもってのほか。ですから、多くのコンクールに挑戦すべきなのです。その度に、自分自身に問題提起するきっかけを持つことができるでしょう。誰もが常に前進できるはず。ですからとどまっていてはいけません。おくれを取り戻すことは二度とできないのですから。

「ホテル・ニッコー」で働いていた時、クロード・ペイロ〔パリ一六区にあった「ル・ヴィヴァロワ」のオーナー・シェフ。三つ星も手にした。一九九九年に引退〕から、いい勉強をさせてもらったことがあります。彼が昼食にきたとき私はいなかったのですが、食事が終わって席を立つとき、店の者が他のお客に対してするように、食べた料理についての印象を尋ねたのです。すると彼はこう答えました。《シェフは、自分がお客に出しているものが、美味しいか美味しくないかということも、わからないのかね？》私はそれを聞いて、すっかり恥ずかしくなりました。このことはずっと記憶に残ることになったのです。料理人は自分自身のことを知り、自分自身の料理を判断できて、出した料理を正確に知っていなければならないのです。そうでなければいい料理人にはなれない。自己満足に陥ったら、腕もすぐに落ちてしまいます。それに、コンクールで優勝したからといって、一番優れている者とは限りません。作品と同じように、審査員や審査員の機嫌が影響することがあるかもしれません。しかし、コンクールは自分自身を再検討する機会となる。自分自身を知り、自分自身の長所や欠点を再発見する機会になるのです。それが大切なのです。

あらゆるコンクールに参加をすることを、繰り返し激励します。進歩をするためにこの上ないメソッドだと。

ですから、若い人たちは、いろいろなタイプのコンクールにできるだけ参加してみることです。興味をひかれないテーマのコンクールもあるでしょうが、すべては、スタイルを極めるための優れたエクササイズになることでしょう。料理人の一生において、サービスのピーク時に厨房に流れる、はりつめた緊張感に耐えるためには、強い気骨とバランス、自制心、そして己を知ることが不可欠なのです。優れた料理人でも、挫折するおそれがある。ですから、打たれ強くならなければいけません。どんな料理人でも、自分に対して完璧に自信を持てるわけではありません。それは不可能です。つねに疑問を抱えているのです。

例えば、「マリ・クレール」誌のエリック・ソラルとジャクリーヌ・ソルニエが、私の店に昼食にやってきた時のことです。その朝、大きなラングスティーヌが手に入った。それは大きくて素晴らしく、ぴんぴん生きていた。そこで、これを彼らに出すことに決めたのです。その殻を取り、火入れをしました。肉はしまって、美しく、それは華麗だった。それを、彼らに出したのです。不安を感じながら、彼らがどんな反応を示すか待っていた。素材が神々しく、あまりにも美しく、特別なものだったからです。彼らの反応をじっとうかがっていました……それは、悪夢でした！　メートル・ドテルが、耳打ちして、火入れをしすぎたようだといっていると伝えたのです。そんなことはない、気をつけすぎたくらいだ。それで、先ほどとまったく同じように、いくつかのラングスティーヌを調理してみたのです。一匹食べてみました。ひどかった。身の中身は綿のようにすかすかとして、回りはかたかった。まったく理解に苦しみました！　素材が悪かったのです。彼らは私の火入れミスだと思ったでしょう。このラングスティーヌはとても美しかったが、完璧からはほど遠かった。失望するしかなかった。それでは、私も手の下しようがありません。しかし、先ほどまでは、私は自分に、私が仕上げたラングスティーヌに自信を持っていた。こうしたことからわかるのは、私たちはとてももろく、自分自身に確信を持つなどということはばかげているということです。とんでもないことです！

コンクールに話を戻しましょう。コンクールに参加するよう若者を励ましましょう。学校でも、兵役にあっても、どこにあってもです。さまざまな企業は、コンクールを開催し続け、未来の料理人を育てていかなければなりません。以前は、今日よりも、コンクールの種類は少なかったのですが、ジョエルは、しばしば挑戦してきました。プロとしての腕を磨くにはとても大切なことなのです。トロフィーを獲得してすぐ、頂点に達したと思い込まない限りではありますが。うぬぼれには気をつけなくてはなりません。コンクールで勝ち抜くと、そうした気持ちになってしまうものですから！　メダルは、煌めくパラダイスを与えてはくれないのです。

私は挑戦したすべてのコンクールで、勝ち抜くという幸運に恵まれました。フランス料理アカデミーが開催するナショナルトロフィーに関しては、二回挑戦しなければなりませんでした。一回目では料理をしくじったので、一九七二年で初めて、賞を得ることができたのです。M.O.F. のコンクールにも、二回挑戦しています。一回目のときは、妻が産気づいていて、娘ソフィーが生まれたので、仕事が捗りませんでした。十分に準備できず、当日でも、試作はまったくしていない状態でした。予め、どんな料理を作ることになっているか知らされていたのに、まったく何も用意していなかったのです。コンクールでは、すべてが可能だと思っていましたが……。しかし、しくじりました。二回目は一九七六年でした。しっかりと準備し、試作もたくさんしました。そして通ったのです。

一九六九年のプロスペール＝モンタニェ賞で優勝しましたが、課題は、川カマスのファルシでした。同年、大統領セーヴル杯賞は、白いブーツに見立てた、ショー・フロワの仔牛のタンで手にしました。これはオリジナルでとても見栄えのいい皿でした。一九七〇年の、マ

料理アカデミーによるナショナルトロフィー。(archives Robuchon)

ルセル・ブジェ賞は、アルパジョン市の温製料理を、インゲンをベースにしたテーマ皿と一緒に出して獲得しました。一九七〇年は、ピエール＝テタンジェ賞で、ファイナルでは、オヒョウのスフレがテーマ料理でした（オヒョウには、家庭風のファルスを中に詰めました。ファルスは、パンをベースにして、マッシュルームとハーブを入れたなかなか面白いものでした。これは、他の魚をベースにしたファルスよりもずっといいアイディアです）。

さまざまなコンクールに挑戦した後、ジョエル・ロブションは審査員長になりました。フランスだけでなく海外からも頻繁に、審査を依頼されますが、すべてのコンクールに参加はできません。

友人や仕事関係から審査を頼まれ、彼らの顔を立てるためもあって、しばしば受けていますが、少し前から、正直いって、だんだんと辛くなってきました。参加者の仕事に評価を下して、苦悩を与えることに心が痛むのです。批評というのはしばしば破壊的です。コンクールの参加者は、できる限りの時間を費やして、打ち込んできた人ばかりです。審査員のメンバーとして、結果が際立っていなくとも、自分の力以上のものを出し切った人すべてに、その見返りとなるような賞をあげることができないのが辛いのです。将来の料理人を裁きたくないのです。どんな資格があって、そんなことができるというのでしょう。結果発表の時の反応は、往々にして意気消沈としたものです。ぐったりと崩れ落ちるものもいるし、攻撃的になる者もいる。とにかく難しいのです。だからといって、コンクールの開催をすべきでないというわけではありません。むしろ、プロのメディアによって、奨励されるべきでしょう。大料理人の一人となった、ローラン・デュラン〔ブージヴァルの「カメリア」、パリ「プレ・カトラン」を経て、一六区「パシフロール」のオーナーシェフに。現在一つ星〕のような優れた料理人を発掘することもあるのです。本物の大料理人には、臆病で目立たない者もいて、その才能を公にしっかりと認識されることが必要です。コンクールのお陰で、料理人は、自分ができることを知ることにもなるのです。

M.O.F. のコンクールはすべてのコンクールの頂点にあって、あらゆる料理人を恐れさせ、夢見させます。料理人だけでなく、豚肉加工業者や、食にかかわる他の職業にもM.O.F.の門戸が開かれています。これこそは、プロのための本物のコンクール。ポール・ボキューズとともに、ジョエル・ロブションは、それを今の時代に見合った形にしたいと思っています。それは必要とされてきたのでした。

私が贔屓にするコンクール、他の人もそうだと思いますが、少なくとも私にとって最も重要なコンクールは、M.O.F.のコンクールです。真剣に準備に取り組まねばなりませんし、緊張は半端ではない。賭けは重大なのです。M.O.F.になるということは、元帥杖を得るようなものなのです。それに至るためには、一皿でなく六皿を仕上げなくてはなりません。予選で三皿、ファイナルで三皿を作ります。私は、予選で、舌平目のフィレのテュルバン〔ターバンのように環状に盛り付ける〕、牛肉フィレのゴダール風〔さまざまな付け合わせからなるソース〕、ヴァニラとチョコレートのマルブレ〔大理石模様を表面にあしらう〕を作りましたが、三つともクラシック中のクラシックで、技術的に難しいものでした。それからファイナルのテーマは、ルーアン産〔ノルマンディ地方の中心都市〕鴨のスフレと、テュルボのアミラル風〔ソース・ナンチュアをかける〕。これは、まるのままコライユのバターと一緒にオーブンに入れ、白身に色味をつけたもの。あと一皿は、リンゴのバヴァロワーズでした。三つのレシピともエスコフィエから抜粋されたもので、この伝統は昔から最近のコンクールまで変わっていません。レシピを与えられ、仕事上の技術のみに、評価が下されるのです。

M.O.F.のコンクールは、ポール・ボキューズが審査員長になってから少し変わりました。私は、料理部門を受け持っています。前回のファイナルでは、テーマとして、テュルボの背肉を選び、材料には、フヌイユ、ポロネギ、マッシュルーム、サフラン、ハーブなど、さまざまな種類を挙げました。テュルボの背肉は、丸ごと調理することを義務づけましたが、これは、候補者が望んだことでもありました。もはや、シンプルな製作が審査の基準にあるのではなく、その解釈方法や、そのクリエーション力についても判断することになったのです。こうしなければならないというレシピはもはやない。参加者各人に、材料の入った籠が渡されます。しかし、すべての材料を使う必要はない。義務づけられているのは、八人分の料理を作り上げること。テュルボの背肉とガルニチュールで構成されているということだけです。

一番に成功した候補者は、酸味が少々きいたテュルボのジュを、火を通したテュルボに添えた皿を出し、野菜にはちょうどよく火が通っていました。パーフェクトな仕上がりでした。火の通し加減をよく知っていて、ジュや野菜の味わいもこなれていました。二番目の料理はノロ鹿のセル〔鞍下肉〕でした――予選がストラスブールで行なわれたために、ボキューズがこれを望んだのでした――。原則は同じです。参加者は、各々材料を受け取り、その中から材料を選んで作る。最後にデザートですが、このM.O.F.のコンクールの審査は、私たちにとって初めての挑戦だったので、以前から参加してきた審査員を驚かさないよう、革新的なものは選びませんでした。それで、タルト・タタンを選んだ。私の好きなテーマの一つです。多くの候補者は失敗してしまいました。こうしたデザートを作ったことがないからでしょう。セミ・ファイナルでは、技術テストとして、落とし卵のスフレのクルスタードを出しました。パイ生地は、とても薄手に仕上がっていなければならない。それに、マッシュルームのピュレ、落とし卵、スフレの生地を閉じ込めたものです。技術的には非常に難しい。しかし、成功した人のクルスタードは、とても軽くてこの上なく美味しく仕上がっていました。

二番目の料理では、仔牛のカジの付け根の部分からとった部分を使わなくてはなりませんでした。この仔牛のカジは、仔牛のロニョン〔腎臓〕の輪切りと一緒にローストしたもので、さらに、そのロニョンは、その脂の中で丸ごとじっくりとローストしています。これをすべて、ジュとともに供します。これは簡単な料理ではありません。それに反して、審査員はこんな料理を試食できるので喜んでいました。こうした料理がコンクールで出るようなことはめったにないからです。仔牛のジュほど、美味しいものはありません！　付け合わせでは、シャトゥイヤールに仕立てたジャガイモの技術試験が試されました。ジャガイモを揚げて膨らませたもので、ぜんまいのような形に仕上げます。挑戦者の八〇％は、失敗しました。テクニックを知っていれば、それほど難しくはないのですが……。

M.O.F. のコンクールが、一つの構想のもとに、これほどまでモダンな料理で行われたのは、今回が初めてでした。M.O.F. を手にした人は、間違いなく、この上もなく美味しい料理を作った人で、これこそが、今日望まれることなのです。彼らが作った料理は、そのまま最高級のレストランでサービスする価値のあるものです。確かに、年配の人たちは、私たちがすべてをだめにしてしまうと嘆くかも知れませんが、実際に挑戦した候補者の人たちは喜んでいました。次回の開催は二年後ですが、もう少し冒険ができるのではないかと思っています。今までの慣習すべてを一息に壊してしまいたくはありませんが、このコンクールを進化させることは、プロにとって、絶対的に必要なことなのです。次回のコンクールのファイナルはパリで開催し、候補者が責任者と一緒に素材を探すことから始めたいと思っています。こうした試験で、特に大変なのは、一人の審査員が試食する料理の数です。以前は、同じ審査員が、魚、肉、デザートをすべて、つまり五〇皿から六〇皿を試食していました。これは不可能です！　このシステムを私たちはすべて変えて、魚、肉、デザートに、それぞれ別の審査員を一人ずつ立てることにしました。均衡のある審査を通して、このコンクールが以後も有効で、威信を保ち続けるよう、私たちがやらなくてはならないことはたくさんあります。私たちの職業において、このコンクールの果たすべき役割が偉大であり続けて欲しいのです。

一九七二年九月、ジョエル・ロブションは、船上レストラン「イル＝ド＝フランス」のシェフを辞め、ランジスにある「フランテル」に移りました。

何度も言いましたように、ホテルの料理の管理部門は、とても興味のあるセクションでした。それで、「フランテル」のシェフのポストを提示されたとき、すぐに承知したのです。やっと、料理の管理を学び、会計という未開の地に第一歩を踏むことができることになったのです。今までは料理人として働いていただけで、管理についてはまったく知りませんでした。こうした知識を身につけることができたら、将来店を持ったとき、正確な管理や毎月の決算ができて、足場をどこに置いたらいいかがわかる。店を構えたはいいが、これについて、並々ならぬ困難を抱えている店はたくさんあります。レストランを持つ限り、絶対的に必要となる管理部門を疎かにしているからで、そのため、始めたばかりの店を危うくしかねないような複雑な問題に直面することになるのです。いつもは手仕事しかしていない者が企業を設立したはいいが、管理部門のことは何も知らない、というのが、弱点なのです。残念ながら、一般的にいって、こうしたことにはなかなか手が及ばないものです。私のホテルでの経験は、「フランテル」を皮切りに、「コンコルド」、そして「ホテル・ニッコー」で終了するのですが、それによって、重要な管理部門についてのノウハウを自分のものにすることができた。これらのホテルでは、ストや組合、従業員との争い、彼らのふるまいについての問題、経営部門との関係、開発部門の経費など、たくさんのことに直面したのです。ですから、自分の店を持ったときには、そうしたことについて準備ができていました。会計とどのようにやりとりをしたらいいかにも明るくなりました。これはなかなか厄介なことです。

もちろん、管理部門に通じるということは、料理の創作に影響を与えることになります。作れるものとそうではないものを知ることになる。予算には限界があるということに気づくのです。この限界を知ることで、すべての料理にトリュフを使えなくなる。しかし、より頭を使って料理をするようになり、素材や季節、本物の味わいについてより思いをめぐらすようになる。挫折してしまう料理人もいますが、それはただ単に、管理部門の概念を知らないからです。並はずれた才能を持つ者には違いないが、計算ができない。近年、店を閉めるのを余儀なくされた大料理人たちを目にしましたが、それはとても残念なことです！　こうした例があまりにも多すぎる。私たちは商売人だということを、決して見失ってはいけません。《料理はできるけど、会計はだめだ》とは言えないはずです。管理の概念なくしては、自分の城を守ることは不可能なのです。

ホテルの平凡な料理を個性的にし、他とは異なる料理に変えた、ジョエル・ロビションの技。それは、ビジネスマンに好かれる料理でした。大ホテルの《新しい客層》を、ロブションは「フランテル」で育てることになります。

「フランテル」では、当時《ホテルのレストラン》と呼ばれていた場所で作っていたような料理は出さないと宣言しました。ホテルのレストランで出す料理を、私自身の料理に変えようと努力しましたが、こうしたやり方は、他のレストランとはかなり異なっていました。思った方向性で進めたからこそ、物事を変えることができたと思っています。突然、《ホテルのレストラン》と呼ばれたスタイルがなくなった。ホテルでは、国際的な、何処でも通用する料理を供するのが常でしたが、以来、個性的な料理を出せるとわかったのです。私は、単純に、高級ホテルでレストランの料理を出しただけです……。当時は誰もやっていなかった。しかし、今日では、皆が右へならえで、腕の良いシェフを雇い、個性的な料理を提供しているのです。もちろん、ルームサービスは、容易ではありません。お客は、とても平凡な料理で慣れているからです。しかし、他のものもすぐに食べるようになる。食欲をそそるような、生き生きとした料理を食べたいと思うものです。

以前は、ホテル、特にパラスと言われるホテルの客層は、世界各国からやってきても、今日のようにビジネスマンの割合は高くありませんでした。経済的にかなりの余裕があって、都市から都市、パラスからパラスへと旅をする方々が大部分だったのです。特にご年配のお客が多く、彼らは、いつでもどこでも同じ料理、軽くて安心できる料理を食べたいと思ったのです。厄介な料理などは問題外でした。そのために、何処へ行っても、舌平目のグリルですとか、蒸したジャガイモ、ポシェしたテュルボに米などをサービスしていたのです。「フランテル」はおそらく、ホテル組織を、企業組織のあり方になぞらえて運営した初めてのホテルの一つだったと思います。つまり、バンケット部門、商品管理部門などを設けて、細分化し、一皿の原価を計算する収支表を立てたのです。要するに、正真正銘の管理を編成したのです。

どのように料理の原価を算定するのでしょうか？　星に手を伸ばしながらも足はしっかりと地についているスターシェフが教える算数の講義とは。

まず、ある料理が一人分なのか、二人分なのかを決めることから始めます。これは、著しい影響を与えることになる。それから、たくさん出るかどうか見積もりを出します。もしも舌平目が五皿出れば、一皿出るよりは安くつきます。それから、すべての材料を吟味し、正確な値段を出し揃えて、料理の総計を計算します。あとは、物価指数をかけるだけです。今なら四・〇五七二になります。これが、一五％のサービス料、TVA〔付加価値税〕、残りすべてのものを包有することになる。この一五％のサービス、一八・六〇％のTVAをのぞいたとき、三三％の売り上げが得られます。

　残念ながら、私たちはTVAをたくさん払っている。材料を買うときは五・五〇％ですが、売るときは一八・六〇％の税金がかかるのです。確かに私たちは、料金の上乗せをかなりしているかもしれませんが、税金を考えて下さい！　とても手入れの行き届いた高級ホテルでは、原材料の価格が、出費の二八～三〇％を占めています。それに対して、私たちのレストランでは、四〇％にも達している。小さなビストロでしたら二〇％、ファーストフード店なら、もっとその割合は少なくなります。レストランのレベルが下がるほど、原材料の総額は下がる。これは論理的なことです。私たちの店では、最高級の素材を使ってます。テュルボやオマール、トリュフははじめから高い。ですから、これに五掛け、六掛けで出すことはできません。そもそも、はじめからすべてを四掛けにしているわけではありません。一万フランの白トリュフを考えて下さい。一人につき一五グラムを使うことを想定して、トリュフを掃除するときに表皮を剝くなど、使わない部分も考えると、商品の原価にそのまま四掛けして、お客に出すことはできません。もしそんなことをしたら、天文学的な額に達してしまう。こうした場合に陥るときには、指数は二から三に止めています。レストランの真実を知るためには、総決算の中で原材料がどれだけかかっているかを調べなければなりません。オーナーがごまかしているかどうかは、すぐにばれてしまう。これは、大変興味深いことです。高級レストランが、もしも信じられないくらいの売上率を出しているとしたら、普通ではないのです。

「フランテル」から「コンコルド」へ、そして「ホテル・ニッコー」へ。引き続いたホテル業界での経験は、ロブションの知識を広げ、磨くことになりました。彼がとった方法は、他の高級ホテルをも魅了することになります。

それから少しして、「コンコルド・ラファイエット」の立ち上げにかかわることになりました。「フランテル」でのホテルでの実績を知って、私に声がかかったのです。「フランテル」では四千から五千人分もの料理をこなしていました。それから、「ホテル・ニッコー」の社長だったジャン゠マリ・ルクレルクが、私自身がそのうちに自分の城を持ち、責任のある仕事を発展させていきたいという将来の展望を抱いていることを知りながらも、レストランのディレクターのポストを私に持ちかけてきたのです。私はすぐにこの話に飛びつきました。このポストでは、今までよりももっとさまざまなことに携わることができたのです。特に、従業員との関係ですとか、また素材の購入ばかりでなく、店の装備、工事、装飾などについてもです。企業をどのように動かしていったらいいか分かるようになってきた。それは、ひとつのシステムなのです。

厨房スタッフの採用は、「フランテル」でもすでに、私自身がしていました。それまで働いたレストランでは、オーナーが人事を担当していたので、こうしたことは初めてでした。一緒に働くスタッフを、私自身で選ぶことができるようになった。これは、料理人人生において、とても大切なステージとなったのです。しかし、もっと大切なのは、ホテルの精神を知ることでした。スタッフの採用についても、商品の購入についても責任を持たせてもらう一方、与えられた金額を超えてはならないという決まりがある。また、私自身が直接業者と取引できるということも、ホテルで新しく学んだもう一つ大切なことでしょう。「コンコルド」では、残念ながら、購入部門に携わるスタッフがいたので、任せてもらえませんでしたけれども。私の見解を伝えるだけで、決定権はなかったのです。残念ながら、チェーンホテルがおしなべて同じになってしまうのはこのせいでしょう。購入係がどんなに腕のあるプロだとしても、シェフにとっては欲求不満のたねであり、彼自身が本当に欲している食材を手に入れることはできないからです。こうしたシステムは、料理人が、商品を購入する際に、手数料をかすめ取ることのないように設けられたのでしょうが、購入係が、購入しなければならないものを知らないために、満足に至らないのです。値段しか目に入らず、商品の価値は愚か、料理人にヒントを与えるようなことも知らないのです。それに私は、最大限にクオリティを伸ばしたいなら、値段については決して交渉をしないという主義で仕事をしています。購入係にとっては、それ自体が仕事なのですから、他にどうしようもありません。しかし、食材業者と値段について交渉したとしたら、最高の食材を仕出ししてくれないに決まっています！　最高の食材を手に入れるためだったら、私はいくらでも払う用意がある。これは、マルセル・トロンピエ〔八区にあるレストラン「ラ・マレ」の伝説的なオーナー・シェフ。一九八四年逝去〕に教えられた主義です。トロンピエは、私が店を構えた時、かなり助けてくれました。彼がジャマンの店の値段交渉をして、購入する手続きをとってくれ、さらには、ワインやコニャックの注文までしてくれたのです。

トロンピエは、偉大なるジョエルにとってのもう一人の師であり、かつ、永遠の感謝を捧げる昔からの友人でもあるのです。

マルセル・トロンピエは、私にとってかけがえのない人でした。それは素晴らしい偉大な人だったのです。例えば、私にこんなことを教えてくれました。ミンクのコートを着てやってきた女性がいたら、食卓に着くまでそのコートを預かってはならない、ということです。ミンクでやってきたという虚栄心を少々満足させてあげてから、食卓ではじめてそのミンクを預かって、クロークに持っていくのだ、と。一流の振る舞いを心得ていたのです。今日の高級レストランでは、彼のような人物が不足しています。以前は、「ルドワイヤン」のルジュヌ〔一九六二～八八。同高級レストランのオーナーでディレクター〕のような人がいた。今は、ジャン゠クロード・ヴリナ〔パリ八区高級レストラン「タイユヴァン」のオーナー。二〇〇八年一月逝去〕など、こうしたきちんとしたプロがいますが、だんだん少なくなっていきます。こういう人たちは、レストランの雰囲気を創り上げる、客室を創り上げることを知っていました。当然、自分自身の店ではない一介のスタッフに、経営者の職業を完璧にこなせと頼むことは出来ません。経営者は、自分の店にお客を招き入れるのですから。その店の主人が迎え入れるからこそ、もてなしは、より入念なものとなるのです。

　購入係に話を戻しますと、本当に素材に通じている購入係は少ないのです。店で使う素材は、すべて私が直接仕入れています。ランジス市場で仕入れるのは、特に野菜など、緊急に必要なものが発生した場合だけです。優れたクオリティの素材を探すことは、料理人にとって、最も難しい仕事の一つです。優秀な業者に出会うためには、あちこちに出向いて、食べてみて、同僚から情報を得たりもします。要するに、それに辿り着くまでには、とても時間がかかりますし、いつも素晴らしい結果が待ち受けているわけではありません。例えば、先の九月に、ポン・タヴァン〔ブルターニュ地方の町〕のレストランに行ったとき、見事なラングスティーヌに出会いました。それは大きくて、いきがいいのです。こんな素晴らしいラングスティーヌには、他の店でも出会ったことはありませんでした。そこで、このラングスティーヌが何処からきたものか、教えてもらおうと、主人にきいたのですが、なかなか教えてくれない。粘りに粘って、やっとその仕入れ先を教えてくれたのです。そのラングスティーヌを手に入れるのに、かなりの額を払いましたが、ひょっとすると、他の人よりも高額を支払っているかもしれない。支払いもすぐに済ませました。こうやって、優秀な食材を手に入れることができるのです。

日本の人々

初めて日本の人々と接触があったのは一九七六年である。ロブションは、日本に足を踏み入れた初めてのフランス人シェフの一人だった。

一九七八年には、「ホテル・ニッコー」に採用され、レストランのディレクターに就任する。

日本のレストランやホテル、あるいは他企業と提携するフランス人のシェフの数は多いのですが、今日、日本の人々と最も強く結ばれているフランス人のシェフといえば、ジョエル・ロブションでしょう。

日本におけるフランス料理の大使――このように名付けることができると思うのですが――といえば、まずはレイモン・オリヴェ〔パリ「グラン・ヴェフール」の料理長として、一九五三〜八三年三つ星を維持した。料理番組に出演した初めてのシェフ〕であり、彼は、六〇年代に入ってすぐ、日本にフランス料理を知らしめたのですが、それからポール・ボキューズ、そしてジャン・ドゥラヴェイヌが続きます。他に、彼らほど有名ではないシェフもいました。料理学校でのデモンストレーション授業が、主な使命でした。大阪には二つの料理学校があり、両者はライヴァル関係にありました。両者とも辻という学校で、〔義理の〕兄弟がそれぞれ立ち上げており、お互いにライヴァル視していましたから、シェフを争うように招聘して、派閥を作っていたのです。もう一方の学校に行くと、悪く思われたものです！　こうした事情はありましたが、私たちは感謝の気持ちで一杯です。彼らは、フランス料理を日本にもたらすのに、大きな役割を担ったのですから。

それと時を同じくして、日本の人々はレイモン・オリヴェのイメージを胸に、フランスにやってきました。彼がフランスでもとても有名なのは、カトリーヌ・ランジェと出演したテレビ番組のお陰でした。日本の人々はとても好奇心旺盛ですから、フランス人の料理人が日本にやって来ると同時に、フランス本土の様子も知りたがった。さらには、突然に、私たちの厨房にも日本人の料理人がやってきて、受け入れるようにもなりました。一九六六年、私が「バークレー」で働いていたとき、すでに厨房には日本人の研修生がいたのです。そうした研修生の中でも、ムッシュー・小野は突出していて、東京の「ホテル・オークラ」の料理長となりましたが、彼は世界でも最も優れたシェフの一人といえるでしょう。彼の下では五〇〇人もの料理人が働いており、事務所には五人か六人もの秘書がいるのですから驚くべきことです！　その彼も、フランスにやってきて、実地で経験を積んでフランス料理を学んだのです。「プラザ・アテネ」〔パリ八区のパラスホテル〕でも実習しています。

三一歳になったジョエルは、日の出ずる国に、将来の展望を胸に抱いて、上陸しました……。日本人の厳格な仕事ぶりを熱狂的に支持します。厳格さこそ、常に第一義なのです！

私の日本での試みは、一九七七年に始まりました。私がM.O.F.のタイトルを獲得すると、ポール・ボキューズが東京に行くことを後押ししてくれたのでした。私は、ポール・ボキューズやレイモン・オリヴェ、ジャン・ドゥラヴェイヌ、ラモーなどの次に日本に渡った初期のフランス人の料理人の一人でした。アラン・シャペルや、ジャンとピエール・トロワグロ〔トロワグロ兄弟。ロアンヌ「トロワグロ」を一九六八年に三つ星とする。八三年にジャンは急死。現在はピエールの息子ミッシェルが当店をとりしきる〕、アラン・サンドランスらと同時期に日本に渡ったのです。ポール・ボキューズのお陰で、辻調理師専門学校開催のデモンストレーション授業に招聘されたのです。これは、妻との初めての大旅行でした。素晴らしい出来事でした。当時、日本に行くのには一九時間もかかりました。アンカレッジでトランジットをしていた時代です。しかし一九七七年の日本は、正直なところ、とても衝撃的で、感動的な国でした――当時の日本は、今の日本とは大きく違っています――。

厨房においては、他でもそうですが、家族よりも何よりも仕事が第一でした。彼らは、日中は仕事をし、夜はオーナーと出かけて、仕事について話したり、他のレストランを見に歩いたりします。彼らは、決して休みません。バカンスを取ることは、それがたとえ一週間だけの休みだとしても、ほとんど不名誉な行為なのです。特に、それはとても寂しさを伴うことになります。自分自身が会社にとって不可欠な人間ではないかもしれないとさえ考えるからです。そのために、彼らはもらうべき一週間の休みさえも取らないのです。

近年、こうした意識も変わりました。しかし、以前は、比類のない厳格さや熱心さがあった。これこそが、戦後の日本を発展させた力だったでしょう。この国の成功は、こうした世代によって生み出されたといっても間違いありません。

この日の生まれ出づる国で、なかなかよい第一歩を踏めたと思います。「ホテル・ニッコー」に入ってすぐ、日本からたくさんの仕事の依頼が入りました。店の日本人の料理人をつれて日本へ行き、デモンストレーションをよくしたものです。

それに反して、「ホテル・ニッコー」との接触は、パリだけで行なわれました。日本の人々がここのレストランにやってきて、私の料理を食べたとき、その当時全盛を誇っていたヌーヴェル・キュイジーヌでもなく、国際的すぎない味わいで、自分たちの口に合っていると感じたようです。彼らは、仕上がりがよく、技術的によい仕事が施された料理には、いつでも感激するのです。彼らには、厳格さにつながる丹念な仕事を敬う心があるのです。こうした心は、私の気に入らないはずはありませんでした。

どのように、日本人はフランス料理を受け入れたのでしょうか。好奇心を超えて、フランス料理に対する共感や喜び、愛情を感じるまでに至るのでしょうか？

日本人はとても好奇心が強く、すべてに心を開きます。そして、フランス料理は世界中で、入念に構築された、祝いの料理として認知されてきたのです。たとえば、イタリアやヴェトナム、中国料理のように、庶民的なイメージは伴いません。さらに、特に日本人は、贅沢なものに対してとても敏感で、彼らにとってフランス料理というのは、そうした典型的な豪奢の現れなのです。六〇年代、初めてフランスの料理人によってもたらされた伝統的なフランス料理は、日本人の嗜好にはまったく結びつかないものでした。すべての風味は、こってりとしたソースや、たっぷりのクリームやバター、フォアグラなどで覆い隠されてしまっていたからです。それは、重たく、ずっしりとして、彼らにとっては特に、消化のよいものではなかった。しかし、彼らの伝説的ともいっていい好奇心は、それに打ち勝って、私たちのフランス料理への興味を持ち続けたのです。フランス料理が日本において大きな成功を収めたのは、このころだったとは、とても興味深いことです。

人生に対する問題やもろもろのことに対する、日本の人々の捉え方についても、フランスとは大きな違いがあり、大変驚きを感じました。私は日本人が好きです。彼らは、仕事の質を認知することができ、ぞんざいな仕事を嫌い、入念に手を施された仕事すべてを心から賞賛するのです。これは、私にとってとても大切なことです。以前の日本人は、仕事熱心で、フランス人よりもずっと厳格でした。今日の彼らは、もはやフランス人についていくことができない。なぜなら、フランスの若者は、個性に溢れて、やる気と意欲があり、無我夢中なので、もっと先のことを目指すことができるからです。彼らに問題があるとすれば、それは、大概、精神的な怠けや守られたいという意識にあるでしょう。二三歳、二四歳、二五歳になっても、責任を持たされるのを嫌がるのです。おそらく、もはやイニシアティヴをとらない、そういったものは失われてしまったのでしょう。料理の世界は、特徴を失ってしまいましたが、それは料理だけの問題ではありません。私たちの世代は、基礎を学んできました。そしてその基礎から、すべてを作ることができた。まずいものも美味しいものも、古典的なものも創作的なものもです。今日の若者は、訓練も受けていませんし、目標もありません。今日は、それを取り戻さなければならないでしょう。自分自身に確信が持てなければ、前進することはできません。おそらく、私たちの世代が子供たちを甘やかしすぎたのでしょうか？彼らの将来が心配でなりません。現代の社会において、この現象は一般的ですが、厨房では特にそれを感じます。日本人も、まったく同じ問題に直面しています。しかし問題はより厳しい。なぜなら向こうでは、新旧の世代の間には、大きな溝があるからです。日本の若者は、余暇だとか、充足した快適な暮らしばかり考えている。しかし、両親は、仕事のために生き、それによって生かされてきたのです。私は、日本の人々との関係がとても深い。私の厨房には、男であれ女であれ日本人の料理人が働いています。

まさに今、女性についての話をしましょう。厨房にいる女性は、とてもまれなことではないでしょうか。

ロンシャン通りの店では、厨房スタッフに女性を雇ったことはありません。といいますのも、あまりにも手狭でしたので、必要な更衣室やトイレなどを設置するのが難しかったからです。しかし、今の店では、調理場で女性も働いてもらうよう、初めから準備していました。こうした状況を喜ばしく思っています。今以上に女性の存在が多くてもいいと思っているくらいです。一般的にいうと、女性は、仕事を均一にこなしてくれますし、より規則的で、職業意識も旺盛です。それに対して、他方では、男性に比べて、丹念さ、信頼性、正確さにおいて劣ることもあるようです。男性のほとんどは、仕事において、女性よりもよりこまやかで、洗練されています。創造性に関しては、違いはないようです。一般的には、女性は、あまり創造性のある料理は作らないといわれていますが。これは、女性のシェフがとても少ないからでしょうか？　いずれにしても、スタッフが、男女で構成されるのは、素晴らしいことだと思っています。厨房に、男女がいることに賛成です。今日、スタッフになりたいと志願する女性がいるたび、チームにバランスをとるため、雇う努力をしています。以前は、更衣室が一つしかなかったので、それは問題だった。今は、とても上手くいっています。私自身、共学の学校に行ったことがなかったのを残念に思います。

「ホテル・ニッコー」、そして日本、遠い夢に話を戻しましょう。現実を振り返ると、ほとんど休みなしに仕事をしています。

もちろん、「ホテル・ニッコー」での仕事は、日本との関係をより強固にしてくれました。さらに新しい関係を生むことになりました。たくさんのホテルが私を招聘してくれたのです。例えば、「ホテル・オークラ」には、ジャン・ドゥラヴェイヌのお陰で行くことになりました。ドゥラヴェイヌは、幹部の人間をよく知っていたのです。日本には総計してすでに四〇回以上は行っています！　ここ最近は、それがさらに頻繁になりました。日本の人々の好みは近年とても変わったので、今までのフランス料理ではもはや通用しないこともあります。例えば、クリームやフォアグラを多用した栄養価の高い料理は、だんだん喜ばれなくなってきました。彼らが好むのは、研ぎ澄まされた料理で、丹念な仕事に敬意を払います。理想的な料理とは、途方もない仕事量に反して、最後にはとてもシンプルに見えるようなものです。そして、素材の味わいを大切にする傾向があり、ソースや複雑なものは好みません。味わいを覆い隠してしまうようなものは嫌いなのです。それとは反対に、彼らは、ジュは大好きです。ニンニクやサフラン、地中海野菜を使った南の料理は特に好きです。研ぎ澄まされているが、際立ったものが好きなのです。また、現在世界中を席巻している、フランスと日本を融合したような、洗練はされているが、アイデンティティのない料理の傾向も顕著で、フランスのシェフたちによる個性的な料理、今までにはなかった、味つけが濃く、特徴的な風味をつけたような料理にもかなり影響されているようです。何年か前でしたら、味が少々濃いと拒絶されたものでしたが。さまざまなことが変化するには、八〇年代を待たなければなりませんでした。アラン・シャペルと一緒に、日本で香りのかなり濃いヤマシギやその他のジビエを調理したときに、その変化に気がつきました。この時、驚いたことに、日本人の会食者の方々は、この料理を好んだどころか、心から気に入ってくれたのでした。この時が転機だったと思います。以来、彼らは驚くほどの進化を遂げたのです。これは大激変でした。今日の彼らは、モツ料理まで食べるのですから！　また、日本人はオリーヴオイルが大好きです（イタリア人が開眼させたのです）。どうしても褒められない食べ物は、兎と塩と砂糖で、それには慣れないようです。デザートは、彼らにとって新しい食べ物です。パンはこの数年、大成功を収めており、私の日本の店では、一日に六〇〇本のバゲットが売れるほどです。日本では、とても細くてこの上なくクルスティヤン（カリカリとした歯ごたえ）なバゲットを作っています（これは、日本人はクルスティヤンなかたさのものを嫌うという通念に反しています）。

七〇年代後半は、ホテルのフェスティバルや、プロや生徒を対象にした学校でのデモンストレーションの依頼に応えて日本へよく行ったものです。朝夕と、レシピを三つずつこなし、それを一週間続けたこともありました。これは、ものすごい仕事量です！　そして、参加した生徒達は、レシピをコピーしました。日本のレストランで、それを目にすることがかなりあったのです。それに、プライドが感じられない、というわけではありません。エスプリは残しながら、まったく違った形で出てくることもあります。以前は、それはとてもよく仕上げられて、私の料理に非常に近かった。もちろん、日本の人々は真似はしますけれど、自分自身のスパイスを加えるのです。ときに、彼ら自身の解釈が行きすぎて、まったく何でもいいようなものになっている場合もありますが。

七〇年代後半、私たちは、日本にはなかったたくさんの素材を紹介しました。例えばエシャロット。さらに、日本ではまったく知られていなかったエストラゴンなどのハーブです。今日では、日本でも栽培されています。また、バターもつくっていますが、これはあまりいい代物ではない。最高のバターは、ヨーロッパのものです。アメリカでも、アフリカでも、南米でも、アジアのものでもない。世界一のバターは、疑いもなく、ヨーロッパで手に入るものです。

ジョエル・ロブションは日本という国、そこに住む人々、彼らの仕事ぶり、厳格さを賞賛していますが、日本料理にはそれほどの情熱を感じないようです。

日本の伝統料理は、風味がとても顕著なので、賞賛しかねることが時々あります。例えば、とても典型的な潮の味わいの鰹節をどんな料理にも使うのですが、それは少々腐った魚を思い起こさせるのです。私が好きなのは、生の魚と天ぷら、寿司、刺身、そしてしゃぶしゃぶなどです。しかし、典型的な調理を施された料理には、とても慎重に構えています。反対に、日本の米は大好きですし、特にみそ汁は好物です。日本の人々は、まったく何もないところから、この旨いみそ汁を創り出す。それはたくさん、いろいろな種類のものを作るのです。みそ汁は本当に美味しい。ニンジンとショウガを少し——私はショウガが大好きなのです——、あとは日常的な材料をいくつか加えるだけで十分。それで、ちょっとした傑作ができあがるのです。とはいっても、私は中華の方が好きです。さまざまな技術を要する料理ですし、味の組み合わせがとても面白い。私にとっては、中華はフランス料理と同じ、世界最高の料理です。また、モロッコ料理も、そのスパイス使いで賞賛する料理の一つです。

東京に一九九五年一〇月オープンしたばかりの新しいレストランは、常に満席です。すでに大変な話題になっている料理もあります。それらは特に、ジョエルが、日本の典型的な素材から創り上げた料理です。

日本の店では、毛ガニを使っています。この日本のカニは、アニスのような香りを立たせる、味わいのとても優れた肉を持っています。これを、ウイキョウのジュレとアニスの香りのクリームの上にのせる。これは評判の高い料理です。注文が入ると同時に、カニに火を入れて、殻を外します。ディルをはさみで細切りにしたものを少々加えて、カニの香りを際立たせ、クリームとジュレでそれを包むようにする。すべての香りが同じ方向性にのびた、至高なる組み合わせです。

もう一皿成功を収めた料理は、マツタケをベースにした料理です。マツタケとは、日本でのモリーユ茸のようなもので、それは贅沢で大変高価な茸です。これを、スライスにして焼いたものを、皿の底にきれいに並べて、ナスのキャビア風と合わせるのです。このナスのキャビア風には、輪切りにしたナスのフライを立てる。これが、少々の苦味を加えてくれるのですが、この皿も評判が高いです。

また、ローストにした燻製の鴨も出しています。日本では、コンパクトなオガクズの塊が売られているのですが、クスクスの鍋の底にアルミホイルを敷いて、このオガクズをのせて火をつける。そこに、生の鴨をのせて一五分ほど燻製にします（鴨はミエラル社〔ブレス地方のヴォライユ生産者〕から送られるブレス産のものです）。こうすると、鴨の肉が香り高くなる。そして、これを、串に刺してローストするだけです。このローストにした燻製鴨は、素晴らしいバラ色に、あるいは血のしたたるようなレアに仕上がり、この上ない味わいです。店では、コンフィにしたニンジンをまるままと、カブもまるまま、さらに、小さな洋梨も付け合わせにしますが、これが仄かな酸味を加えてくれます。また栗も添える。日本は野菜が豊富で、日本の人々は殊の外好きです。サヤエンドウはまた素晴らしく、カリカリとして香りが高い。日本のキュウリはとても小さくて、味わいがあるので、これを、スパゲッティのように縦に長くスライスして、オリーヴオイルでソテーをします。また、味わいの深いインゲン豆のようなものは、三分から四分火を通して仕上げます。

ヨーロッパから輸入される素材のうち、彼らが特に好きなのは、何よりもヴォライユ、厳密にいえばブレス産のヴォライユで、私自身、これは世界一美味しいものと思っています。これほどまで肉が味わい深く、やわらかく、優しくて、調理していいヴォライユを見たことがありません。これは、唯一無二のものです。

ジョエル・ロブションは、日本の人々と働き始めてから、彼らの美食の好みを理解し、彼等の欲望を満足させたいと尽力してきました。フランスだけでなく、日本でも、すべての局面で成功を手にします。

日本でメニューを考えるときには、日本人の《健康志向》を考慮しないといけません。彼らは、コレステロール値や、油に対してとても敏感なのです。私は何度も、フォアグラとコンフィを食べるフランス南西部では、他の地方よりも心臓血管系の問題《トラブル》が少ないと説明しています。しかし、花を持たせてもらったことはありません。日本の人々が好み、彼らの好みに通じた料理を作っている。ですから、日本でこれだけの成功を得ることができたのでしょう。パリの店も、日本人の観光客やビジネスマンで予約が一杯です。私は、ポール・ボキューズと並んで、日本で最も知られているフランス料理人の一人だと思います。

しかし、私は、日本企業の商品開発の依頼には応えません！　ピエール・トロワグロは、ある日本のチェーン店の仕事をしていますが、そうした日本企業とコラボレーションするのはとても難しいのです。フランス人の料理人で、日本で自分自身の商品を売り、成功している人もいますが、そうした例は比較的にまれです。一番いい例はビュシェ〔ジャン＝ポール・ビュシェ〕でしょう。彼が手掛けるブラッスリー「フロ」は、日本に、紛れもないフランスの雰囲気と、まさに庶民的といえる料理を輸出するのに成功しました〔一九九五年当時〕。しかしながら、日本で目にするフランスの素材は、現時点においてあまり良い状態とはいえません。初めに日本に渡った素材が、しばしばぞんざいに売られていたからです。日本人は馬鹿ではありません。彼らは、それらがどんなものかを見分けることができる。競争相手がいないからといって、とんでもないものをしばしば日本に送っていたフランス人もいましたが、それは間違っている。フランス以外の他の国は、日本市場にくい込んでいますが、フランス人は、なかなか手を出せないでいます。これからは、日本人の信頼を取り戻すつもりでかからなければならないでしょう。努力が肝心です。さらに、法の制約があって、日本に輸出できない素材もあります。例えば、仔羊はフランス産のものが手に入らないので、ニュージーランド産かアメリカ産のものを使うしかない。アメリカ産の仔羊は優れていますが、フランス産の比ではありません。

日本の人々の好みを研究し、それをよく理解しているロブション。彼らとのコラボレーションは二〇年近くにもわたり、そこで美食の進化を目の当たりにすることになりました。

私たちが日本の人々に抱いている通念に反して、彼らは赤肉がとても好きです。その頂点にあるのが神戸牛です。高級レストランでは、神戸牛なしのメニューなど考えられないくらいです。ついでながら言っておきますと、神戸牛にもいろいろあって、神々しく、やわらかく、味わい深いものもありますが、味わいが落ちるものもあり、値段はキロ二千円から四千円します。それで、レストランの多くは、一番安いものを取り扱っている。二千円でもすでに高額だからです！　つまり、本当に優れた神戸牛を味わうのは容易なことではありません。

何千年もの歴史に登場しなかったワインも、もてはやされています。ワインは日本の文化にはなかったが、それはじわじわと成功をあげています。特に、ラ・ターシュやロマネ・コンティ、リッシュブルグや、他のグランメゾンによるブルゴーニュなど、威信のあるラベルを持った赤ワインは好まれ、飲まれています。シャンパーニュを含めた白ワインも好きです。もっとも、シャンパーニュは、頭痛をひきおこすようで、受け入れられないこともしばしばあるようです。しかし、彼らがワインを飲むのは、フランス料理やヨーロッパの料理を食べるときに限られます。日本の伝統的な料理には、酒や日本のビールを飲む。日本のビールは、私もとても好きです。

私の店では、彼らはワインを飲みますが、《高ければ高いほど、美味しい》と思っているので、しばしば高級ボトルが開けられます。いずれにしても、それは大多数の場合なので、もちろん、通の方もいます。その証拠に、ソムリエの国際コンクールで賞を取った日本人はたくさんいるのです。彼らは、とても強い。まったく特別な能力を持っています。私が知っているソムリエの中でも、最も優れたソムリエが彼らです。私の東京のレストランでは、ソムリエはすべて日本人です。しかし、日本人はワインを造りません、というか少なくともいいワインはありません。それに反して、日本で少しずつ見かけるようになったのは、近年までは目にしなかったドイツやオーストリア、ハンガリー、カルフォルニア、アルゼンチンやチリのワインで、フランスワインの脅威となっています。日本の人々は好奇心旺盛ですので、すべてのものを試してみずにはいられないようです。そして、時に、よいワインを見つけたりするのです。例えば、ドイツの白ワインは、値段はとても高いですが、大きな成功を収めています。私の東京の店のワインリストには、フランスワインしかありませんが、それに、ポルトや不可欠なボトルなどを別に加えています。

日本は、必要なときに逃げ込める隠れ家でしょう。スペインは、平和で光に満ちた老後のための土地です。しかし、彼は決して祖国を忘れてはいません。

私は日本がとても好きです。もし、フランスを離れなくてはならないことがあったとしたら、日本は仕事をするのにいい国と思います。しかし今のところ、日本に移住しようとは思いません。引退後であってもです。私にとっての理想は、パリとスペインのアパルトマン(少し前に購入したものです)、そしてスイスの山小屋を行ったり来たりする生活です。スイスも、好きな国で、ときどき出かけます。山、そしてグシュタードの地方を心から愛している。しかし、ほとんどの時間はできるだけ、スペインの太陽の下で過ごしたい。向こうにいると、とても調子がいいのです。確かにスペインは無秩序で、清潔さに欠けることもままありますけれど、雰囲気が好きなのです。私にはラテンの血が流れていると思う瞬間があります。しかしパリなしの生活も考えられない。この三つの場所が必要なのです。

しかし、確信を持っていえるのは、もしも、国外移住しなくてはならないとしたなら、日本を選ぶに違いありません。仕事に対峙するときの厳格な雰囲気が心地よく、最高の仕事ができるでしょう。彼らの仕事のやり方に当惑させられるようなことがあるとしてもです。例えば、日本人は、著作権に関して、私たちが考えているような見解がありません。一報もなく、私が作ったレシピの本を勝手に出版してしまう。それに対して、アメリカでは、そうした問題にあったことは一度もありませんでした。彼らは、本の所有権が誰にあるかに関して、正しい見解があり、細心の敬意を払っています。アメリカでは、私のレシピ本が翻訳され、たくさん売れましたが、私自身がもらうべきものはきちんともらっています。

ついでにいいますが、日本の人々もとても誠意があるのです。しかし、逐一契約書に忠実だということです。それで、契約を交わしていなかった場合は、本が出版されたのさえ知ることができませんでした。そして、それを書店で発見する。それにはまいってしまいます。レシピをちょっと拝借し、デモンストレーションのときの写真を使って、それで本を作ってしまう。

初めてこうした災難にあったのは、一九八六年のことでした。ラフォン社から“Ma Cuisine pour vous”という本を出版したのですが、これは私にとって初めての本でした。この本のディレクターだったクロード・ジョリが、ある日私に会いにやってきた。満足していない面持ちでした。そして、「ラフォン社は、私に対して訴訟を起こす。なぜなら、日本で出版された本の中に、今回出版された本のレシピを見つけた。その日本の本には、私のサインがある」というのです。唖然として、私は、日本で一度も本を出したことがないと主張しました。二、三日して、彼は件の本を持ってきました。そして、その本の中に、私のレシピを発見したのです。写真入りでした。これには参りました！　こうしたことがありましたが、本はラフォン社からきちんと出版され、それも日本語に訳されました〔『ジョエル・ロブションのフランス料理』として一九八八年に刊行された〕。他の二冊の本ももうそろそろ翻訳されることになっています。しかし、印税をもらったことは一度もありません。これに関して上手くいくのは、アメリカだけです。パトリシア・ウェルズと共著の『ジョエル・ロブションのシンプルで最高のレシピ』では、実入りがとても良かった。売れ行きがかなりよくて、今も売れ続けています〔日本では『シンプリー・フレンチ』として一九九五年に刊行〕。

引退しても、ジョエル・ロブションは、日本との架け橋を切ることはないでしょう。日本人は、ロブションと長期契約を取り付けて、コンサルタントを依頼しています。

日本は、私の仕事に多くのことをもたらしてくれました。高級ホテルで日本料理（そして、「ホテル・オークラ」の中華料理）の基礎知識を知ることができた――世界の料理には、学ぶべきことがあるのです――、そして、私自身も長年実践してきた厳格さを日常的に応用できたことです。日本では、フランス以上に私の存在は知られています。この間、日本の地下鉄で、私の写真を使った大きな広告を見て驚きました。それは調理師学校の広告でした。以前、その学校で仕事をしたことがあったのです。

一九九四年一〇月、ロワールの城のような、ショヴィニー〔ポワトゥ地方の町〕の石を使った一八世紀風の本物のシャトーが、東京のただ中に建ちました。その城の中のレストランの舵取りとして、ジョエル・ロブションは料理を、ジャン＝クロード・ヴリナは、客室とワインのサービスを担当することになったのでした。

日本では、ジャン＝クロード・ヴリナ氏と私がサッポログループと契約を交わして、私たちのノウハウを売ることにしました。フランス料理における技術上のことだけでなく、フランスの文化も含めてのノウハウです。契約は、レストランのオープンから数えて一〇年です。この大企業における《シャトー》の存在など、とてもちっぽけなものです。それでも、ここは、威信のある場所となり、東京のこの界隈を全面的に近代化し、よりいっそうの価値を付与することが期待されたのです。彼らが望んだのは、フランス料理のレストランだけでなく、典型的なフランスの雰囲気も運んで、フランスの文化を伝える場としての総合的な場所を作ることでした。そのために、彼らは、フランスから、さまざまな素材を取り寄せたのです。また、その場所が、東京にあるフランス企業が集まる場所になることも期待しました。現代的な建物が建ち並ぶ東京の真ん中に、この石造りの美しい城の中には、レストランとバー、カーヴ、フランスの産物をおいた店――そこでは主に、パリのレシピに準じて作った酵母パンが売られています――が入っています。以前、日本の人々は、酵母パンの口当たりが好きではないといわれていたようですが、それは誤りです。店のパン屋はパンだけでなく、ヴィエノワズリー系、パティスリーも好評で、大成功を収めています。周りは、オフィス街として活気を増してきていますから、サンドイッチも出そうかと思っています。レストランのためのきちんとしたパンも作れるという状況を東京で得られるとは、またとない贅沢といえるでしょう。

このような驚くべきアイディアは、何処から湧いて出たのでしょう？　こうした挑戦は、何処から出立したのでしょう？　ビジネスはどのように立ち上がったのでしょう？

すべては五年前に始まりました。サッポログループは、ビールの醸造会社ですが、東京にこのフランスの《シャトー》を立てたいという願望を持っていました。そして、このアイディアを、日本に進出してその活動を広げているインドスエズ銀行に持ちかけたのです。そして、フランスで最高のレストランを招きたいと伝えたのでした。銀行家は、知己であるジャン＝クロード・ヴリナに会いに行った。それから、私を尋ねてきたのです。ジャン＝クロード・ヴリナは（彼と私は、とても仲がいいのです）、この銀行家に、「ジョエル・ロブションとやれるなら、一肌脱ごう。そうでなければ、この話に興味はない」と言ったそうです。ジャン＝クロード・ヴリナは、パリの「タイユヴァン・カーヴ」を日本に再現していますが、その店は素晴らしい出来なのです。彼はサービスを担当し、私は厨房を指揮します。またメニューも私が担当していますが、そのうち半分は、パリで作っているもの、また半分は、特別な創作料理、日本の素材を使用したものから構成されています。さらに、パンやパティスリーも置くブティックも設えました。ショーウィンドーの前には、毎日のように行列ができています。

初めは、彼らは、本物のフランスのシャトーをそのまま運んできたいと思っていたようですが、認可が得られませんでした。それで、フランスから輸入した石でシャトーを作ることにしたのです。その結果は、東京の真ん中にあって、驚くべき印象を与えることになりました。レストランのインテリアや雰囲気は、いい仕上がりになりました。さらに、評判は上々で、何週間も前から予約が入るほどです。しかし、値段の方は、お手柔らかではありません。ランチでだいたい三五〇フラン、ディナーですと千フランからの計算です。

さらにまた、成功がすぐに訪れました。確かに、見えない妖精が、小さなジョエルの揺り籃に舞い降りていたに違いありません。

一九八一年一二月——初めてのレストラン

シェフとして、また、オーナーとしての成功。
スタッフの養成。
個性的なメニューの開発。
記者とのかかわり合い。お金の問題。

「コンコルドホテル」に四年以上働いていた一九七八年のある春の良き日、「コンコルドホテル」の副社長だったジャン＝マリ・ルクレルクが、「ホテル・ニッコー」のポストを私に提示したのでした。私が近い将来、独立して店を構えたいと思っていることを知っていながらです。そして、同年の五月には、私は「ホテル・ニッコー」のディレクターとして就任していました。当時、ホテル・ニッコーは紛争状態でした。組合問題が深刻で、一刻も早く解決しなければなりませんでした。これは大変なことでしたが、人事関係や、組合との関係を知るよい経験となりました。

さらに、店の内装も、率直にいって、それはひどかった。寂しい印象を与える内装だったのです……。食欲をそいでしまうほどでした。幸運なことに、この内装を変えてもいいという通達をもらっており、その資金繰りについても話はついていました。内装まで手掛けたのは初めてでした。そして、すべて変えたのです。お客の意見では、見違えたと評判でした。私にとって何よりも嬉しい報酬は、成功でした。就任して一年目には一つ星を、そして二年目には二つ星を獲得したのです……。それから、この店を後にしたのです。

レストランにかかわるすべてのこと——管理、人事、装飾、料理——を経験したのちに、ジョエル・ロブションは自分自身の羽で飛び立つ準備が整いました。躍進はすぐに結果として現れ、さまたげるものはありませんでした。

結果的に、「ニッコー」での経験は、店を持つのにとても役立ちました。「ニッコー」で働きながらも、皆、私が独立したいと思っていることを知っていました。マルセル・トロンピエが、私に独立するチャンスを見出してくれました。彼はすべてを請け負ってくれたのです。私はイヴリーのアパートを売って、僅かですが流動資本を手に入れ、マルセル・トロンピエは、ジャン・ドゥラヴェイヌの助けも得て、すべての交渉をしてくれましたのです。ジャン・ドゥラヴェイヌは、ジャマン夫人をよく知っていた。レストランの値段をつけてくれ、すべての便宜を図ってくれました。私が店に到着した時、ワインやコニャクの注文まで入っていた！　マルセル・トロンピエがすべて整えていてくれたのです。

私は、この店のことを知っていました。ジェラール・ベッソン〔一九七四〜七八に当時二つ星の「ジャマン」の料理長。現在はパリ一区「ジェラール・ベッソン」のオーナーシェフ。一つ星〕が店を離れたときに、「ジャマン」にドミニック・ブシェ〔「トゥール・ダルジャン」、ホテル「クリヨン」などの料理長を務めた。現在はパリ八区「ドミニック・ブシェ」のオーナーシェフ。一つ星〕がいたので、来たことがあったのです。「ジャマン」は、よく考えられた店でしたので、気に入っていました。それに、この店は、大料理人によって立ち上げられた店だということを感じさせるような店でした。そして、一九八一年の終わり、正当な条件で、ジャマンをかなり容易に手に入れることができました。レストランの商業権がうなぎ上りになる、その始めの頃でした。

周りからは、非難の的でした。失敗するだろうとか、社会党が政権を握ったばかりで、時期的にレストランのオープンには向いていないとか、順風満帆だった人生もこれで終わったなどと言われました。一九八一年一二月一五日、僅かな工事を終えてオープンしました。内装にも少々手を加えて、寂しかった印象を変えました。

店のメニューは、今までに作ったことのない料理で始めました。三年間一一〇フランで通して、そのあと一三〇フランにしたコースに関しては、特にそのスタイルを守り抜いたと思います。それが立ち行かなくなってはじめて、やめました。初めは、コースメニューしか出していませんでした。ムール貝のサラダとか、ニシンの白子のヴェルジュ〔未熟ブドウ酒〕添え——これは、私の初期のクリエーションの一つです——、あるいは豚の頭肉、これには、ぴったりの付け合わせマッシュポテトを添えるのですが、こんな庶民的な料理も手掛けました。こうした料理が、私の評判を高くして、初めの頃などは、例えば、豚の頭肉の皿を、二度も三度も取るような客もいたほどでした。とろ火で煮た野菜のゼリー寄せは、アンリ・ゴー〔美食ガイド「ゴー＝ミヨ」の創始者の一人〕の記事で賞賛に浴した一皿でした。ヴォライユのブイヨンで、野菜を煮て、これに仔牛の足を入れ、ゼリー状にするのです。野菜は、ニンジン、ポロネギ、酸味のある小さな洋梨で、スパイスを入れ、マンゴーやオイル、ヴィネガーをベースにしたソースを、このゼリー寄せに添えるのです。これは、とても爽やかな一皿で、ほんの少し異国情緒があって、人気を得ました。お客は、マンゴーが入っているかどうかは気づきませんでしたが、その中に酸味を感じて、気に入ってくれているようでした。ある日、アンリ・ゴーがやってきて、それを味わったときのことを覚えています。彼は、この皿を三度、あるいは四度頼んだのです。この時代は、皆、レストランのメニューからは姿を消してしまっていた野菜が食べたいと思っていた、あるいは必要だったといってもいいでしょう。野菜をベースにした前菜は本当に少なかったのです。それに対して私は、ニンジンを丸のまま、少々かための状態で供した。野菜の口当たりを確かに感じることができて、とても快いものでした。こうした料理でも、評判を勝ち得ることになったのです。

　ついに、私自身の料理を作れるようになって、とても満足していました。心から楽しめ、やっと自分自身を解放することができたのです。しかし、改革をしたわけではない。特に私が心がけていたのは、他の人がしたことのないようなことを考えることです。一九八一年は、ヌーベル・キュイジーヌの全盛期です。その頃は、例えば、料理のあちらこちらにあじさいの花を使ったりとか、すべての料理にキウイの輪切りをのせたりとか、そうした料理が当たり前のように幅を利かせていました。しかし、私はそうした料理には関心がありませんでした。自分の料理を作るのに、古典的料理のベースから離れることはなかった。鳩や、塩クルートの仔羊のカレ、もう少しして、キャビアのゼリー寄せなどを作った。そして、常に新しい料理を出してきました。しかし、お客は、私が作る料理をすぐに気に入ってくれたわけではありません。キャビアのゼリー寄せ。これには、初め、アスパラガスのクリームを添えていましたが、最終的に、カリフラワーのクリームを使うことにしました。それで、どんな季節にでも出せるようになった。以来、この料理を、お客がとても気に入ってくれたので、メニューから外すことができなくなりました。私は好きな料理しか作らないなどと、思わないでいただきたい。私は商売人ですし、その頃、財政的に大変困窮していましたから、何でも試みるわけにはいきませんでした。今にしても、お客の好みを無視するなどということはできません。中には、自分が好きなものしか出さない料理人もいますけれど、それは、ビジネスをそのまま受け継いだとか、経済的な負担が少ないからできることなのです。私自身、ニシンの白子を出すといったきわどい冒険ができたのは、自分の店だからでした。

記者たちはこぞって訪れて、成功はすぐに約束されました。オープンして一カ月で、レストランは満席になったのです。そして、その状況は今も変わりません。

レストランがオープンして初めての記事は、いつものようにフィリップ・クデルクが書いてくれました（「コンコルド・ラファイエット」でも、「ホテル・ニッコー」でも同じでした）。彼は二日目に足を運んでくれたのです（ミッシェル・ピオ〔フィガロ誌のガストロノミー記者〕は、様子を探るために、工事中にやってきて、新しい料理を試していきましたが、レストランがオープンしたらすぐに成功するだろうという内容の記事を書いていました）。その当時、クデルクは、「ミニュット」という新聞に寄稿していました。私はラッキーでした。「ホテル・ニッコー」では、すでにミシュランの二つ星を獲得し、ゴー＝ミヨでは二〇満点中一六点をもらっていましたから、「ジャマン」をオープンするとすぐ、賛辞をこめた記事をたくさん書いてもらえたのです。それにもかかわらず、一二月一五日のオープンから、同じ月の三〇日までつまり二週間の、最初の収支決算は、二〇万フランの赤字を出してしまいました。それには、極度の不安を感じました！　誰でも店を始めたばかりの頃は、厳しいのです。

客室のスタッフは六人。その中に、「ニッコー」で一緒に働いていたジャン＝ジャック・ケマンとゴンザーグがいましたが、店が始まる何週間か前から、店に送り込み、様子を見させていました。厨房スタッフは五人です。やはり「ニッコー」で部門シェフをしていたフィリップ・グルーがついてきてくれました。彼は私の右腕として、長い間一緒に働いてくれた料理人です。そして、コミは三人。その中に、今は「マノワール・ド・パリ」でシェフをしている、ジル・メリーと、エーヌ県のサン・カンタンにいる、ジャン＝マルク・ル・ゲネックがいました。それに秘書が一人と、皿洗い場が二人で、計一四人のスタッフで始めたのです。しかし、今ではそのスタッフも四〇人になりました。さて、一月一五日までの成績は芳しくなかった。お客は七人とか、一〇人、一五人にとどまりました。しかし、ミッシェル・ピオやフィリップ・クデルク、ロベール・クルティーヌの記事が出ると、店はたちまち満席になったのです。クルティーヌが金曜日のル・モンドに記事を書いてくれたときのことでした。その記事が出た夜には、レストランは信じられないほどの混みようとなったのでした。それから、その勢いは止まりませんでした。ですから、もしこうしたガストロノミーの記者が記事を書いてくれなかったら、今の自分はなかった、またどこかの雇われにならなくてはならなかっただろうと痛感します。返済しなくてはならない経費やら借金があって、このままの状態ではいられなかったのです。幸いなことに、一九八二年の一月一五日以来、毎日、昼も夜も満席で、それは今まで続いています。つまり一三年間、変わっていないのです。外部から見ると、すべてが上手くいっていたように見えますが、初めの決済は、とても厳しかった。経済的にいって、初めの六カ月は、危険な状態だったのです。眠れない夜もありました。週末になると、そのことばかり考え、何度も問題について考えめぐらしたり、間違いを犯してはいなかったかどうか、自問自答していました。もちろん、この困窮期には、自分の報酬などはありません。この期間が長く続かなかったことを、神に感謝しなくてはなりません。私自身、オープン当初は簡単ではない、お客をとにかく入れなくてはならない、ということはとうに分かっていました。こうした困難に対して心構えはできていたので、それほどの苦悩には至らなかった。それでも、私は誰にも声をかけたりはしませんでした。これを非難したジャーナリストもいましたけれども、私自身がそういう性格ではない。いずれにしても、アンリ・ヴィアール〔美食ガイドの発行人でジャーナリスト〕やローラン・エスケイグ〔雑誌タンタションのディレクター〕は、クロード・ルベイ〔年鑑レストランガイド「ルベイ」を刊行する〕やフィリップ・クデルクに続いて、オープン当初から来てくれました。皆、自分から来てくれたのです。

ガストロノミーの記者による記事は、レストランのスタートを助けてくれました。しかし、記事がシェフを創り上げるわけではありません。「ホテル・ニッコー」では、ミシュランの二つ星をすでに手に入れていましたが、そのころのロブションの活躍を賛えた記事は、フィリップ・クデルクのものにとどまっていました。クリスチャン・ミヨ〔アンリ・ゴーとともに美食ガイド「ゴー＝ミヨ」の創始者〕は、二〇点中の一六点、そのころジャン・ディディエがディレクターだった「ボッタン・グルマン」でも、悪くない評価。ミッシェル・ピオとアンリ・ヴィアールからも良い評価を得ていましたが。「ヌーヴェル・リテレール」では、ジル・プドロスキー〔美食ガイド「プドロスキー」の創始者として知られる〕から、酷評を受けたこともあります。いずれにしても、「ホテル・ニッコー」での成功は事実で、そのときのお客が、メディアの意見とは関係なく、ロブションについてきたことは間違いありません。

私が料理人をしたいずれのレストランでもそうでしたが、評判は口コミで広がりました――パリでは、とても急激に広まるのです――。これには助けられました。すぐにレストランは満席になって、それが持続したのです。しかし、メディアがもたらしてくれたものは、決定的で、特に、スタートにおいては顕著でした。一月一五日以来、大盛況となりました。自分の店を持ったときには、すべてのことを無視してかかると決めていただけに、それは感動的でした。私自身がしたいことをする。それが、目的でした。メディアや他人がどうこういうかを気にかけたくなかった。私自身の料理を作る、そんな自由を自分に与えたのです。ここまで、誰の助けも、あるいはほとんどの助けを借りることなく、レストランを満席にした。自分の店で私がそれにたどりつけない理由などなかったのです。

すぐに、好意的な励ましの声が向こうからやってきました。メディアは、先んじて私や私のレストランについて記事にしてくれたのです。すべては好転しました。ジャーナリストの人たちには、ある感謝の気持ちを抱いています。店のオープンには、私のお金がかけられていましたし、毎月の決算は赤字でした。私の仕事を賞賛してくれて、何度も取り上げてくれるような記事がなかったら、おそらく今の状態に身を置くのは、厳しかったでしょう。

一九八二年、すぐに店は一つ星になりました。一九八三年には二つ星に、そして一九八四年には三つ星を獲得しました。必然的に、メディアがこのことを語ることになります。メディアは、初期の頃を支えてくれ、大きな助けになりました。星をこうして毎年獲得しましたが、星の昇進の知らせを聞いたのが、毎回日本でだったというのは、奇遇でした。それは、いつも三月です。その頃、私は日本で名声を得ており、「ホテル・オークラ」でショーをしましたが、それは多大な影響力があって、パリの店にも日本人のお客をたくさんもたらしてくれたのです。

ですから、三つ星を獲得した時も、東京にいました。マルク・ムノー〔ブルゴーニュ地方ヴェズレー「レスペランス」のオーナーシェフ〕も三つ星を獲得した年です。ムッシュー・トリショー（ガイドの責任者です）に電話をして、感謝の気持ちを伝えるのと同時に、私がパリにいないことを詫びました。実際のところ、ミシュラン側は、シェフが厨房から離れることをあまり好まないので、とても気詰まりでした。ムッシュー・トリショーは、パリに戻ってくることをすすめながら、理解を示してくれました……。そして、「ホテル・オークラ」にそのことを伝えましたら、ホテル側もすぐに理解してくれた。フランスに帰るとすぐ、ムッシュー・トリショー〔ミシュラン・ガイドのディレクター（一九六八〜八五）〕とムッシュー・ナエジュラン〔ミシュラン・ガイドのディレクター（一九八五〜二〇〇〇）〕の両ムッシューが店にやってきました。そして、三つ星になったことを祝福してくれたのです。そこで、店の内装について彼らがどう思っているか聞くことにしました。彼らは、三つ星の評価を決定したのは、料理やもてなし、お客の満足度からだと言ってくれました。そうはいっても、三つ星のレベルを維持するには、店の内装工事も考えなければならないという義務を感じました。それで、七月と八月の夏のバカンスの間、内装工事に取りかかったのです。さらに、三、四年後に、再工事をしました。

ミシュランからすると、工事を義務と掲げているわけではありませんでした。何年かのち、私が店を、ロンシャン通りから、レイモン＝ポワンカレ大通りに移すとムッシュー・ナエジュランに伝えたら、彼は《あ、そうですか。それは残念だ！》と言っただけだったのです。

とても妙な発言だと思って、少し悩みました。私は来ていただいたお客に、料理以上のものを提供したい、また、会計はかなりの額ですから、それに相応しい店構えにしなければならないと考えていたのです。ナエジュランは、しばしば人はミシュランが内装によっても星を判断するというが、それは誤りだと言いました。こうした噂が、三つ星を得るために高額を費やして工事をするような窮地にレストランを追いやってしまう。しかし、私のレストランこそ、それが先入観だという証拠です。私の店の内装は心地よいものではありましたが、贅沢なものとはいえなかったのです。

ジョエル・ロブションは、メディアのことを悪く言ったことはありません。逆に、《メディアのスープにつばを吐きかける》ような悪態を吐く同業者に対して疑問を抱いています。

繰り返しますが、私は、メディアに対して深い感謝の気持ちを表したいと思っています。この点において、記事は何ももたらさないと豪語する同業者の人たちとは対立します。それは事実ではない。

それには、メディアと賢い関係を持たなければなりません。正直なところ、パリに店を持つオーナーは、メディアがその場にいるので、優位な立場にあります。あるレストランが満場一致の評価を得られないとしても、メディアはすぐに駆けつけてくれる。記事には、住所と電話番号が表記されますから、お客は食べにやってきてくれる。地方でレストランをオープンするのは、ずっと難しいでしょう。上手くいくまでに時間がかかります。パリでしたら、皆がまあまあ読んでいるような新聞や雑誌が一誌、取り上げてくれるだけで、他のジャーナリストが来るきっかけになる。そうすれば、他の記事にも掲載される。地方では、そうはいかない。特に、人里離れた場所に店を持った場合はそうです。

初めから、レストランをこき下ろすような批評家はめったにいません。とても難しいタイプの高名なジャーナリストでも、何回かは足を運んでみないで、レストランを悪く言うようなことはそれほどありません。あるいは悪く言うようなことがあれば、それだけの正当な理由があるに違いない。個人的には、攻撃されたようなことはほとんどありません。

若いレストランのオーナーに伝授する、メディアの心をひくための心得とは……。

オープン当初から、地元に住む人々が来てくれるような場所にあるならば問題はありません。しかし、礼儀からいって、レストランがオープンすることを、ジャーナリストに伝えておくほうが望ましいです。それが難しいなら、郵便で、店のオープンについて告知して、批評家にレストランに来てもらうよう、伝えるべきです。きちんと仕事をしている確かなジャーナリストなら、足を運んでくれるでしょう。予め、自分が何者であるかを伝えるジャーナリストもいれば、匿名でやって来る人もいるでしょうが、それはどうでもいい。しかし、ジャーナリストだからといって、料理を変えて出そうなどと考えるのはやめるべきです。彼らを迎え入れる時には、ほんの少しだけ特別な注意を払う、それだけで十分です。料理を多めに盛ると言ったへまもやらかさないことです。ジャーナリストは、レストランで毎日のように料理を食べているので、例外を除いてですが、一皿の量が少ないほうを好むのです。ジャーナリストがそこにいるからといって、他の素材を使ってみたり、料理を変えたりすることはないのです。それはばかげたことです。匿名の人でも知られた人でも、大差ありません。ネガティヴなことを除いてですが……。一人の批評家の存在が、シェフを不安にさせ、財産を失わせてしまうというようなおそれがある。そんな匿名記者もいるが、彼らはばかげた芝居をやめた方がいい。それは珍妙としかいいようがありません。こうしたタイプで、もっとも嫌なのは、フランソワ・シモン〔一九五三〜。「フィガロ」の料理批評家。著書に『レストランで最高のもてなしを受けるための50のレッスン』〕のように、テレビには覆面をつけて出演するのに、私の店や他店の厨房を公然と覗きにくる連中です。まったくもって視聴者を馬鹿にしています。彼らは語るべきことをわかっていませんし、料理も知りませんから、何か別のことを話す。それだけです。傷つけられているのは、視聴者なのです。

批評家を批評することはできるのでしょうか？　どんな分野でも同じことですが、いい批評家もいれば、そうではない人もいます。

本物のジャーナリスト、才能のあるガストロノミーの批評家に話を戻しましょう。彼ら自身が、レストランにやってきたときに、自分の立場を明らかにするか、それとも匿名のままにしておくかは、彼らの問題で、彼らが書くことになる記事の質に何の変化をもたらすことにはなりません。どんな分野でも同じことですが、ガストロノミーのメディアにおいて、優れた批評家と、そうではない批評家、つまりどうやって味わったらいいかを知っている人と、そうではない人がいます。いい批評家なら、料理に失点があるとしたら、この問題を見抜き、仕事の質や素材の質をはかることができるのです。真実からずれて、《好き》だとか、《嫌い》だとか、自分の気分を表現するだけで満足している人もいて、そういう人は往々にして、複雑で、もったいぶった言葉を並べ立てますが、空虚なばかりです。もてなしとか、《見かけ倒しの厚塗り》に影響されてしまう。こうした人には、匿名で来ていただきたい。しかし、最近では、自分が何について語っているかを知っているジャーナリストも増えてきたと思います。レストランに通う数が増えれば、味蕾が鍛えられます。初めは何をしているかわからなかった批評家も、少しずつ鍛錬される。それにもかかわらず、本当に味わうことを知っているジャーナリストはあまり多くはありません。フランスには一〇人もいないのではないでしょうか。

優れた批評家は、レストランを成功に導くのでしょうか?

説明してきましたように、フランスにおいては、メディアは有害というよりも、役に立ちます。私たちが思い込んでいるのとは反対に、メディアはとても真っ当です。それに対してアメリカでは、テロ行為になる。力関係にしかすぎない。私がアメリカの組織に入りたくないのは、そのためです。時宜をみて、今と思ったら、料理人におそいかかり、台無しにしてしまう。アメリカのこうした精神は正直好きではありません。例外もいますが、彼らはあまりに打算的なのです。さらに、料理の嗜好を考えても、バターやクリームを排除した、コレステロールのないものばかりを追い求めています……。これにはうんざりさせられてしまいます。アメリカでは、一軒のレストランの成功や倒産を決定してしまうのは、メディアだけだといっていい。それに対して、フランスでは、成功はお客との関係で築かれるので、それが自動的にメディアによる成功とはいいきれません。メディアにかなり登場するオーナーでも、なかなか席が埋まらずに苦労している人を知っています。確かに初めは、メディアで紹介されたのをきっかけに、お客が来るかもしれない。しかし、料理やサービスが気に入らなければ、再度足を運ぼうとはしません。とても単純なことなのです。思い違いをしてはいけません。メディアに頼って支えられているだけの料理人は長続きしないのです。二年か三年すれば、メディアは飽きてしまうので、興味は他の店に移る。そうして得てきた栄光や支えは、一切合切取り去られてしまうことになるのです。

少なくとも、料理とメディアという小世界において、決定的な問題は、ジャーナリストに来てもらった際に、会計をどうするかです。これは、大いに議論を呼ぶところでしょう。

まず、一つ確かなことは、私たち料理人は、ある特定のジャーナリストの肩を持ってはならないということです。大ジャーナリストも小ジャーナリストもいない。私は皆を平等に考えています。小さなフリーペーパーで書いているジャーナリストに対しても、よく知られた新聞で書いているジャーナリストと同様に敬意を払っています。時に、前者が、後者と同じくらいのお客を、あるいは後者以上のお客を店に運んでくれる場合もあります。口実をつけて、ジャーナリストをボイコットしようとした同業者がいましたが、こうした態度に憤りを感じます。複数の同業者組合が、あるジャーナリストたちに対して抗議の態度を示すよう、私に頼んできたことがありましたが、断固として拒否しました。こんなことがあってから、関係はこじれてしまいましたが。もし、あるジャーナリストが私に不利なことをしたとしたら、その人物に対してそれを表明するでしょうが、同業者を煽動して訴えることはしない。私一人の問題です。

一九八一年、私はジャーナリストの力が必要でした。すべてのジャーナリストの力がです。ですので、今日彼等の顔に泥を塗ることはしません。幾人かに対して言いたいことがあるにしてもです。ついでにいいますと、何年か前にジャーナリストをボイコットしようとした料理人たちについてですが、その出来事の六カ月後に刊行されたガイドには掲載されていたのです。まったくくだらない。ジャーナリストを裁くことは私たちの役割ではない。それが自分自身の問題でなかったらなおさらです。

感謝の気持ちを表すことになる決定的な問題、会計について話を戻しましょう。これは、単純なことではありません。長いこと、これは居心地の悪い問題としてくすぶっていました。例えば、「ホテル・ニッコー」にいた時のことです。ある日、クロード・ルベイが昼食にやって来ました。そして、その年末に、ホテルから彼に送った贈り物——平凡な贈り物でした。ボールペンのようなもので、皆に送ったものです——を、彼は、買った覚えがないと言って戻したのです。困惑させられましたが、ここで一つの教訓を得ました。それ以来、何であっても、ジャーナリストに贈り物をすることは、決してしません。会計に関してですが、ジャーナリストからは料理の代金は取らないという主義です。ジャーナリストによっては、払うことを主張し、会計を済ましていく人もいますが、いずれにしても、これが記事の内容を変えるわけではありません。また一方で、払うのは雇用者側で、ジャーナリストではないということもある。もっとも、音楽の批評家は、オペラの席料を払うことはないですし、映画批評家が、映画を見るときに入場料を払うこともない。文芸批評家も本の会計をすることはありません……。それなのに、どうして、美食批評家はそれと違うというのでしょう？　あるいは、彼らの新聞なり雑誌なりが勘定を払わないからといって、美食批評家が立ち位置を変えたり、突然ものすごく影響されてしまうことがあるでしょうか？　もちろん、彼らは料理のメニューを見て、値段つきのメニューを持ち帰りますから、食べた料理の値段をきちんと確認しています。小切手を切る切らかないで、意見が変わることはありません。状況がとても不鮮明なので、告知ハガキや電話でジャーナリストを店に招待したはいいが、会計はしてもらうべきだと強く主張する若いシェフたちもいますが、それは間違っています。

個人的には、私自身はシンプルな態度をとっています。ジャーナリストは誰であっても払う必要はない。自分の食べたものはすべて払うと言い張ったとしてもです。本当に、主張してきた場合は別ですが。彼らは、毎日レストランに通うための個人的な資産を持っていないでしょうし、会社からすべてをカバーできるような経費をもらっているわけでもないのですから。メディアは財力がないということは、誰もが知っている事実です。ですから、批評家がすべての食費を出さなければならないとしたら、彼らは、街角のビストロかファーストフードに通うしかなくなる。これはばかげています。料理人は、問題はたくさんあるでしょうが、こうした問題に向き合って、自分たちの態度を明らかにすべきだと思います。もし、ジャーナリストが、勘定を本当に支払いたいのなら、匿名で来るべきだ。簡単なことです。ガストロノミーのメディアにレストランを紹介してもらいたいなら、映画やオペラ、他のアートと同様に、少々投資をするのは我々なのです。彼らが支払いをしないのには賛成ですが、もちろん、批評家が二人で来る場合に限ります。家族や友人を何人も連れてきた場合には、例えばアペリティフをご馳走するかなどして、支払いをしていただくことを、ほのめかすべきです。アメリカ人の場合は、支払いをしていただきます。彼らの会社には予算がありますので招待することはできない。単純なことです。

もちろん、こうしたことを表明するときには、常に控え目で、注意深くあることです。特に、ジャーナリストが同伴者を伴ってきた場合はそうです。会計のときに、普通に勘定書を折り畳んで渡し、「本日はシェフのご招待です、来ていただいて有難うございます」という言葉を伝えるのが、一番よい方法でしょう。会計をしなかったジャーナリストと同様、会計をしたジャーナリストから、個人的に嫌な目にあったことはめったにありません。自由は頭の中にはありますが、財布にはありません。若い料理人に繰り返し助言をしますが、ジャーナリストにはお金を払わせないことをすすめます。受け入れるべき投資なのです。

もう一つの助言は、ジャーナリストだからだといって、多くをやりすぎないことです。自分で料理を選ばせる。そして、量を多くしない、一五皿もすすめるなどということはしないことです。そして、彼らの食卓につくなどということは決してしないこと。料理が際限なく出てくるデギュスタションメニューを好むようなジャーナリストはほとんど知りません。一般的に、少量のアントレを二皿、メインの料理に、場合によってはデザートをとるのを好み、それ以上は望みません。一度に、メニューにある料理をすべて食べさせようとしてはいけません。食卓につききりになることも避けた方がいい。私は、客室に出るのが好きではありません。ですから、ジャーナリスト、あるいは、誰であろうと食事の邪魔をしてしまうような危険もありません。お客によっては、シェフの顔を見たいと思っている人もいますので、それはよくないこととは知っています。しかし、私は客室に行くのが好きではない。もしも私に会いたいと望むお客がいたら、食事が終わるくらいのころに厨房に来ていただいたり、彼らが帰るときに挨拶をするというのが通例です。順番に食卓を回って挨拶するのが好きではないからです。儀式的に頭を下げて回ることはできない。特に、サービス中だというのに厨房を離れて、また一五分後に戻ってきて、仕事に戻るというのは、不可能です。そうはいっても、お客を目の前にして、このような私の態度は、どちらかというと不利になる、ということは認めます。特に《三つ星》のレストランのようなところでは、シェフと少しでも言葉を交わすということに、満足するお客が多いのです。

これに関しては、シェフの気質によるでしょう。例えば、トロワグロやダギャン〔アンドレ・ダギャン。UMIH（ホテル産業協会）現代表。ジェール県「ロテル・ド・フランス」のオーナーシェフを務めた〕、あるいはヴィガト〔ジャン＝ピエール・ヴィガト。パリ八区、二つ星レストラン「アピシウス」のシェフ〕の店ですと、彼らは客室に出ていって、自然で温かな会話をして、いいコンタクトをとっています。こういう場合は、とてもいいことですが、これを誰にでも押しつけていいわけではありません。特に、賛辞の言葉を集めて回るために、システマティックに客室の席に順番に挨拶するようなことは、避けた方がいい。感じたことだけをすることです。もちろんシェフは、お客に会いたいと思っており、厨房や、食事の最後に、声をかけていただければ、エントランスで挨拶することができると、お客にはわかっておいていただきたいのです。お客と接触を持つことはどんなときでも喜びですから。おそらく、私の態度は有益ではないということは認めます。

シェフに会うということは、ただ単に、シェフが不在ではないということを確かめ

るための方法であったりもします。それでシェフに会えなければ、世界の果てに出張していると主張する。しかし、それほどあちらこちらに行っているわけではないのです。

もう一つ、お話ししておきたいことがあります。ポール・ボキューズは、私たちシェフの中で、一番にあちこちを飛び回っていると評判です。アメリカや日本など、あらゆるところに足を伸ばしています。しかし、そんな彼でも、レストランを留守にしているのは、一年に三、四日でしかない。いずれにせよ、八日を超えることはないのです。それでは、頻繁とはいえません。あるいは、彼のレストランは、彼が不在でも、まったく変わらない料理が出せるように完璧にオーガナイズされています。それこそが、本来のグラン・メゾンでしょう。私の店には、四八人のスタッフがいますが、一五年以上も、一緒に働いてきている人もいます……。私がその場にいても、すべてを私がするわけではありません。それに、私は自分の妻と一緒に出かけることはまれで、私が出張に出る時は、彼女がお客の応対をしますので、私の存在はいつもある。それに、スタッフには、百パーセントの信頼を寄せています。これは幸運なことです！　私と妻が、二人ともいないということは、まったく例外的なことです。それに、私は段取りをいつも考えています。以前、日本へ行くときには、日本とパリの仕事が同時進行でした。そののち、一年に一週間ずつ四回の滞在にすると決めたら、毎回同時進行という状況にはなりませんでした。それをなるべく感じないように段取りをしたのです。

何度も行ってわかったことですが、一週間留守にしていると、もうそろそろ戻る時だと感じます。小さな規律の乱れのようなものが発生するのです。三週間あるいは一カ月留守にするなどということは問題外。レストランにとっては、大災難です。しかし、ときどき、一日二日いないくらいでは、不在を感じることはありません。一回のサービスだけいないというのなら、なおのこと、些細なことです。もちろん、きちんと組織されたレストランにかぎりますが。

私の店では、すべてがきちんと機能しています。いつも満席で、不可欠なしかるべきスタッフを配置しているからです。しかし、コミが一～二人しかいないような店では、シェフがいなければ、災難でしょう。原則的にいって、ある程度のレストランなら、シェフがいなくとも、サービスが円滑に回るよう十分に組織されています。そうしたことも、店の質が保たれる理由であって、規則性や安全性の大切さを忘れてはならないのです。ある日、素晴らしい一皿を、作ることができるレストランもあるでしょう。それは素晴らしい仕上がりです。どうしてかといいますと、さほどお客がいないので、スタッフは、ストレスなく仕事をすることができますし、素材は新鮮で、丹念な仕事ができるからです。お客も大満足で帰途につくことでしょう。しかし、残念ながら、もう一度そのお客がやってきても同じシナリオにはなりません。レストランは満席で、スタッフの数は十分でなく、収拾がつかない。素材は、二日も前から冷蔵庫に入っているものだ。なぜなら、お客はめったに来ないからで、前日は……という状況だからです。つまり、以前に比べて、ずっとひどい状態だ！　上手くいっている店の有利な点は、才能のある十分なスタッフを配置できること、また素材も常に新鮮なものを扱うことができるということです。腕のいい料理人なのに、残念ながら、レストランを維持していくのが難しく、経営していくのすら不可能となる場合があります。二つ星、三つ星のレストランで、ある日はお客が四人、その翌日は四〇人というような、客入りが不規則のような状況から、どのように抜け出したらいいのでしょうか？　非常に高い質を守りながら、値段も高く設定しなければならない、こうしたタイプのレストランの場合、どうやって、スタッフや、特に素材を管理していったらいいのでしょう？　素材は、何日かとっておくのでしょうか？　それとも捨てるのでしょうか？　私自身それにどうやって答えたらいいかわかりませんし、こうした困難に直面しなければならない料理人を気の毒に思います。最も優秀な料理人でさえ、奇跡を作りだすことはできません。帆立貝や、ラングスティーヌ、サラダ、ハーブなどの新鮮な素材も、二日も三日も冷蔵庫に眠らせてしまえば、仕入れをした当日の味わいよりも、味が悪くなるに決まっています。確かに、ベーシックな素材であれば、スタッフのまかない料理に使うことはできるでしょう。しかし、ブレス産の肥育鶏やテュルボ、川スズキをまかないに使ってしまったら、収支決算に問題が出ることは間違いありません。おそらく肉以外のこうした高級素材は、質を損ないやすいのです。それに、永遠にもつわけではありません。ヴォライユでも二〜三日、冷蔵庫に入れておけば、臭いも悪くなり、味も変化してしまって、質を落としてしまいます。捨てるのは忍びないことです。こうした商品は、高くつくのです。三つ星クラスの店ですと、経費の四〇％は素材です。すなわち、皿の値段の四〇％を占めるということです。これは、結構な割合です。ですから、こうした店は、重大な問題を抱えることになるのです。

こうしたすべてのことは、自分の店を持つ前に、心に留めておくべきことで、雇用者としての訓練も積んでおかなければなりません。レストランのパトロンになるということは、まずは雇用者たるべきということで、このためには、管理の概念以上のものを学ばなければなりません。私が思うところ、最もよい解決法は、大きなホテルで働いてみることです。ここでは、スタッフや商品など、さまざまな管理について知識を得ることができます。これは、小さなレストランでは決して学べないことです。スタッフに対して、どのような責任ある態度をとったらいいかや、どう気をつかうかについても学ぶのです。また、一皿の値段がどのように計算されているのかや、食べ物のコスト、情報カードの作り方など、忘れてはならない大切なことについても学ぶことができます。料理人の多くがこうしたことを知らずにいるため、経営が上手くいかないケースが多いのです。私が大きなホテルというときには、チェーンホテルのことを指します。このようなところでは、経営について多くのことを身につけることができるでしょう。

店のオーナーになることは難しいのでしょうか？　自分の店を立ち上げたとたん、たった一人、銀行の決済書に直面することになりますが、態度を改めなければならないのでしょうか？

「ホテル・ニッコー」で働いていたときには、私はすでにオーナー同然でした。ですから、自分の城を持ったときに、オーナーであることは新しい状況ではありませんでした。しかし、「ニッコー」では、動いたお金は私のものではなかった。自分の店を持ってすぐ、自分自身の変化を感じて、客観的におもしろいことだと思ったのは、物が壊れたときです。スタッフが何かを壊すたびに、お金が窓から飛んでいってしまうような錯覚に陥って、スタッフは厳重に注意をするべきだ、と思うのです。しばしば、スタッフはきちんと理解できません。彼自身の店ではないからです。企業ですから、無駄遣いをすることもできる……。無駄な部分はいくらでもあります。そのため、私はいつも、自分のスタッフには、私自身が若いときに培った厳格さを教え込もうと努力をしています。私の会計士は、他のパリの高級レストランや、パリ以外の店もたくさん面倒をみていますが、彼が言うには、私の店は他の店に比べて、多くの点でかなり倹約をしているということです。

私の店で、大きな支出を占めているのは、素材です。これに関しては、率は悪い。他の購入商品の中でも、かなりの経費をかけています。もうすでにお伝えしたことでしたが、優れた素材を手に入れるためなら、値段の交渉は一切しないという主義です。また、スタッフ数も多い。それに対して、クリーニング代や、電気、ガス代、雑費、水や花代などは、倹約しています。すべての無駄は省き、皿の中に賭ける。皿以外のすべてにとてもうるさいのは、皿こそが一番だと思っているからです。ある一日の残り物は、次の日のスタッフのまかないになります。オマール以外ですが……。でも、残り物が出たことはあまりありません。経験を積むに従って、一日に出るオマールやヴォライユ、テュルボの数を、一つ二つ差で見積もることができるようになりました。それに、ディナーのサービスで、出す料理がなくなってしまうくらいをよしとしていますし、実際、こうしたことはよくあります。その場合、客室スタッフに伝えておいて、メートル・ドテルが機転をきかせて、細心の心遣いで他の料理をお客におすすめし、お客ががっかりするようなことがないようにしなければなりません。

私が幸運だったのは、誰から見ても素晴らしいプロ意識のあるメートル・ドテルに恵まれたということで、そうした彼らが長らく私についてきてくれているということでしょう。一二年、一三年もともに働いてきて、私たちの間には、あうんの呼吸のようなものが生まれ、客室には、たいへん心地よい雰囲気が流れているのです。偶然、ある料理を作るのに素材が足りなかったりしても、問題があったためしは一度もありません。お客も私の店をよく知ってくれていて、この上なく新鮮で完璧な素材を私の店では常に味わうことができるから、この値段になるのだということをわかってくれています。そして、私たちはそれを算定して、うまく切り抜けている。最も難しいのは、業者をコントロールすることでしょう。

お金の問題について話を続けましょう。お客はどのようにお金を払っているのでしょうか？　三つ星レストランは、どのように生計を立てているのでしょうか？　有名であるだけ、お金を稼いでいるといえるのでしょうか？

今日、私たちのようなレストランでは、お客が現金で払うということはほとんどありません。ある紳士が、自分の恋人をディナーに招いて、それが自分の奥さんにばれないようにという頭が働いた時は別ですが……。さらにいうと、私たちにとっては、支払いが現金であるに越したことはありません。確実に支払いがされたことを、目の前で確かめられるからです。カードは、ほとんど問題にはなりませんが、カードによっては手数料がかなり高く、有名なレストランが交渉したとしても、負担は大きい。そうしたことはありますが、手数料が最も安いのは、カルト・ブルーです。もちろん、他に支払い方法がない場合には、小切手も受け入れています。実際、不渡り手形だろうが、盗まれた手形であろうが、口座に金のない手形であろうが、あまり心配はしていません。予約は大分前からとっていますし、少なくとも、予約をとったお客の連絡先は確認させてもらっています。そうはいっても、一年に、二回から三回は、問題が起きます。例えば、予約のキャンセルが入って、ぎりぎりに他の予約を入れた場合などに起こります。通常は、警察がそうしたお客の居所をつきとめますが、例外もあります。昨年に起きたことですが、お金が銀行にないのに小切手を切ったお客がいました。この人物は、フランスから海外に逃げてしまい、とうとうつきとめられなかった。こうしたお客に限って、とても高いワインを頼むのです……。幸いなことに、こうしたことはめったに起きません。

カード支払いについていいますと、月末に、あらゆるカードに対する手数料を支払わなくてはならないのですが、これは、経費の中でもかなりの重荷です。想像を絶する驚くべき額で、私の店では、一年に二五万フランにものぼります。もっと正確にいいますと、銀行手数料として、一九九四年の九カ月で一四万二千フランも支払っている（さまざまなカード、小切手などを含めて）。総売上高の、かなりの割合を占めることになります。皆が想像しているのとは反対に、私たちのような店では、なにかしらごまかしでもしないと、そうそうお金を稼げないのが普通なのです。

　高級レストランでは、他の活動がないと、生計を立てていけないのが現状です。それなしで、完璧に経営している人もいますが。私は、それほどの利益を上げているわけではありませんが、何とかレストラン「ジャマン」で長らく成功してきました。アラン・パコー（パリ四区三つ星レストラン「ランブロワジー」のオーナーシェフ）のような人もそうです。パコーの店は、とてもこぢんまりとしていて、サービス数も少ないので、スタッフ数もそれほど必要としません。豪華な内装にしたいと考えるようになると、困難が生じます。私の店では、一回のサービスで、四五人分を用意するのに、四八人のスタッフを抱えています。私たちは他の人が思い描いているように、お金がふんだんにあるわけではありません。うなるほどお金があるように見えるのは、贅沢な世界で働いているからでも、メディアに私たちの写真が出ているからでもありません。三つ星のような高級店は、切り回していくのに経費がかさむのです。もしも、他の事業がなかったら、生計を立てていくことはできません。

　私のここでの税込みの給料は二万フランで、一サンチームたりとも多くありませんし、社用の車もありません。きちんと稼いではいますが、レストランからの収入ではなく、他の活動から得ています。例えば、食品加工企業との契約や、日本との契約、コンサルタント料などです。支払いがいい場合もありますが、それはとてもまれです。コンサルタントなどは、平均して一日二万フランから三万フランほどですが、三、四人のアシスタントを連れて行かなくてはならない。もっとも、あまり利益にはつながらない場合には、それ以上のことはしないようにしています。こうした仕事の日給に加えて、一～二日の出張旅行をすることもありますが、こうした仕事では、謝礼は支払われません。それに反して、ホテルレストランのコンサルタントの謝礼はとてもいい。メニューを推敲したり、シェフを立てたりします。私たちのノウハウを売る場合もあって、それは外国の人の興味を惹きます。レストランを立ち上げたいが、料理を自国に適合させるためには、どうしたらいいかなどのノウハウを知りたいのです。こうした仕事はしばしば時間がかかり、困難も伴い、徹底的に行なわれます。シェフによっては、採算をとるために見習いを入れている場合があります。私は、もう見習いはとっていません。友人や、友人から熱心に紹介された場合は別にして、見習いはとらないことにしたのです。以前は、たくさんいましたが、もういらないのです。そうした見習いの多くは、入るためには頭を下げるが、一度店を辞めると、私の店の批評を始めて、私が厳しいということを他人に触れ回ったりする。それだけならいいが、アイディアを盗んで、料理の写真を撮っては、レシピを書き写し、自分自身の店をオープンしたときには、料理をコピーして、仕入れ先まで盗んでしまう。そして、好きなだけ私の批評を言うのです。率直に言って、見習いはいりません。何か友情的な気持ちが働いたりとか、無報酬でない限り、やめました。友人であるギー・サヴォワ〔パリ一七区レストラン「ギーサヴォア」のオーナーシェフ。二〇〇二年より三つ星〕もそうです。見習いをとる人もいますが、そうした場合は、月末の決算を考えてのことでしょう。

海外の料理学校での講習を請け負うシェフもいます。この場合は、たいがい支払いがいい。個人的には、私はいつもこうした講演を、ビジネスを交換条件に、無償でやることにしています。ですから、いつも収入があるわけではありません。ソフェクサ〔フランス食品振興会〕のイベントが海外で開催された時、フランスの代表として赴くときには、報酬はもらいます。その時々で、条件は異なります。そして、出版物。売れたときには、もちろん、実入りがいいということは確かです。アメリカで話題の本になったら、特にそうです。

三つ星

メディアからの聖別。
フリーメイソン。
話題に事欠かないこのテーマに焦点を当てる。
《三つ星シェフ》が皆フリーメイソンなのではない！
サヴォワ、ボキューズなど、同業者との友好関係について。

料理人の人生にとって、三つ星を獲得したその日は、人生で一番輝かしい時だといいますが、それは本当でしょうか？　この星への道のりをどのように上っていくのでしょう。

「ホテル・ニッコー」では、働いて一年で一つ星を獲得し、二年目には二つ星を獲得しました。自分の店を持ったのは一九八一年の一二月ですが、オープンの三カ月後には、すぐに一つ星を獲得して、二年目には二つ星、そして三つ星は、またその一年後にやってきたのです。

つまり一九八四年でした。ですから、ミシュランが出るたびに、星を一つずつ邁進したことになります。

正直にいいまして、初めての一つ星で、もうすでにとても嬉しかった。二つ星はそれ以上でした。初めて二つ星を獲得した時は、我を忘れて喜んだほどです。二回目にもらったときもそうでした。初めての二つ星は、「ホテル・ニッコー」の時で、すでに二つ星のあるレストランに入ったわけではありません。この星を取るために、すべてを捧げたといっていい。しかし、この星は、私自身のものではありませんでした。「ジャマン」では、星は私のものです。それは、忘れがたいひとときでした！　シャンパーニュを開けて、スタッフと祝いました。しかし、出来事を祝っただけで、それ以上のことはしませんでした。三つ星は、まったく想像していませんでした。二年以内で二つ星を獲得できただけで、十分に幸せでしたので、三つ星のことなど考えてもみませんでした。一二月末、次回のミシュランで三つ星になると、ほのめかす人もいましたが、信じませんでした。第一、内装はよくありませんでしたから、私の考えでは、店は三つ星に相応しくないと思っていたのです。しかし、この一二月の間に、ミシュランの責任者のトリショーとナエジュラン、ラシャーズが揃って食べにきていたのは確かです。彼らの訪問は、そのサインだと皆は言ったのですが、私は信じませんでしたから、三つ星をもらった時の驚きは、ほとんど興奮に近いほど、大きいものでした。

恐れられているミシュランガイドのブレーンであり、影響力のある面々を食卓に迎

え入れることほど、強い興奮を覚えることはないでしょう。シェフに知られているのは彼らだけで、他調査員は、まったく匿名のままなのです。

もちろん、それは驚くべきことでした。厨房では、自分たちがしていることに完全に確信を得ることはできませんし、アクシデントがある日起きる可能性もある。先の六月、ナエジュランが私の店で食事をすることを計画して、フランソワ・ミシュランとその夫人、子供たち、ラシャーズなどを伴って来ました。それに、引退したスタッフも含めた、ミシュランガイドの主要な人物が揃っていました。その日は、バカンスの閉店二日前で、状況的に苦境に立たされました。フランソワ・ミシュランは、魚をよく食べます。紙一重の差で、魚に火を通しすぎはしないかと、心配で仕方がなかった。そんなことがあったら大事です。間違いを見逃してくれるでしょうが、こうした印象は残ってしまう。

ミシュランは、あらゆるガイドの中で最も重要な位置を占めています。皆が好き勝手を言っていますが、ミシュランのレベルに達するガイドは他にないのです。そして、ミシュランの三つ星の評価以上のものは、私たちにとっては存在しない。他のメディアからどんなに批判されても、ミシュランでいい点数を取れているのであれば、その逆のパターンよりいい。一〇年ほど前もこうした考えが一般的でしたが、今日はそれがより強まっています。それに対して、他ガイドの影響力は、減少しています。ゴー＝ミヨに、アンリ・ゴーもクリスチャン・ミヨもいなくなって以来、こうした状況はより強まって、ミシュランと肩を並べられないどころか、ほど遠くなってしまったのです。

ミシュランは、外国の人も参考にしていますから、その反響は大です。それに、選考も厳格です。三つ星のある店で悪い店はありません。もちろん星の付け方はゆっくりですから、マヨネーズを作るように、スターを簡単に仕上げてしまうようなことはありません。特にミシュランの二つ星や三つ星の店に、がっかりすることはまれでしょう。選考は、必ずしもすべての人の好みに合うわけではありません。それでも、ミシュランの一つ星のレストランでは、少なくとも、何か優れた点、その店の内装ですとか、サービス、カーヴなど、何か際立つ点を、必ず見出すことができるのです。これほどまでの評判をミシュランが得ているのは、読者が満足しているということです。三つ星を失うと、客がいなくなってしまうというのはよくあることです。

一九八四年の三月、まずはゴー＝ミヨのガイドから高い評価を得て、そしてミシュランの三つ星を獲得しました。ジョエル・ロブションは、厨房のスターとなったのです。

あらゆる前触れはありましたが、三つ星を獲得するとは夢にも思っていませんでした。ミシュランの発表の少し前に、ゴー＝ミヨから一九・五点の評価をもらってもです。ゴー＝ミヨは、前年一七点だったのを、一気に一九・五点に引き上げたのでした。それに、三年もしないで三つ星を得るような店は、前例がなかった。信じがたい評価で、おそらく、当時私にたいへん好意的だった同業者たちを除いて、すべての人が驚いていました。以来、嫉妬の気持を示す人もいましたが、こうしたことは避けて通れません。思い上がりではなく、まだ会ったことのない同業者の人たちからも優れたプロだと認められるのは、とても嬉しいことです。心温まり、安らぐのです。

　妻が、日本のホテルオークラにいた私に電話をかけてきて、この素晴らしいニュースを伝えてくれたとき、この上ない幸福に包まれました。マルク・ムノーもそのとき日本にいて、二人揃って三つ星を獲得したのでした。私たちは、すぐにフランスに戻ることにしました。正直にいって、この時は、私の料理人人生の中で、最も輝かしい時でした。三つ星というのは、すべての料理人の野心であり夢なのです。親しい友人、これといって親しくない友人からもお祝いの手紙をごっそりもらいました。しかし、私は、長いこと、この喜びを自分のためにかみしめていました。それでも、この朗報を祝うために、トネール市〔ブルゴーニュ地方の町〕のキュサック〔クリストフ・キュサック。現在、モナコ公国、オテル・メトロポール・モンテカルロ内「ジョエル・ロブション」のシェフを務める〕の店（私が信頼を寄せている、昔のスタッフの一人です）で会食を催し、スタッフを皆招待しました。それは、とても心温まるひとときでした。皆残らず参加してくれて、私に、それは美しい絵のプレゼントをしてくれたのでした。

三つ星を得たことで、「ジャマン」での人生は変わりました。世界各国からお客が

やってきて、この成功を維持していかなくてはならなくなったのです。

私は少しずつ、自分は三つ星に値しないのではないかと感じ始めました。この新しい評価に相応しい店構えにするため、内装に手を加えることにしたのです。以来、この三つ星を得たということを証明していかなければならないと、スタッフに伝えました。レストランは小さく、テーブル間は狭く、内装は手を加えたにしても、印象に特別なものは何もありません……。要するに、不興を買うであろうことは必至であり、どのように、店の長所を証明して、できるだけ、けなされないですむかを考えなければなりませんでした。

新たな出発でした。自分のすべてを捧げましたが、これは長らく続きました。スタッフも皆、力を合わせて、それに取り組んだのです。弱点をなんとか取り繕って、三つ星だと、他の店よりも多く寄せられるであろう批判を避けるために、努力をしました。

三つ星を獲得してから、客層が突然に変わって、海外からのお客が多くなりました。初めは、流れに任せていましたが、突然に客室が、海外のお客だけでいっぱいになるという状況に陥りました。海外のお客は、三〜五カ月前から、予約をするからです。私は、それまで、予約は自動的に取っていたのです。といいますのも、それまでは、席が満席になっても、これほど前から予約が入ることはなかった。こうした状況でしたから、突如として、客室のお客がすべて、フランス語を一言も話さないという日もあったくらいです！　当然のように、お客は私の店のことを、外国人向けのレストランと言うようになりました。そこで、作戦を練り直さなければならない状況に陥ったのです。経験のある同業者から意見をしてもらい、こうした状況が長引かないよう、変えていかなければなりませんでした。外国人のためのテーブル数と、フランス人のためのテーブル数を決め、客室を管理することは必須でした。それ以来、こうした気配りを疎かにしていません。そうしないと、皆が不満を感じてしまう。また、二つのテーブルは、予約をすぐに取らずに、懇意にしているお客のためにとっておくようにしています。しかし時折、それを一カ月前に、もちろん、そうしたお客のためですが、予約を入れてしまうということもあります。キャンセルは、二〇～三〇％を超えることはありませんが、すべては状況によります。お客が一二時三〇分にキャンセルの電話をかけてこない限り、店はいつも満席で、キャンセルが入ることはとてもまれです。実際、この一〇年来、お客がいない席があるということは、まったく、あるいはほとんどありません。三つ星を獲得する以前から、満席が続いていたのです。

いつも満席……。《世紀の料理人》……。三つ星……。世界にその名を知られる……。それ以上、何を望むというのでしょう。

私が仕事に終止符を打ちたいのはこのためです。危険は、弱さの中に潜んでいます。三つ星を得ることはとても困難なことですし、毎日、それに相応しいレストランであると証明しなければなりません。二〇年あるいは二五年の間、三つ星を保ち続けている店に目を向ければわかりますが、彼らはそれを維持するのに苦労しています。

ここ、レイモン＝ポワンカレ大通りのレストランは、すぐに三つ星を獲得しました。スタッフは、立ち上げからついていてくれた人たちで、オープンして二カ月後に発売されたミシュランでは、三つ星になりました。しかし、当初は、不安定なことも幾分かありました。ロンシャン通りにはいなかった車係を一人、店がずっと広くなったので、掃除婦を一人、ホール係を一〜二人、厨房にも一〜二人増やし、また、パンをその場で焼くために、ブランジェも雇って……とスタッフを五〜六人追加しました。今日のスタッフは四八人にも上ります。

実際、状況をすべて完璧に管理して、ロンシャン通りの店と同じ威厳を再び見出すのに、九カ月を要しました。一九九四年の秋になって初めて、信頼をしてもらえるだけの店にすることができました。興味深いことですが、厨房スタッフの振る舞いも、前とまったく同じというわけにはいかなかった。お客が気づいたかどうかはわかりませんが、私はそれを感じました。ちょっとした些細なことなのですが、上手くいかない。まったく小さなことなのですが、これが、大きな違いをもたらしてしまう。おそらく、長年私の店に通ってきた常連のお客は、その他のお客はそうでないにしても、気がついていたでしょう。これは、客室でも同じで、少々とり散らかっていました。同じスタッフで、同じ仕事であるにもかかわらずです。もちろんメニューは変えましたが。

フリーメイソンに所属していることについての質問は避けられないでしょう。それ

に対する、彼自身の確固たる見解について。

私はフリーメイソンに所属していますが、それについては国家秘密でも何でもありませんし、誇りに思っています。それは私の人生においてとても大切なことで、恩恵をもたらすものと確信しているからです。理想は、誰かが私と町中ですれ違ったとき、他の人と違う何かを感じることです。フリーメイソンの人たちは、選ばれた人たちなのです。彼らは他の人とは違っており、《完璧なる評判を得る、重要人物で、敬意に価する、誠実で控え目な人物でもあり、いずれの点をとっても、他の同志の名にふさわしい……。生まれ故郷を愛し、法を遵守し、法的な諸機関を尊重する心を養う人。仕事を、人として最も大切な義務ととらえ、あらゆるコンディションにおいて、それを敬う人であること》という規範にそう人たちなのです。道徳的な規範を持ち、原則的に、人類の幸福のために働いています。

フリーメイソンでは、政治や宗教について語ることを許されていません。反面、メンバーは、公認の神の信仰者で、かつ実践者でなければなりません。フリーメイソン自体は、宗教を持つ団体ではないのですが、個人は入会の際に、自分の信仰を申告するので、すべての支部はそれに通じているのです。フリーメイソンには、カトリックもいればプロテスタントもいますし、イスラム教も、またユダヤ教の人も多くいます。私の所属しているフリーメイソン団で、唯一入会できないのは女性で、会としては、女性を《敬い、讃える》のですが、入会は許していません。

コンパニョンでは、仕事の質を追求することがすべての目的でしたが、フリーメイソンでは個人の哲学と道徳が敬われます。フリーメイソン団は、通常の社会と同様、さまざまな職業を持つ人がいるのですが、各々が精神的な精進に心を砕いています。これこそが、フリーメイソンの本質的な理想なのです。ただ、単に好奇心で入ってくるような人もいるために、除名される人も少なくありません。これは、コンパニョナージュではあまりないことでした。

私が所属しているのは、フランス主要支部です。加入者はえり抜きの人物ばかりで、入会には保証人が二人必要になります。申し上げましたように、この支部には男性だけしかおりませんが、女性の入会を認める支部もあります。

コンパニョナージュに入るよりも、フリーメイソンに入るほうが簡単です。コンパニョナージュを知っていれば、フリーメイソン団がどんなものであるかは、かなり正確に想像できます。コンパニョナージュからフリーメイソンになる、あるいはその反対が、自動的に可能なわけではありません。それに反して、フリーメイソンは、コンパニョンからあまりよく思われていないことが多い。コンパニョンは、システムの労働者であることを意識していますが、フリーメイソンは、システムの知的集団なのです。もちろん、フリーメイソンは、その源をコンパニョナージュに求めることができますから、同じ見解を持ち合わせているということには、議論の余地がありません。しかし、コンパニョナージュが大切にするのが行動にあるなら、フリーメイソンは、精神の働きにあります。個人的には、この世の中に、フリーメイソンのみが存在することを希望します。

なぜ、私がフリーメイソンなのかですって？　私はコンパニョンでした。そこでは、仕事に対する愛を学びました。私がここまで成功できたのは、それに負うところが大きい。仕事に対して自問を繰り返した結果であり、際限のない完璧を求めたその精神にあるのです。また、連帯感も学び、それによっても導かれました。残念なことに、フリーメイソン団にもそれを見出せるとは限らない。しかし、人はそれを求めようとするのです。フリーメイソン団では、もちろん、宗教と同じように、人選を誤ることもあります。志願者はたくさんいますが、選ばれる人はごくわずかです。しかし、フリーメイソン団に残る人は、安らぎや調和を見出す。こうしたことが、彼らを、人々から求められる人間にするのです。もしも、フリーメイソンのメンバーが増えたとしたら、皆が、人生の質をよりよくすることを見出すことになるでしょう。

コンパニョンであることによって、私は、自分以上に知識を持つプロの人たちとの接触を求めてきました。そしてそれが、私の職業に多くのことをもたらしてくれたのです。フリーメイソン団は、文化的な交流をもたらしてくれました。私は、労働者階級の出身で、月並みの教育を受けたことがありませんでした。ですから、教養のある人々と親しく接することができるのは大きな喜びで、それは、心を大変豊かにしてくれるのです。必要性を感じて、会合にはよく顔を出しています。少なくとも、一カ月に二回は足を運びます。じっくり考えるために、心の平静を得るために、また、本質的で根源的な問題に答えを出すために、それが必要なのです。なかなかうまくいかないときは、フリーメイソンの人々と話をして、文化的な源や、精神的な糧、論理の本質を見つける。それは、私の問題を解決するのに不可欠となったのです。彼らのお陰で、私は多くのことを学びましたし、たくさんの本も読みました。それまで知らなかったカントやニーチェ、ソクラテスなどの哲学者の思想に出会った。こうした哲学は、多くのことを理解するのに役立ちました。自分のことを以前よりインテリになったと思っているわけではありません。そんなうぬぼれは毛頭ない。しかし、できるだけ自分を豊かにしたいと思っているのです。多くの人が膨らましている想像に反して、フリーメイソン団には、有害なことはひとつもありませんし、メンバーには、さまざまな生まれの人や、社会的な地位の人が混在しています。確かに、フリーメイソンの会員には、社会的に成功した人が多いのは事実です。しかしそれは、単純に、傑出した、周囲の注意をひくような人々だけに入会を許しているからこその結果なのではないでしょうか？　真実はここにあって、《彼が成功したのは、フリーメイソンに所属しているからだ》といわれるようなところにあるのではありません。むしろ、こうした人々は優れているからこそ選ばれたのであり、個人としてだけでなく仕事でも成功しているのではないでしょうか？　すべての理由は同じところにあるのです。

私は、以前から、フリーメイソン団についてかなり多くのことを知っていました。コンパニョナージュでは、自分たちの目的が別にあると判断して、それを敬遠していますが、フリーメイソンのほうでは、コンパニョンに対して敬意を払っており、以前から私はフリーメイソンの人々と接触する機会があったのです。そして、ごく自然に、ある日、フリーメイソンに所属するある料理人の勧めがあって、入会したいと思ったのです。それはさほど前の話ではなく、一五年ほど前のことだったでしょうか。他の人と同じように、二名の推薦状をもらい、志願書を書いたのです。

料理人には、フリーメイソンの会員が多いという噂があります。さらには、すべての料理人が夢見る三つ星を獲得するためには、フリーメイソンのメンバーでなければならないとさえ言う人もいます。

それは間違っています。フリーメイソンの会員の料理人はとても少ない。言われているより、ずっと少ないのです。さらに、三つ星の料理人となると、さらにわずかです。正直にいって、三つ星シェフは、私の知っている限りですが、非常に少ない。こうした噂は、大衆の興味を引きつけるネタに悩むジャーナリストが、流した戯言でしかありません。フリーメイソンでなくとも、三つ星を獲得することは、問題なく可能です。時折記事で、誰それがフリーメイソンだと書かれることがありますが、間違いだらけです。二、三年前に、フリーメイソンの料理人リストを公開したメディアがありましたが、私はそれに含まれていませんでしたから、言わずもがなです。

私としては、フリーメイソンの会員の三つ星シェフがもっといたらいいと思いますが、実際はそうではありません。それに、私たちは、同じ支部にいるわけではないのです。また、よく言われるように、各支部ごとに徒党が組まれているなどということもありません。それに、誰それがボスだという噂さえする。フリーメイソンではない人が、それが何かを知らず、そう言うだけです。これに関しては、間違いだらけの情報が流布しています。ミシュラン・ガイドにしても同じことです。三つ星を獲得するのに、どうしてフリーメイソンの会員である必要があるのか、理解に苦しみます。私が知っている限りでは、ミシュランで働いているフリーメイソンはいません。ひょっとすると調査員の中にはいるかもしれません。しかし、同志で知っている人は誰もいないので、ミシュランにはフリーメイソンの人はいないはずです。こうした噂は、フリーメイソンについて何も知らない人たちが流したデマで、無知な人の戯言にしか過ぎません。

もう一度言いますが、私はフリーメイソンに所属しています。フリーメイソンから得ることは大きいですし、いろいろな考えを後押ししてくれるのです。時間がもっとたくさんできたら――これは、近い未来のことです。すでに宣言していますように、引退を決めているからです――、今以上に熱心に務めることができるでしょう。私はフリーメイソンの会員とともにいると、とても心が落ち着くのですが、私が得てきたようなことを、他の人、外部の人にもたらすことができたらと思うのです。フリーメイソンでは、どんな職種であれ、社会的地位であれ、それぞれが発言する権利があります。お金や財産はもはや問題ではありません。大切なのは、その人であり、エスプリ、そして魂なのです。私たちは、お互いの宗教的信条、政治的信条を敬っています。私たちはフリーメイソンである前に、自分の祖国や家族を敬わなければならないのです。また《兄弟》を敬うことも忘れてはならない。もし、あるフリーメイソンの会員が、支部の規則を混乱させるようなアクシデントを引き起こす可能性があったら、その問題が解決するまで、支部内には入ってはならないことになっています。しかし、兄弟同士の間では、助け合うことが義務となっています。連帯意識が示されなければならない。それで時折、姿を見せなかった会員が何か問題に直面したとき、顔を見せるようになるというようなことがあるのです。フリーメイソン団では、友愛のつながりはとても深く、強いので、ほとんど無条件で結託するのです。無条件の結託、これこそが、私の友愛の定義です。友人のことならすべてを受け入れなくてはなりません。私の真の友人たち、長い付き合いのある友人たちのほとんどは、フリーメイソンの会員です。大いなる寛容の精神が、私たちの間を支配しています。もし私がフリーメイソンの会員でなかったなら、これほどまで厳格で、何事にも敬意を払うような人間ではなかったでしょう。私は他人を勧誘しようとは思いません。なぜなら、フリーメイソンに入るか否かを問うことは、個人的な考えに立ち入ることになるからです。モーツァルトやヘンデル、ヴォルテール、ゲーテなどの世紀を超えた偉大なる人物が、どうして、フリーメイソンに入会したいと思ったのか、考えてみてください。私は自由に、私の子供や友人と、フリーメイソン団について話をしています。もしも将来、息子が入団を希望したら、それは嬉しいことでしょう。

フリーメイソンにおける深淵、忠誠心、内省、道徳観念は、すべて、ジョエル・ロブションの心に響いたのでしょう。彼は、フリーメイソンのあり方に、自分が子供の時から身をおいていた、誠実さ、名誉を重んじる心、他人を敬う心を見出したのです。これは、疑いなく、彼の信条に合った精神であり、思考の仕方なのです。《兄弟》間の連帯意識や相互援助にも、とても心を動かされたのです。コンパニョナージュとフリーメイソン団は、彼の人生の一部なのです。

こうしたことすべては、友情や、同業者、懇意の友人にも同じことがいえるのでしょうか？　やはり厨房の世界的なスターであるポール・ボキューズとは、どのように心を通わせているのでしょうか？

ポール・ボキューズは、私が世に知られる前から、それはよく私を心にかけてくれていました。ですから、私たちの仲はとてもとても、良好です。そして、今、私にとってポールは、とてもいい友人なのです。ポールは、人生の大切な時期に、必ずそばにいてくれた人です。例えば一九七六年にM.O.F.を獲得した後、初めて日本へ送り込んでくれたのは彼でした。このことについて、私は本当に彼に感謝をしています。また、彼が指揮するイベントでは、ことあるごとに、声をかけてくれています。例えば、彼がボキューズ・ドールを立ち上げたとき、最初の代表者を務めたのは私だったのです。彼は、しょっちゅう私に電話をかけてきてくれる。シャルル・バリエや、ニコラ・ド・ラボディ〔美食ジャーナリスト〕を通して、サヴール・クラブ〔一九六四年に創立。ワインのセレクション、販売を主とする〕に入会させてくれたのも、やはりボキューズでした。そして、M.O.F. のコンクールについても、一緒に運営していってほしいと声をかけてくれ、料理部門の代表者になることを勧めてくれたのです。二人が敵対関係にあるという噂を振りまいている人もいますが、私たちの関係は揺るぎない。人はなんとでも言うものです！　ポールは、しょっちゅう私に電話をかけたり、ファクスを送ってきては、《なあお前》というような語り口で、私のことを呼んでくれています。私たちの関係は、以前も、そして今も、とても温かいものです。もっとも、《ロブション党》のようなものは、私の知る限り存在しません。《党》があるとすれば、私が育て上げた、フィリップ・グルーやドミニック・ブシェ、クリストフ・キュサック、ジャッキー・フレオン〔一九八七年ポール・ボキューズ賞初の優勝者。パリ六区「ホテル・ルテシア」などの料理長を務める〕などの若手のシェフたちでしょう。彼らは、成功した子たちだ。この間、ミシュランを見たら、二つ星を獲得したレストランのうち、私の下で働いた料理人が一〇人にも上ったのには驚きました！

もちろん、常に友好関係にあって、いつも一緒にいるように思われる料理人がいます。ベルナール・ロワゾー〔ブルゴーニュ地方ソーリューの三つ星「コート・ドール」のオーナーシェフ。二〇〇三年に猟銃自殺を図る〕や、ギー・サヴォワと、私がそうです。私たちは同じ世代で、お互いに会いたいと思っている。しかし、これは、徒党を作っているのとは違います。残念ながら、ギーはあまりにも忙しいので、会う機会も減りました。最近ではまったく会っていません。だからといって、友人であり続けることの障害にはなりません。実際、私は、他の料理人たちとうまく交流しています。私のことを好きではない人もいますが、それは、私が彼らと対立するような態度をとったからです。しかし、これは、単純に、自分が愛する人を守るがためだった。例えば、私はシャルル・バリエが大好きです。最大の敬意を彼に抱いています。彼は偉大なる紳士で、彼と一緒にいて、ひとときも学ばないということはなかった。このたぐいまれな人物を慕っており、この上なく愛していた。彼は、たくさんの問題を抱えていました。そして、今では、分別を覚えました。しかし、バルデ〔トゥール市「ジャン・バルデ」のオーナーシェフ〕との不和は皆が知るところです。ですから、ライバルであるバルデの店へ行って、シャルル・バリエを傷つけるようなことは、決してしたくない。そのため、私は、バルデの店に足を踏み入れることは一度もなかった。それでバルデは、私のことを恨んでいる。しかし、シャルル・バリエは今では年を重ねたムッシューで、私は彼のことをとても愛しているのです。

　要するに、もし、私が二、三人の料理人と仲違いしているとしても、それは結局、たいしたことではないのです。一般的に言って、大多数の人が好きなのですから。デュカスや、ブラン〔ジョルジュ・ブラン。ローヌ・アルプ地方ヴォナ市「ジョルジュ・ブラン」のオーナーシェフ。一九八一年より三つ星〕、マキシマン、ゲラール、トレル、トロワグロ、エーベルラン〔マルク・ヘベルラン。アルザス地方イローゼルン市の「オーベルジュ・ド・リル」の料理長。父ポールと、叔父ジャン＝ピエールが築き上げた威信を引き継ぐ。一九六七年より三つ星〕、ウエスターマン〔アントワーヌ・ウエスターマン。アルザス地方ストラスブール市「ビュルイーゼル」を一九九四年より三つ星とする。二〇〇六年末、息子のエリックにシェフの座を譲り、三つ星を返上〕……。それに、フレディ・ジラルデ。私は彼に愛着を覚えます。彼のことを昔から、最も偉大な料理人と思っています。

　かつて、私の下で働いていた若い料理人たちの中には、私の厳しさに不平をもらす者がいるということは認めましょう。それでも、彼らは、私の店に、若い料理人を研修させるために送ってきたり、彼ら自身さえやってきて、教えを請う場合もあるのです！　私は、ある一定の厳格さを要求しますので、それに従えない者がいるのは確かなのです。しかし、私は殴ったことはない！　泣きながら、店をあとにした料理人がいたにしてもです。これは、非常に後味の悪いものです。というのも、私はかっとなりやすいタイプなので、仕事の出来が悪ければ、とっさに意地悪なことも言えてしまうし、叩きつけるように、皿を投げつけることもある。でもそんな気持ちは、すぐ消えてしまう。執念深くないので、こうした瞬時的な怒りのあとは、すべて忘れてしまうのです。とはいえ、すべての人が同じ反応をするわけではありません。傷つきやすい人もいるでしょうし、私のこうしたかんしゃくに耐えられない人もいるでしょう。自分の店を持って以来、辞めさせた人間は一人しかいないと思います。それは、皿洗いの男で、働いていた一六歳の少年を殴ったからでした。「ジャマン」を買ったとき、以前から働いていた客室のディレクターや、シェフのミッシェル・ランヴィエをそのまま雇うことができなかった、ということはありました。彼らに給料を払うほどの余裕がなかったのです。でも、私たちはよくよく相談をして、ランヴィエは、他の仕事が見つかるとすぐ、そちらに移っていきました――今日、彼は、「コンティ」で働いています――。今でも私は彼と仲良しです。私のレストランを辞めていった者もいますが、辞めさせたことはない。今のスタッフのほとんどは、長い間、私とともに働いてきた人たちです。一六歳から働いてきた人もいるくらいです！　フィリップ・グルーは、ずっと私についてきてくれていました。そしてその後、彼も独立しました。

食品加工業

フルリ＝ミションの挑戦。工場の仕事と研究。

パリ＝ストラスブールのヌーヴェル・プルミエールにおける真空調理とともにすべてが始まる……。

料理人と企業のコラボレーションの重要性。


私が、食品加工業に足を踏み入れたのは、真空調理がきっかけでした。ジョルジュ・プラリュ〔一九七四年に真空調理法を開発。八一年、ローヌ・アルプ地方ロアンヌ郡に、調理師学校「ジョルジュ・プラリュ」を創立〕から声がかかって、ロアンヌに赴いたのは一九八三年でした。ジョルジュ・プラリュは、ジャン・ドゥラヴェイヌ、アラン・サンドランス、ピエール・トロワグロとともに、真空調理のスペシャリストでした。現場に行って、真空調理の技術と、彼が用意してくれた料理を目の前にしたときには、興奮しました。驚嘆させられたのです。ですから、帰るとすぐに、そこに居合わせた人は皆、その特別な機械を買い、試作をしてみたのです。私の場合、プラリュが披露してくれた、鳩と舌平目、洋梨などの料理の他は、それは惨憺たる結果でした。まったくうまくいかないのですから、この機械が市場に出たのを見たことがないはずです。どうやってもその技術を駆使できませんでした。そうこうするうちに、この機械は、包装をする時だけにしか役立たなくなってしまいました。余談ですけれど、タマネギですとか、匂いが強すぎる素材を、冷蔵庫に入れる前に隔離するためのパック詰めには、かなり役立ちました。ただ、今はこうしたことは禁止されています。

初めのテストは芳しくありませんでしたが、真空調理にまた立ち戻り、難局を乗り越えて、成功を見ることになります。すべては前進しました。

こうしたことがありましたが、また何カ月かのちに、真空調理に立ち戻ることになりました。アンリ・ゴーが私に連絡をしてきて、ヌーヴェル・プルミエールという、パリ―ストラスブール間を走る電車の事業を手伝わなければならない、というのです。そのヌーヴェル・プルミエールは、飛行機に対抗して立ち上げられた高級電車で、わかりやすい付加価値のある高級レストランを設営したいということなのです。席数が少ないことを考慮しても、電車の中で料理することは問題外。しかし、冷凍食品や保存食がどんなものかは、皆よく知っています。そこで、真空調理が浮上することになるのです。ゴーは、私がその技術を習得して、料理をいくつか開発できはしないかと考えたのでした。私は、これにには本当にかかわりたくありませんでした。しかし、アンリ・ゴーは、半ば強制的に押し付けてきた。最終的には、私は彼に感謝しています。この経験は、未来の仕事にとても役立つことになったのですから。

まず第一段階としては、SNCF〔フランス国鉄〕の責任者七、八人に料理を作って出さねばなりませんでした。私は自分に確信がなかった。というより、この昼食会は保証できたものではないと思っていました。しかしいろいろと考え、合うものを作りました。それは、普通に調理をしたものを、真空調理で仕上げをした料理でした。例えばですが、ニンジンと帆立を別々に火通ししておく。それから、真空調理用の袋を開いて、二つの素材を入れ、真空調理にかけたものです。食事の終わりには、SNCFの責任者たちが喜んで、私が的を射た料理を作ってくれたと満足していたのには、唖然としました。私が作った料理は、彼等が思い描いていたものに、ぴったりとあてはまったのでした。

この責任者のうち、ブルーノ・グソーという素晴らしい科学者がいました。そのすぐ後に、彼は私にとっては未知の世界だった、技術的なデータを開示してくれたのでした。情熱に溢れた人物で、真空調理方法を知り抜いており、食物に火を通すための、大変興味深い方法の秘密をすべて明かしてくれたのです。鍋やオーブンで素材に火を通す代わりに、密閉の袋か容器に素材を封じ込めたら、特別な機械で空気を抜き、閉じられた容器に入れて蒸気で火を通すか、水に入れ、低温で火を通すというやり方です。これには、大いなる利点がある。下準備はまったく伝統的な手法ですが、違いは加えるブイヨンの量で、真空調理ですと、それは格段に減るのです。

アンリ・ゴーは、テストが芳しい結果だったのを見て、彼らと共同事業することを強く勧めたのでした。NON《ノン》とはいえず、最後には、皆がハッピーになりました。

真空調理については学ぶことが非常に多く、研究しましたし、進化させることもできました。真空調理は、体系化できないために、困難を伴います。例えばニンジンです。新ニンジンを真空調理にかけると、それは、またとない素晴らしい味わいになります。しまりの良い歯ごたえに仕上がり、しかも口溶けもすばらしい。それと同じことを冬のニンジンにしたらどうでしょう。これは、新ニンジンとは打って変わって、かたくなってしまい、食べられたものではありません。仔羊の繊細さを出すのもまったく同じで、復活祭の仔羊を真空調理にかける場合は、秋の仔羊よりも火通しをずっと短くしなければならないのです。とても難しいので、満足のいく結果を得るためには、技術を駆使して、数多くのテストを繰り返さねばなりません。真空での加熱調理が、悪くても良くても味わいを際立たせてしまうだけに、完璧な素材が必要――そう、常に完璧なもの――なのです。幸い、テストを繰り返すうちに、使いこなせるようになりました。まず、肉や野菜などの素材をいったん炒めてから、通常の三分の一の液体と一緒に密封します。液体は減ることがなく、味わいは焦げつかず、香りは凝縮され混じり合って、料理が冷めると、自然に相互浸透が起こるのです。

真空調理による加熱方法の栄光に捧げるオード。この調理法は、あらゆる場面で利用できるでしょう。しかし、ホテル業学校では、例外を除き、こうした恩恵を教えようとはしません。

真空調理は、素材の持つ風味を最大限に残すことのできる加熱方法です。実際、料理において、風味を保つためには、二つの媒介が考えられます。それは、脂と、仔牛の足のようなゲル化する素材です。ですから、あまりあぶらっこくない料理を作るのにも、風味を持たせるために、火を通すときには脂をたくさん使って、最後の段階で脂を抜くということが起こる。それに、脂は、火を通すことで澄んできます。真空調理による加熱は、こうした作業を楽にしてくれる。真空調理は、素材の本当の味わいを見出すことのできる、最もよい方法だと、今日私は堂々と言うことができます。あとは、料理を構成する素材同士に、ハーモニーを創り出すだけです。これこそが料理であり、味わいを覆い隠す技術にあるのではありません。私は、素材の風味を尊重することを、とても大切にしています。皿の中に、肉や魚、野菜の味わいが、きちんと感じられなければならない。つまり、主要な素材は二つから三つあり、ハーブやスパイスなどが、その味わいを消してしまうことなく、引き立てる。古典料理の大きな欠点の一つは、ここにあると思います。時に、ソースの下にあるものが何なのか判別ができず、想像すらできない。素材は優れているのに、付属的な素材に埋もれてしまい、行き過ぎた調理で味を損なわせてしまうのでは、残念です。川スズキや鯛などの魚のように、生のものだと味がほとんどないということはあります。しかし、その繊細な風味を引き出すことこそ、料理人の腕なのです！　味わいを壊すのでも、確定しがたい香りで覆い隠してしまうのでもなく、味わいを引き立てるのが、私たち料理人の役割です。これが、真空調理だと、ごく自然にできてしまう。もっとも、この方法でスパイスを扱うときには、用心しなければなりません。香りがきつくなってしまうからです。

真空調理を絶対的に支持します。しかし、この方法で、すべてができるわけではありません。例えば、パスタの調理には向いていません。実際、とろ火で煮込むような料理は、とても素晴らしいのです。真空調理は、魚の調理に、容易に適用することができます。例えばバンケットのとき、三〇〇人分ものテュルボを、温かいまま、完璧に火通ししなくてはならないときには、その特徴が抜群に発揮されます。真空調理なしでは、不可能です。伝統的な方法だと、予め火通しをして、それを火にかけたままにするので、火が通りすぎて、身がだらりとしてしまう。真空調理なら、それぞれの魚の理想的な火通しの温度を知ることができます。テュルボが、真珠のような光沢に仕上がり、身もひきしまったテクスチュアとなる温度は五〇℃ぴったりで、望めば、このまま一時間、あるいはそれ以上おいておける。温度を維持できるので、火通しし直す必要はありません。

またもう一つ、肯定的な例を挙げましょう。野兎は、真空調理で火を通すと、とてもやわらかく、口溶けよく仕上がります。もちろん、キャラメリゼはしなくてはなりませんが、加えるブイヨンの量を控え目にすることができます。といいますのも、蒸発しませんから、煮つまらない。それだけです。アーティチョークの芯の火通しについても、同じことがいえます。古典的な調理ですと、白色だし汁で火を通しますが（私は、これよりも、水にオリーヴオイル、ブーケガルニ、レモンを一筋たらしただけのものが好きですが）、ほんの少しのバターと香りのものと一緒に、レモンの風味をつけたアーティチョークの芯を真空調理にかけたら、この素晴らしさは、前者のものをずっと上回ります。素材のかたさは、より心地よいものに仕上がり、味わいはずっと確かです。この調理法で野菜に火を通すと、しまりのよいものに仕上がるのです。私はニンジンを調理するとき、オリーヴオイルをひとふりと、クミンで味わいをつけるのが好きですが、これを真空調理で火を通した時の仕上がりは、いうことがありません。

真空調理のもう一つの利点は、素材をすぐに冷ますことができることです。加熱を突如取りやめることができるのですが、少しずつ冷めていく。つまり、この調理ですと、相互浸透が期待できるのです。テリーヌを二日間そのままにしておいたり、あるいは、次の日にシヴェを温め直したりすると、素材にしっかり味わいがしみ込んでいます。冷却しているうちに、この貴重な相互浸透が生まれるのです。まるで、火入れの間に逃げてしまった風味が、休ませている間に、素材の中に戻るかのようです。さらに、火入れや、火入れをもう一度し直す際、低温調理なので、素材をぱさぱさに乾燥させてしまうおそれもない。肉の場合、低温でじっくりと火を入れるのは、理想的なことです。肉を緊張させずに、繊維をほぐし、口当たりのよさを保ちながら、自然にやわらかくする。これは、本当に素晴らしい仕上がりです。

例えば、仔牛の胸肉でテストをしてみました。フライパンに入れ、色をつけますが、それに、モリーユ茸と、仔牛のジュを一カップ、白ワインも一カップ、そして香味のものを入れます。それを、真空調理のパックに入れて、ゆっくり火を通す。結果は素晴らしかった。肉の味わいをきちんと感じることができましたし、口当たりが優しくてやわらかい。それに、モリーユ茸の香りもこの上なく繊細に閉じ込められています。クラシックなココット鍋では、これほど味わい深い肉の口当たりや、えもいわれないモリーユ茸の香りを、出すことはできないでしょう。それに、モリーユ茸は少ししか、加えませんでした。

というわけで、真空調理はお金がかかるといっておかなければなりません。何皿かに改善を図るため使うならいいが、仕事量もそうですし、原材料やお金の節約にはなりません。真空調理は手がかかりますし、最高の素材を要しますので、高くつくのです。そうはいっても、真空調理の良さを頭に入れておくべきでしょうし、特に病院のようなところでは、この調理を役立てていくべきです。病院の廊下では、よく、カートで食事を運んでいるのを見ますけれど、食事が瞬時に汚染されてしまう可能性があります。それには蓋をかぶせた容器であるべきで、中には、自然な味わいの魚に、タイム少々とハーブ類が散らされ、場合によってはオリーヴオイルがひとふりされているような料理が運ばれてきたらいいのに、と思います。リスクは最小限になり、病気の人たちは幸せになる。これは確かです。

科学者との共同研究は、星付きのシェフに、料理の化学を発見させてくれるという利点があり、料理の周辺にある、たくさんの固定観念を見直すきっかけになりました。

この真空調理法が、大きなホテルで必ずしも受けいれられていないのは、残念です。まず、特別な認可が必要ですし、許可が取れたとしても、ほとんどのシェフが、技術をまったく使いこなせないというのが現状です。バンケットなどをこなすシェフにとっては、本当に残念なことです。そうした現状ですが、ブルーノ・グソーがパリの一三区に設立した学校では、価値のある研修を受けることができるようになりました。バンケットで、真空調理法の良さを十分に生かして利用しているのは、「グラン・ドテル」のシェフ、ジャッキー・フレオンでしょう。どうしてこの加熱調理法を、学校で教えようとしないのでしょう。私の料理人生において、これは最も優れた最新の調理法といえるでしょう。これを試し、認めるに至りました！

真空調理のあらゆる長所は、企業と一緒に働く中で、見出したものでした。科学者との共同研究が、実り豊かなものにしてくれたのです。科学者は、なぜ、どうして、真空調理の対象となる素材が味わいをよくするのか、ということを理解させてくれました。彼らは、私の固定観念を覆してくれた。実際、彼らは私に料理の化学を教えてくれたのです。例えば、以前は、サヤインゲンを茹でるとき、それと同時に塩を入れたら、水はより強く沸くものと思っていた。しかしそれは間違いでした。湯の温度が沸騰を引き起こすのではなく、塩が反応するからだったのです。こうした固定観念を見直すことはいずれも建設的であり、この発見は、私の店にも役に立ったのです。

料理において、まったく間違った固定観念を持ったまま仕事をしていることは、しょっちゅうです。企業との仕事をすることで、たくさんのことに開眼させられました。特に、エマルジョンを引き起こす過程にしてもそうです。企業では、こうした化学の力をすべて分析して、百％使いこなさなければならない。レストランで私たちが対処しているのと遥かに異なる量と技術に適応させた料理を作らなくてはならないのです。対象となる人々が多くなるだけ、仕事には、より多くの技法と知識が要求されます。それは、夢中になるくらい面白いことです。

真空調理の真相を正してみましょう。これは、保存のための方法ではなく、加熱のための方法です。低温調理で火を通した料理は、二、三日以上保存できないということを、明確にしておかなければなりません。工場生産では、より長期保存できるように、八〇℃で火を通しますので、二〇日はもつのです。

こうして、ジョエル・ロブションの真空調理への挑戦は、今日もなお続いています。これを語り尽くすには、ここではページが足りないほどです。

真空調理は、今と昔の料理を繋ぐ大変近代的な加熱技術であるだけに、その可能性をすべて調べ尽くすことはできないでしょう。新しい料理を作り上げるだけでなく、伝統的な料理を今の味わいに作り直すことも、真空調理では可能なのです。ブランケットを例にとってみましょう。ブランケットは、真空調理のよさを証明してくれる、理想的な料理です。古典的な方法では、ぱさぱさに仕上がってしまうような肩ロースを使っても、やわらかくて、口溶けが良く、状態の良いものに仕上がるのです。そして完璧なソースをつくるには、香り高いジュにとろみをつけるだけで十分。問題があるとしたら、この技術は、個人の手の届くところにあるとは限らないということです。それでも、ホテル業学校では絶対的に教えるべきでしょう。若い未来の料理人たちは、少なくとも、加熱調理に理想的な温度を学ぶことになる。着手しはじめた学校もありますが、すべてではありません。必要だがそれにかけるだけの資力がないのか、あるいは、それを教えられる教師がいないからでしょうか？

明らかに、ジョエル・ロブションにとって、真空調理法は、料理の未来を担うものです。しかし、実践は容易ではありません。

いずれにしても、ヌーヴェル・プルミエールとの仕事の結果は、納得のいくものでした。SNCF のレストランワゴンの中でも、最も高い利用率を上げることができたのです。開発コンサルタントとして一年の契約を交わしましたが、それは三年近くにもわたりました。しかし、電車自体の稼働はよくなかった。レストランワゴンを利用するためのお客ばかりだったのです。そうではありましたが、この経験は彼らにとって決定的なものになりました。以来、レストランワゴンでサービスする料理のために、真空調理の工場を建てたほどです。彼らとは今も連絡は取り合っていますが、仕事はしていません。

真空調理は危険も伴うので、もう何年も前から、許可なしで真空調理を使用することができなくなりました。消費者に害を与える危険性があるのです。例えばですが、魚を真空調理したとします。バクテリアが繁殖していたとしても、臭いが現れない。見た目もまったく変わりはないのに、毒が形成されているということがあるのです。パックを開けたときには何も異変は感じないのですが、食べたら中毒になる可能性がある。フルリー＝ミションの依頼で、真空調理のテストをするために、許可を申請して九カ月にもなりますが、厄介なことだらけです。私の店の厨房はとても清潔なのですが、衛生局はその反対のことばかり言う。トラブルばかりです！　難癖ばかりつけるのは、おそらく、レストランが真空調理を使うのを阻止したいからでしょう。

衛生保健局が、告知もせず、二カ月に二回も訪れる。街角の中華レストランではなく、ロブションの店に訪れるのを楽しんでいるかのようです！　役所の支離滅裂さなのか、高級レストランが役人の標的にされるからなのか？　しかし、真空調理で仕事をする許可を得るためには、また、前例をつくるためには、これを通り抜けなければなりません。否が応でも、甘受しなければならないのです。ヌーヴェル・プルミエールとの冒険は終着駅に達しましたが、ジョエル・ロブションは別の企業に乗り換えて、真空調理を施した料理の研究を続けることになります。

これは、食品加工業とかかわった初めての挑戦でした。この経験ののちに、フルリ゠ミションの社から声がかかったのです。フルリ゠ミション社との共同事業は、とても興味深く、またさらにたくさんのことを学びました。食品加工業に不快感を持つ人々の考えに反して、私はかかわれることをとても光栄に思っています。一つには、私自身が、企業から選ばれたということ、また他方では、このような冒険的な事業にかかわれるという理由からです。私は若いとき、バカンスの間、SNECMA〔Societe nationale d'etude et de construction de moteurs d'aviation（フランス国立航空モーター研究製造会社）〕で働いたことがありました。だからといって、職業的にいかれているわけではありません！　率直にいって、学食や他の共同食堂で働くのが不名誉だとは、決して思いません。名のある料理人が、食品加工業のために働いているというと、身を落としたと思う人は多いようですが、一箱五〜一〇フランの料理、つまり、多くの人が手に入れることのできる料理を作ることが何の恥になるというのでしょう？

これまでは、食品加工業というと、主に豚肉加工業者を指し、調理済みの料理を作っていたのはそうした企業でした。豚肉加工業に対して反対はしていませんし、かえって、その仕事を賞賛し、敬っているくらいです。私ができないことを彼らは知っている。しかし、本来、料理を作ることは、彼らの仕事ではない。ですから、企業が、料理を作らせるのに、料理人に声をかけたことは正しいことだと評価しています。初めてこうした仕事を請け負った料理人は、ミッシェル・ゲラールなどで、企業との関係はとても前向きなものでした。《よりよいものを作る》ために、努力する企業もあり、料理人との共同事業によって後押しされてきました。料理人は、技術や素材のよしあしについて、助言することができる。もちろん、私が話しているのは、本物の共同事業で、ただ単に料理人の名を使って、製品を売るための契約を交わすものとは違います。こうしてでき上がった製品も、今までしばしばありましたし、現在も存在しますが。個人的な仕事についてお話ししますと、フルリ＝ミション社では、料理に向き合って本当の仕事ができています。研究を重ね、それから、最後の結果である製品に、私の名前や写真が載せられることはありましたが、それが前面に押し出されるわけではありません。めったやたらに、自分が知らない製品に自分の名を出して、売名行為をすることは私の主義ではありません。一つ確かなことがあります。フルリ＝ミション社は、私と仕事を初めて以来、製品に、硝酸カリウムなどの疑わしい添加物を加えるようなことはしなくなりました。添加物は当然合法的なやり方で、定期的に厳しいコントロールを受けて通過してきてはいました。しかし、それが食産業の宿命とはいっても、美食の面から考えると、疑わしい。私が、それらをすべて取り除くように、助言をしたのです。

原料や素材の質について真剣に検討し、製品の売り上げにも進歩が見られました。しかし、これは、細々とした事業ではありません。鱈であれば、五千さらには一万個の製品を用意しなくてはならないのです。下請けのバイヤーは、フランス全ての港から、量も質も十分な素材を手に入れなければならない。これは本当に問題で、解決するのは簡単なことではありません。私の店では五〇人分の食事ですけれども、何千もの量といったら、その困難さは推して計れます。フルリ＝ミション社は、以前、野菜やハーブは乾燥したパウダーを使っていたのですが、新鮮なものを使うようにするなど、できる限りの努力をしています。つまり、製品の改良に成功し、満足が得られたのです

どのように、偉大なるジョエル・ロブションが、彼の世界からはほど遠い食品加工業の世界と接触を持つようになったのでしょうか。二つの企業とも、個人のための料理を作ることを生業としているとはいっても、二つの世界はあまりに遠いのです。

ある日、ロンシャン通りの私の店に、ある客がやって来ました。彼は、ウィリアム・ポルトといって、食事を終えると、五分だけ私と話がしたいというのです。そして、彼はこういいました。《今、あなたのお仕事の邪魔をするわけにはいきませんが、私は、ある食品加工会社に勤めており、事業に協力をしてくれる料理人を探しているのです。それで、フランス中のレストランを食べ歩いてきました。一年かけて、三つ星、二つ星クラスのレストランを回りました。あちこちに行きましたが、あなたの店に来たのは、これで三度目です。ヌーヴェル・プルミエールの食事も試しましたが、あなたの仕事に大変興味があります。あなたの作る料理の質の高さに驚きました。ぜひ、お話をさせていただきたいのです》。これは、一〇年前のことでした。私はその頃若かったですし、潔癖でした。この話には困惑させられました。それに、食品加工業に対して偏見を持っていました。この人物は、二、三回電話をかけてきましたが、敢えて返事はしませんでした。そのときは、彼に会いたいと思わなかった

のです。

　ヌーヴェル・プルミエールは、食品加工業ではありません。巡回レストランであり、真空調理の技術に魅せられていました。しかし、このウィリアム・ポルトは諦めませんでした。ある日、彼は、フルリ＝ミション社の工場訪問を提案してきたのです。そして、私はたった一つの理由から、それを受け入れたのでした。実は、工場は、ヴァンデ県との境に近いドゥー・セーヴル県の、私が何年か過ごした中等神学校から一五キロほどしか離れていないところにあって、それに驚いたのです。このささいな事実が決定的で、フルリー＝ミション社に近づくことになったのでした。それに、工場は家庭的で、職人気質を持つ人々が働いていた。工場を訪問して、皆の話を聞いて、言葉を交わしました。とても興味深い、開かれた世界に出会ったと感じただけでなく、彼らが製品を改善していきたいという気持ちがひしひしと伝わったのです。それに、製品の販売力を上げるため、私の名前を使うのではなく、製品の向上のために協力をしてもらいたい、という彼らのアプローチに心を打たれていました。この素晴らしい出会いによって、製品のレシピの実現に協力しようという気持ちに、駆り立てられたのです。しかし、物事は、たった数日でなされるわけではありません。まずは、状況に馴染んで、すべてを把握するために、長い間工場に滞在しなければなりませんでした。もちろん、魔法の杖の一振りで、すべてを覆すわけにはいきません。しかしながら、かなり早い段階で、素材の改善を図ることに成功しました。例えば、優れた質のオリーヴオイルを選ぶなどです。以前は、オリーヴオイルは、市場で出回っている一番安いものを使っていたのですが、ボー・ド・プロヴァンス〔プロヴァンス地方の町で、オリーヴオイルの産地〕のオリーヴオイルを使用するようにしたのです。クリームやバター、赤ワイン、スパイスにしても同じように対処しました。まず、ベーシックな素材を見直すことから始めたのです。以前は、質が最も低く安いものを使っていましたが、素材にクオリティを追求するようにしました。できるだけ新鮮なハーブと野菜を使用し、魚は魚問屋から直接仕入れたものを、そして、肉は食肉市場から選んだものを使いました。それだけでも、品質の向上に大きな進歩があったのです！　それから、すべてのレシピに、一つ一つ手直しを入れていきました。正直に言って、私たちは、よりいいもの、ずっといいものを作ろうと努力をしているのです。

　私はまず、共同食堂あるいは民間レストランに向けられた料理や、サバチエール教授との共同事業で生まれたバランス食“LIGNE VITALE”に興味を持ちました。LIGNEは、消費者からはあまり評判を得ていませんでした。それは、バランス食のコンセプトをきちんととらえておらず、《軽さ》と《ダイエット食》を混同してしまっていたからでしょう。

　フルリ＝ミション社との仕事では、私の名前を広告に使うことはありません。製品開発のために仕事をしている。それが気に入ったのです。たくさんの製品がありますが、スーパーなどの量販店で、どんどん売れるようになり、今までの記録を破る勢いです。それほどまで、彼らの経営は芳しくなかったともいえ、納品に苦労してきたのです。売れ筋は誰もが知っているような、クスクスやパエリア、ブルギニョン（これについては、かなりの長い研究をくりかえし、試作もたくさん作ってきました）などの最も一般的でクラシックな製品です。三人から四人分の量の、家族向きの料理も作り始めました。私は、フルリ＝ミション社の職員がとても好きです。彼らは非常に正直で誠実、率直で、とてもシンプルな人たちです。彼らと一緒に働くのは、とても心地よいのです。フルリ＝ミション社は、イヴ・ミショーによって設立された家族経営の企業で、今日は、ミショーの娘さんの夫であるイヴ・ゴノーが経営しています。彼らと働くのはとても嬉しく、誇りに思っています。これが長く続くことを祈っています。

食品加工業は発展し続け、先祖代々伝わってきた伝統と、現代の私たちの食欲にこたえる食べ物を丹念に作り続けています。その未来に信頼できるプロがいる。食品加工業が星を持つシェフに目を向けたことは、幸いでした。

フルリ＝ミション社と働く以前から、彼らの製品を知ってはいました。しかし、現在の製品は、検討の余地があったり、改善を加えなければならないことがあるとはいっても、以前のものとは比較ができないくらい優れています。完成品とはいえない料理もありますし、野菜の美しい緑を保ちきれず、くすんだ色になってしまう製品もあります。すべてが上手くいっているわけではなく、まだまだやる仕事はあります。しかし、確かな改善を加えることができたばかりでなく、価格を下げることにも成功しているのです。

食品加工業が抱えている大きな問題は、製品の搬入、つまり工場から食卓へと運ばれる、その道のりにあります。工場から出たばかりの時は、きちんと仕上げられ、美味しく仕上がっていても、時に、たくさんの災難が待ち受けています。量販店で保存状態に問題があったり、車のトランクで陽を浴びてしまったり、さらには、温める時の温度が高すぎたり。こうした状況が、当然、質を落とす原因になる。実際、製品は生ものなのです。こうしたあらゆる問題には対処しきれません。

最悪なのは、温めるときの不注意です。消費者は、時に、基準となっている時間を待たずに開封してしまったり、手荒に扱ったりすることがあります。料理を湯煎にかける三〇～四〇分を待つ時間も忍耐もなく、電子レンジにかける。そうすると味わいを殺してしまうことになります。五〇～七〇℃でゆっくりと火を通された魚なのに、最強にした電子レンジにかけてしまう（時間を短縮するため、電子レンジをこうした方法で使う人が大多数です）。こんな乱暴な扱いではたまったものではありません。火が通りすぎて、ぐったりとして、つまり美味しくなってしまう。魚は水分を失い、ソースは濁り、味が変化してしまう。結果は、繊細どころではない。この温め直すテクノロジーについては、改善されつつあって、期待したいところです。日本では、正確に温度を調整できる電子レンジの改良が進んでいます。例えば、温度を五〇℃に設定したら、食べ物の中心が決して五〇℃を超えないようにするという研究です。三年前から、その日本の企業の事業にかかわっていますが、この機器はもうそろそろ、発売される予定です。そうしたら、真空調理による料理の再加熱ですとか、電子レンジ用の製品の加熱に、革命をもたらすことになるでしょう。

他の食品加工業とのコラボレーション、プロジェクトはあるのでしょうか？　何年か前、プーラン社の板チョコレートに、ロブションのサインがありました。こうしたことは、他にもしているのでしょうか？

プーランの場合は、その製品開発自体に介入したというよりも、製品の販売を支援するためでした。プーランは、量販店向けのビターチョコレートを作ろうとした初めての企業の一つだったのです。苦チョコレートはあまり人気がなかったので、売れるためには保証が必要だった。それで一役買って出たのです。プーランの社長は、私の店の顧客で、同じ地方の出身だったのです。彼がこのことを頼んできたとき、それに応じました。チョコレートの質はきちんとしていましたし、私は苦チョコレートの熱烈な支持者でもあったからです。そうはいっても、こうしたタイプの提案で応じたのは、とても珍しい例の一つです。同じような依頼は一〇ほどもあり、食べるものから飲むものまで、あらゆるタイプの食品会社から、サインをするよう求められました。コーヒーやワイン、また、米とか、ジャガイモ、大豆、七面鳥、工場の製品など、種類はさまざまで、突飛なものもありました。食品加工業では、売れる保証があるなら、それに投資する用意があるということです。実際のところ、私は、ほとんど応じたためしがありません。一、二度だけです。プーラン社のために、チョコレートに関するちょっとした本を作りはしましたけれど。

それに対して、生産者が送ってくる見本品の試食には、とても興味があります。試食をして、私の考えを伝える。食品加工業の企業が、職人たちの仕事に劣らないものを作れると知るのには、心が高まります。しかし、そこから、私がその製品を保証したり、製品にサインをするようなことには、隔たりがあります！ 小規模生産者が、めったに自分たちの製品を送ってくれないのはとても残念に思います。私たちが、製品を試してみたいと常に思っているということは、知っていただきたい。その製品を扱うことになるかどうかは別ですが、実際、こうやって、私は、ブリュモン〔フランス南西部のマディラン地区のワイン生産者。タルブ産インゲンなど地方の特産物の推進にも積極的〕のタルブ産インゲンなど、素晴らしい産物と出会ってきたのです。職人や生産者の方々が、自分たちの製品を料理人に知ってもらおうとする活動を支援していきたいと思います。失敗することはまああっても、まずは、親しいシェフに勧めてみることから始めたら、とても有効でしょう。私が、試食を受け付けない産物はたった一つ、ダチョウです。なぜなら、これを使って料理をすることはしないとわかっている、考えることすら嫌なのです。まったく興味がありません。このために、ばかげた流行を作ろうと、私に会いに来る必要はありません。

自分たちの力のない製品の売り上げを促進するために、三つ星の有名なシェフの名前を、承諾なく使おうとする会社もあるのではないでしょうか？

日本ではよくあることですが、フランスではありえません。トゥケ〔トゥケ・パリ・プラージュ市。フランス北部〕のラット種ジャガイモなどの、いくつかの例外を別にしてですが。トゥケ産ジャガイモ協会は、販売促進のために、私がジャガイモのピュレに、トゥケ産のジャガイモを使っていると、今も謳っているようです。私が使っているジャガイモは、パリ近郊のジャン＝ピエール・クロのものなのですが！　しかし、こうしたことは、別段気になりません。訴訟を起こしたこともない。一つには、争い好きではないからと、もう一つには、そうしたことがあっても、それほど大げさな広告でもなかったりするからです。いずれにしても、これによっていいこともあります。私の名声が上がるということです！　製品のプロモーションのために、レシピを頼まれることもしばしばあります。チョコレート会社のためのケーキですとか、バター製造会社のためのソースとか、そうしたものです。

私たちは、そうした問題について、ケース・バイ・ケースで検討しなければならないと思います。ある製品にかかわって、レシピを作ることを依頼された場合に、大切なのは、謝礼でしょう。協力することになるレシピが、すでに本や雑誌などで紹介したことのあるもので、そのレシピの材料に、依頼のあった製品を付け加えるだけでいいとするなら、店の名前とアドレスを掲載物に表記してもらうだけで、無料で提供するということもあります。私たちにとっても、広告になるので有益なのです。実際のところ、すべては、協力することになる製品によります。その製品が、職人が仕上げた質の高い製品で、すでに使ったことのあるものなら、こうした生産者を、私たちのためにも支える必要がありますから、彼らからお金をもらうということは問題外でしょう。製品のクオリティーをより良いものにしていくことを目的とした、生産者と料理人の間の協力体制なのですから。こうした生産者なら、優れた製品をもたらしてくれて、私たち料理人が優れた料理を作り出すことを手助けしてくれる。そして私たちは、彼らの評判に貢献できるのです。もしも、それが逆の場合で、依頼してきた生産者が大企業で、彼らの広告のために、私たちの名前を使おうとするならば、謝礼はもらわなければなりません。それは当然のことでしょう。しかし、交渉をするときには、寛容でなければなりません。助け合うことが前提ですから。彼らは私の名前を製品のプロモーションに使いますが、それは、私の広告にもなる。お互いさまで、どんな時も有益に働きます。すべては、その関係によります。

一般的にいって、料理人が失うものは何もありません。もちろん、製品が粗悪なものでない限りですが。押売りのようなやり方はできないのです。それに反して、ある特定のブランド企業が、すでに本で発表したものであれ、レシピを依頼してきたら、断ります。例えば、粉末のソースのフォンを製造している会社にレシピを出すようなことはお断りです。その製品が、料理人を対象にしたものであればなおさらのことです。プロの料理人は、こうした製品を使ってはならないと思っているからです。私の名前を決して使ってほしくない製品があるのは当然のことです。いずれにしても、売名行為をしたり、マネキン人形になったり、製品の包装や広告に私の写真を載せたいとは思っていません。食品加工業と共同事業を行なう目的は、そこにはないのですから。これを、フルリ゠ミション社はよく理解してくれています。私の仕事は、製品のクオリティーを改善することにあるのです。製品を改善するための企業との共同事業にかかわることには、心から賛成です。多くのシェフがこれをすべきだ思います。しかし、名義人となるのには反対です。先ほどすでにお話ししたことですが、これまで、こうした食品加工業の企業は、多くのプロフェッショナルと働いてきましたが、料理人は例外でした。調理済みの料理を完成されたものにするためには、こうした状況はかなり嘆かわしいことです。もちろん、料理に長けたプロの手を借りたほうがいい。残念なことに、レストランでも、腕の良いプロというのはそう多くはないのです。きちんとした訓練を受けなかったせいです。食品加工業の企業と働くためには、素材はもちろん、技術についての正確な知識が必要とされるのですが、これは今日めったにないことなのです。

今のところ、食品加工業におけるコンサルタント事務所というのは存在しません。もしも存在したら、企業が、玄人である本物のプロに製品をテストしてもらうことで、より正確なアプローチを得ることができるでしょう。なぜ、こうしたシステムがないのでしょうか?

こうした仕事に関しては、私は大変用心をしています。技術面において完璧な製品というのは、消費者から愛される製品になるとは限らないのです。プロは、正真正銘の製品ですとか、製品開発の成功を崇めたてますけれど、消費者は、自分たちの味覚に合うものを期待しているのです。それは、長年の悪習慣によって、堕落してしまっているかもしれないし、そうではないかもしれない。ですが、彼らが求めている料理というのは、私たち料理人がこれこそはと思って作った料理とは、時にかけ離れているのです。こうした不運に、私も遭遇したことがありました。優れた仕上がりだと思っていた料理が、消費者のパネル調査で、選ばれなかったことがありましたが、それにはとてもがっかりしました。企業は、これを市場に出さなかった。リスクを負うわけにはいかなかったからです。

思うに、現在の商業システムにおいて、消費者へのパネル調査が、あまりにも大きな位置を占めすぎていると思います。これは、品質を追求する進歩、発展に足枷をはめるようなものです。正直に言って、これは別に組織立てないといけないと思います。一つには、このパネル調査の参加者が、常に代表者であるとは限らないということです。仕事を持っている女性や、子供のある女性が、必ずしも消費者の代表として相応しいわけではありません。単純に、彼女たちは時間がないだけなのです。もう一つは、彼らの判断基準が概して妥当ではなく、また料理に関する素養が明らかに不足しているため、彼らの評価は間違っているということからです。つまり、自分たちが普段食べ慣れているものに似ている味わいを、よしとする。彼らだけの意見を聞いていたら、何の手立てもできませんし、いつまでも同じもの、むしろ最悪なものを作り続けることになるでしょう。市場調査については、早急な改善が求められます。これまでに、パネル調査で素晴らしい成績を得てきた製品であっても、その後、まったく上手くいかなかったという例を何度も見ています。それは、製品を市場に出すときに行なった大々的な広告キャンペーンを打ち止めしてしまい、消費者が、もう一度買おうというときに、なかなかそれを見出せなくなるということにあります。量販店で売れるためには、美味しいだけでは十分ではありません。名前が魅力的だったり、食欲をそそるような見た目だったり、便利なパッケージだったりすることも必要なのです。料理人からみてパーフェクトなおいしい料理を市場に出すことができても、売れないのであれば、それは単純に、目に入ってこないからです。それを試そうと思った人はリピーターになるでしょうが、それは同然、その製品を美味しいと感じたからです。しかし、このように買い物カートにのせてもらえるまでには、時間が長くかかります。企業によっては、口コミで評判が立つまで頑張り通すだけの粘り強さや資力がないのです。食品加工業は、待つことはできません。フルリ＝ミション社では、一つの製品の製造を続けるために、少なくとも一万の製品を作らなければならない。それ以下の量ですと、経済的な見込みが立てられないのです。

製品が個性を失ってしまうような、消費者のパネル調査には、私は大きな不信感を抱いています。より多くの人に気に入られるため、《平均的な》もの、知られているもの、日常的なものを作る。彼らの基準に合わせるために、最低レベルで均等化を図っている。例えばですが、質の良い緑のレンズ豆を、私のレストランで作るのと同じくらいきちんと調理して美味しいものに仕上げたとします。それとは別に、大きいブロンドのレンズ豆で、やわらかくて味のないものを比べて出したとします。そして、件のパネル調査をしたら、その結果は二番目のほうがいいと出るでしょう。子供の頃の味わいを彷彿とさせるからで、緑のレンズ豆は《洗練》されすぎていると感じさせるからです！　これでは、肩の力ががっくり抜けてしょう。信じることができません。パネル調査が発明されたのは、企業が、質にあまりこだわらずに、量産を望んだ時代ですから、その調査の構成や機能について、私は大きな疑いを抱いています。おそらく、今と昔では、問題とされるデータは変わりましたから、今後ポテンシャルのある市場についてのアクセスの仕方を見直さなければならないのではないでしょうか？　この議論の余地のある調査についてはより投資を差し控え、大衆の教育により力を割いていくべきなのではないでしょうか？　消費者に、知らない味わいのものを食べてもらう。

パネル調査のやり方は、もう時代おくれなのです。

とにかく、普通の消費者と目利きのプロ双方に、ブラインドで試食をさせることが、ぜひ必要だと思います。実際、パネル調査はナンセンスです。創造性ばかりでなく、品質の改善も妨げてしまう。このシステムは、食産業の未来を阻んでしまい、《彼らが好きなのはこれだ。だから、彼らにはこれしか与えない》という考えで、進化するのをやめてしまう。こうした考えは、過剰消費が進んだ時代には通ったかもしれないが、今日ではもはや成り立ちません。消費者が、平凡なものに慣れてしまった以上、彼らの習慣を揺るがさない限り、クオリティーを改善することはできないでしょう。企業自身が、自分たちの製品の品質を認めないというのに、消費者のご機嫌を取り続けるのは、まっぴらです。このシステムは、当然、見直されなければなりません。食品加工業は、新製品を発表したとき、売れるという保証が必要だということは確かですから、そのために、それに見合った経費を充てるのです。気に入られ、人々の食卓にのることになるに違いないと信じていた美味しい料理が、廃棄処分になったときには動揺させられました。こうしたやり方では、前進させていくのが難しい。食産業にとって、このパネル調査にかなりの経費がかかり、ときには、あきれるような調査を繰り返すのを知ってしまうと、どうして、彼らがこれほどまでにパネル調査に信頼を寄せるのかわからなくなってしまいます。

これこそが、食産業に問題提起したい点です。工場生産による製品のうち、消費者が常に選ぶのは、最も伝統的なレシピによるものだということは、誰もが認めるところです。少しモダンなレシピを作ったはいいが、成功するまでに時間がかかる——四、五年前に、《モダンすぎる》とされた料理で、今日とても売れ行きのいいものもあります——ため、パネル調査は、冷酷にもそうした料理を追いやってしまう。パネル調査は、食産業の足取りを、あまりにも慎重に、また臆病にさえさせてしまっている。それでも、消費者が何を求めているのかは感じることができる。パネル調査は、厄介事でしかありません。良識の邪魔をするだけです。分析というのは論理的ではなく、物事に通じていない人間がそれをやってしまうということが多い。企業は、自分たちのパーソナリティーやクオリティーを見失ってしまうのです。これ以上、私がパネル調査に反対だということを、付け加える必要はあるでしょうか？　他のシステムを創り上げることが急務になってきました。それは、コンサルタント会社なのでしょうか？　問題となる料理や製品について、興味深く、肯定的で、構築的な意見を得るためだけでいいのです。

考察はやむところを知りません。国際的に有名なシェフであっても、相対的にいって給料が高くはない場合がありますが、実入りを十分なものにするために必要な副業について話を戻しましょう。

私はサヴール・クラブの仕事もしています。これは、シャルル・バリエが私に話を持ちかけ、ポール・ボキューズが推薦してくれたのです。彼らは私が愛する友人で、誠実な人たちですから、彼らと仕事をするのは、心から嬉しいことなのです。

確かに、レストランで得る給料がかなり低いだけに、こうした仕事からもたらされる金銭は、無視できるものではありません。繰り返しますが、高級レストランでは、たいして儲からない。ですから、レストラン以外の仕事が必須で、それが、かなり生計の助けになるのです。私の給料は、例えば、パリの四つ星ホテルの、あまり知られていないシェフの額よりも低い。「ホテル・ニッコー」にいた時の額よりもずっと少ないですし、マキシマンが「ネグレスコ」〔ニースを代表する老舗の高級ホテル〕を辞めたとき、「ネグレスコ」のオーナーたちが、それを継いでくれるよう私に申し出をしたのですが、そのときに彼らが提示した給料よりも明らかに下回っているのです。大分前になりますが、提案された給料は、当時で一カ月八万フランまでつり上げられたのです。

外部から仕事を受けて、少なくとも、生計の一部を稼ぐ必要があるのは、私に限ったことではありません。レベルのとても高いレストランのシェフたちの大多数にとっても正当なことなのです。

私は、料理人としての人生には終止符を打ちますが、こうした外部のコンサルタント業は続けていくつもりです。もちろん、私自身のイメージというのは、レストランによって築き上げられているものです。しかし、料理人としての衰えを批判されることには、十分に警戒しています。あらゆる大料理人は、長年の成功を成し遂げたのち、シャペルやトロワグロ〔ジャン・トロワグロ〕のように、体を酷使した末に心臓発作を起こして倒れるようなことがない場合、メディアによって叩きのめされているということは明らかです――ヴェルジェ〔ロジェ・ヴェルジェ。「ムーラン・ド・ムージャン」の創業者で料理人。一九七四～九三年、三つ星〕の場合もそうでした――。料理人としての人生が少しずつ下降線を辿ったり、長い仕事のリズムが肉体的に耐えられなくなってからよりも、すべてがうまくいっているうちに辞めたい。明日には、ロブションを痛めつける人間が出てくる、という可能性は十分に潜んでいます。いいイメージにあるときに、辞めるのが賢明だと思います。

さらに、倦怠に陥る危険性もある。その可能性は二つです。まず一つには、避けられないことですが、お客の側に飽きがくるということです。お客は、いつも同じものを食べたいとは思わない、つまり贔屓にする料理人も替えたいと思うものです。もう一つは、料理人自身の倦怠です。実際、一〇年以上も頂にあって、質を維持できるような料理人はとても少ないのです。私は、八一年に自分の店を持って、一九八四年来三つ星を維持してきました。一〇年以上になるのです！　正当に評価されてはいませんが、一〇年以上も変わらぬ評判を得ている料理人に、ギー・サヴォワがいます。彼の料理は、その質の高さで、名声を博しています。
銀行家によると、パリで上手くいっている店は三軒あるということです。まずタイユヴァン。きちんと稼働しており、それが長年続いている。そしてギー・サヴォワとロブションです。何年もの間、レストランの質が悪いというのに通う、いかれたお客などあるでしょうか？　ゆうに一〇年以上も、三つ星レストランに通うような熱狂的なお客はそういないのです。私の店のお客は、私たちに満足しないようなことがあったら、彼らの懐を、私の店ではなく、他のために割くことをよくよく心得た人たちです。いずれにしても、ギー・サヴォワがいまだに三つ星を獲得できないでいるのは、理解に苦しみます。

現在流行のビストロをオープンしたいと思ったことはないのでしょうか？　この考えが、ジョエルの頭をよぎることはないのでしょうか？

思うに、すべての人が、いつか、料理人が一人から二人しかいないような、ビストロ風の小さなレストランを持ちたいと思っているに違いありません。そして、まったく気兼ねなく、自分の作りたいちょっとした料理を出す。こうしたことを夢見なかった人はいるでしょうか？　私は今のところ、この夢は実現していません。しかし、引退して、また働かなくてはならない状況に陥ったとしたら、仕事をするのは、おそらくこういう所でしょう。もちろん、フランスで。スペインではありません。スペインで働くのは難しすぎるのです。それはそうですが、スペインには、優れた、あるいは並外れて質の良い素材が溢れている。しかし、スペイン人は、なかなかそれをうまく使えないのです。例えば、ハブーゴ産の生ハム、ジビエ、活きのいいエビ、魚など、この上もなく素晴らしい。もし、コンサルタントの仕事だけではやっていけなくなったら、街角のビストロを買って、噂されることもなく、料理人としてのささやかな人生をまっとうしたいと思います。

メディアに語られないジョエル・ロブション。それは、思ってもみなかったことで、その可能性はないでしょう！　予告された引退後の計画を真剣に考えます。

とにかく、引退については長いこと考えてきましたし、真剣にすべてを計画してきました。原則的には、今以上にコンサルタントを受けることはしないと思います。すべてを計画してきたので、事故がない限り、生活していけます。しかし、食品加工業は、大変興味のある部門ですので、この分野においてすべきことは山のようにあります。ですから、私が他の事業に興味を示すということもあり得る。今のところ、何も予定されてはいないのです。フルリ＝ミション社との共同事業には、とても満足しています。この企業は、とても現代的な大工場で稼働してはいますが、精神的には職人気質を貫いています。別の分野の別の企業からもしばしば声をかけられてきました。しかし、今までは、興味をひかれなかったのです。

残念に思うのは、学校給食や、病院食にかかわっている会社からの打診が一度もなかったことです。しかしながら、この分野では、しなければならない大事な仕事があると思います。子供たちの食事についても、私たちに声がかかったことはありません。思うに、子供たちはどんなものでも食べ、それでいいのだと勘違いしているからです。それは残念なことです。そうではなく、学校でしなくてはならない教育があるのではないでしょうか。初めから味覚を育てるというだけでなく、栄養の基礎知識を持たせるとか、素材にはいろいろな種類のものがあることを教えることもできるでしょう。また、現在、私の心を最も捉えるのは、病院の問題です。先にお話しした真空調理などの新しい方法を導入すれば、状況は大分改善されるに違いありません。今こそ、病院関係者が目覚めて、努力をすべき時でしょう。多くの努力を割かなければなりません。患者は、看護師の親切さ、それに料理の質で、診療所や病院を判断するのですから、しなければならないことがあるのです。しかし、そこまで、自分の活動を広げていきたいとは思いません。

食品加工業との共同事業は、とてもためになりますし、建設的なので続けていく予定です。その企業が誠実である場合に限ってですが。フルリ＝ミションがいい例でしょう。また、アイスクリームやチョコレート、コーヒー、乳製品のデザートなど、他にも誠実に仕事をしている企業もあるのです。恋人が作ってくれるよりも、ずっと美味しいカスタードクリームを、スーパーで見つけることもあります。共同食堂の料理人達と一緒に、工場生産食品の審査員をする機会がありました。共同食堂では、そうした製品をたくさん使っているのです。そこで、でき合いのウッフ・ア・ラ・ネージュ〔淡雪卵〕をいただく機会に遭遇しましたが、それは初めての経験でした。メレンゲはすでにモンテされており、カスタードクリームは、ボールに流すだけだ……。美味しいので、私は、すっかりだまされました。冷凍フルーツのピュレは、私の店のものよりもずっと優れた味わいであることもしばしばあります。この冷凍物のフルーツは、旬の時期の熟れたところを選んで摘み、すぐに冷凍にかけるので、ビタミンも香りもそのまま閉じ込められるのです。

　告白しますと、スペインでは別にして、私はスーパーマーケットに通ったことがありません。ほとんどレストランで食事をとっているからです！　しかしスーパーなどの量販店で見かける魚の質に感心することもありました。その代わり、妻は定期的に、私が仕事をしているフルリ＝ミション社の製品を買ってきます。私が考案し、私たちが仕上げたその料理の質と、販売時の質が一致しているかを、私自身で確認するためで、そのテストを、私は大切にしています。冷蔵庫に常備していて、妻や子供も好きなものがある。簡単に食事を済ませる時などは、時折喜んで食べています。いくつかの製品は、値段と質のバランスが非常にとれており、大成功だと思います。また私たちのライバル社が作っている製品を買ってみて、市場が求めるものを考えたり、比べたりしています。こうした仕事は、食産業において、クラシックな方法なのです。比較しうる製品は試してみて——工場へ赴くこともしばしばあり、少なくとも、月に一度の割合で訪ねています——、フルリ＝ミション社がトップであるよう努めるのです。フルリ＝ミション社の売れ筋はパエリアとクスクスで、試食では、ほぼいつもトップの評価を得ています。

現時点での私の仕事は、今ある製品の改良を図ることと、新製品を開発することですが、とても面白い仕事です。私が最も満足している出来の製品は、キャベツを添えたヴォライユのジャンボネットです。これはとても美味しい。私にとっては、フルリ＝ミション社のトップ製品で、お気に入りです。魚のクスクスも、よくできています。オリーヴオイルとレモン、ニンニクで風味をつけた、千切りのニンジンサラダも素晴らしい仕上がりだ。それまでのニンジンサラダはおいしくなかったので、最終的に完成させるまでには、難儀しました。他のメーカーの製品はその域に達しておらず、フルリ＝ミション社は、一年以上前から、ニンジンサラダではトップを切っていると思います。

クリエーション

素材について。どのように大料理人は素材を手に入れているのか？
料理の誕生。アイディアから実現まで。お客の反応について。

どのように皿を仕上げるかのお話から始めましょう。この間、ある記事を読んでいたら、たまたまパリの同業者の話が掲載されていました。この人が言うには、料理を仕上げる技術に比べたら、素材は重要ではないとのこと。私は、この考えに真っ向から異議を申し立てます。もし、質の悪い素材を調理したら、結果も良くないに決まっています。この考えは、六〇年代に蔓延していた料理の重大な欠点です。率直に言って、その時代に戻りたいとは思いません。私だけでなく、お客もそうだと思います。おいしい料理は、完璧な素材からしか生まれない。これは、絶対的な原則で、これに背いたことはありませんし、今日の大料理人で、これに従わない人を知りません。

素材の購入は、料理人にとって、最もデリケートな仕事です。すべての料理人がぶちあたる大きな問題は、素材と業者なのです。質の良い素材を見つけることは、すでに大変なことなのですが、規則的にそれを手に入れることは、さらに厳しい。

　まず手に入れるのが難しい、魚の話からしましょう。一九八二年の初めのことです。「ドーム」〔パリ一四区のブラッスリー。魚を専門とする〕のクロード・ブラは、魚について熟知しており、魚問屋もよく知っている人物で、私をよく助けてくれました。彼と一緒に魚を買わせてもらっていましたが、少しずつ、同じ魚問屋と取り引きをする料理人も多くなってきました。しかし、私がラッキーだったのは、《それに相応しい値段で》料理を出すことができたことです。他の料理人は、それができなかった。例えば、産地直送の運送代を含めた、二匹の川スズキの原価を価格に転嫁できなかったのです。そうすると、これは高くつきます。そこで、この特権的な流通を諦めて、よりクラシックで安上がりのシステムに戻るしかなくなる。さらに、直送でやってきた魚を戻すわけにはいきませんでした。幸いなことに、都合の悪い魚が届けられることはまれでしたが。トラックが出る前の、お昼の一二時ごろに電話をして、注文を出し、海鮮料理にも使用する。この馴染みの魚問屋で良い川スズキが一匹か二匹しか手に入らない場合は、アベルが、ランジスでいい品物を探してくれますが、それはあくまで急場をしのぐ応急処置にすぎません。

　ヴォライユも、ミエラル社――私にとって、ここのヴォライユは最高です――から直接仕入れています。そして、これについては、パリには先ほどのような応急処置の手だてがないのです。先日のことですが、お客からの絶対の要望で、去勢鶏がどうしても必要でした。ミエラル社は、これ以上はないようなすばらしいものを一羽送ってくれました。そして、そのヴォライユに見事な調理が施されていると評判でした。ほかのヴォライユで試してみましたが、これほど満足したためしはありません。

野菜は、ヴィエルゾン〔サントル地方シェール県の町〕の野菜栽培業者と取り引きしており、一週間に二度、来てくれます。他のものはランジス市場で仕入れますが、一日に二度の仕出しをしてくれます。ランジスにはもう行っていませんが、かなり通いましたので熟知しています。私のところのシェフが、定期的に行き、素材を確認しています。

オリーヴオイルについては、はっきり言いましょう。私が好きなのは、フランスのボー・ド・プロヴァンスのもので、とても繊細でバランスがとれているので、昔から使っています。私の味覚にぴったりくるのです。苦すぎたり、強すぎたりして、料理の味わいを変えてしまうものや、私の感覚でですが、香りが強すぎて料理の風味を覆ってしまうようなものは好きではありません。私にとっては、イタリアのものは植物の香りが強すぎて、スペインのものは野性的すぎるのです。

レストランでは、論理的にいって、午後の配達になっている野菜以外のすべての素材は、一二時前に到着することになっています。つまり、ストックをすることはありません。野菜業者とは、長いこと、正確にいいますと、「コンコルド＝ラファイエット」以来の付き合いで、時に応じて、必要なだけを届けてくれます。これは理想的なあり方ですが、例外的です。彼は、私にだけこの例外を受け入れてくれている。トマトが一キロ必要だったら、一キロ届けてくれる。レモンが四つ必要だったら、四つ届けてくれる。ですから、一日以上厨房に転がっているような素材はなく、無駄も省けます。これは完璧なコンディションです。仕事が終わった夜、冷蔵庫には何も残っていないという状況がいい。ですから、常に、最高の鮮度の素材を仕入れなければならないということにもなります。

ランジスでは、遅くにやってくる小さな野菜栽培業者から、素材を仕入れています。彼らは、だいたいお昼くらい、あるいは一二時半くらいに店にやってきますが、それほど辛抱できないことではありません。彼らがこちらに向かっていることはわかっていますし、電話で知らせも受けている。先日のことですが、セープ茸が一二時半に届くのを待っていました。セープ茸の料理をお客が予め注文していて、一時には店に来てしまう。早くしなくてはならない。スタッフはもう、準備に取りかかっている。こういう場合だからこそ、スタッフは多いに越したことはありません。

ジョエル・ロブションは、毎日のように、届いた商品のうちの大半を送り返しています。彼のメガネにかなわないからです。

送り返す商品の量は、驚きに値します。厳選した業者と、値引きはせず、すぐに支払いをするという条件で取り引きしていても、毎日、野菜を送り返しています。肉でもそういうことがしばしば起きる。例えば、仔羊のカレが六つ必要だったとします。その場合は一〇の注文をしています。そして、その中から選んで四つは返します。時価キロ一万三千フランする白トリュフの場合は、徹底的です。一キロのうち、五百グラムしか手元に残さない。

どのようにして、皆に知られていないような、素晴らしい素材を探すのでしょうか？　新しい野菜、驚くような味わいのオイル、カマルグの本物の米。大地の香りのするジャガイモなど。

優れた素材を見つけるのは、技術ではありません。これは、まったくといっていいほど、偶然のなす業なのです。心をオープンにして、できる限りのものを味わい、生産者に興味を持っていさえすれば、最後には、いい素材に巡り会うことができるのです。あちこちを尋ね歩けば、驚くようなものに出会うのです。店のお客が生産者を紹介してくれたり、業者が送ってきてくれたりもします。要するに、なんとかなる。とにかく、細心の注意を払って、受け入れる態勢にいることです。

生産者には、一度ならず、素材をテストするから送ってくれるよう頼んでいます。料理人同士の間では、いい生産者をなかなか明かしません。一つの業者に、たくさんの料理人が飛びついたら、質を保つのは難しいからです。私は、常に新しい素材に興味がある。大豆を使うようになってもう長年がたちます。さらには、ショックを与えるかもしれませんが、ケチャップも使っています。それは、ひどい代物とは知っています。しかし、ノワゼット・バター〔はしばみ色になるまで熱したバター〕にちょっとだけケチャップを入れると、美味しい。それに、ケチャップは、それほど常識外れな味わいではありません。甘味と塩味、酸味とやわらかな味、フレッシュでスパイシーなこの混ぜものは、たくさんの料理に使われていますし、確実にだいぶ以前から受け入れられています。個人的な意見ですが、近い将来、特に青トマトを消費するようになると思います。青トマトをベースにした料理を作るようになるのでは、という予感がします。料理に取り入れられ、それはかなり気に入られることになるでしょう。私自身もそれに創作欲を刺激されるのです。

一つの料理はどのようにして生まれるのでしょう。それが産声を上げるまでには長くつらい生みの苦しみがあるのでしょうか？　あるいは、さまざまな試作ののち突然に奇跡的なインスピレーションをつかむのでしょうか。

私の場合、まずは素材からひらめきます。素材に応じて、料理を練ります。出発点で、野菜であれ、茸であれ、肉でもクリュスタセ〔エビやカニなどの甲殻類〕でもそうですが、優れた素材が手に入らなかったら、何もする気がしません。素材から料理を作り上げるからです。例えば、昨年の秋のことでした。セープ茸を使った料理を作ったのですが、それは素晴らしいセープ茸が手に入ったからです。それは小さすぎることも大きすぎることもなくとても香りが良かった。このセープ茸が手に入ったから、このアントレを創り出すことができたのです。だいぶ前から、あるアイディアが私の頭の中を駆け巡っていました。ナスはセープ茸のような味わいがするということを発見して、合わせたらきっと面白いのではないか、と思っていたのです。味わいだけでなく、テクスチュアの組み合わせもしたら、セープの味わいだけでなく、食感をも際立たせることができるにちがいない。そして、セープ茸とナスを組み合わせた、とてもシンプルなレシピができ上がったのです。セープは薄片にスライスして、タイムをのせて焼き、できるだけ香りを与えます。そして、それを、皿に配置したナスのキャビアの上に、バラの花びらのようにのせていくのです。ナスのキャビアは、まずナスをグリルして、ミキサーにかけ、ニンニク少々と、オリーヴオイルで和えたものです。これに、とても小さなミニナスを薄い輪切りにして、フライにし、苦味のあるものに仕上げ、飾るのです。見た目では、それはとてもシンプルな仕上がりです。しかし、苦味のあるカリカリとしたナス、そして、ナスのキャビアの爽やかさと滑らかさ、身のひきしまったセープ茸が口の中に広がるときの、力強い香り、そのすべてが渾然一体となって、とても繊細に立ち上がる風味の組み合わせといったら。私にとっては、これこそが改革なのです。それぞれの風味はきちんと認識できる程度に残しながら、すべてがハーモニーを奏でています。結局この料理は、当然の結果としてでき上がったものでした。私はここで、どうしてもう少し早めに考えなかったのだ、と自問しました。長い間頭にあったアイディアなのに、それを作るのに待ったをかけることはなかったのです。しかし、これを実現するためには、このセープ茸を手に入れる必要があった。それが、きっかけとなったのです。料理の味わいはすぐに調整できました。しかし、難しかったのは盛りつけでした。セープ茸とナスを皿盛りにするのは簡単なことではない！　料理をする人は、すべての感覚を研ぎ澄ましていなければならないと思います。最後の盛りつけで、細かなところで、なかなか納得がいきませんでしたが、ナスのフライをハリネズミのように刺すというアイディアに行き当たって、やっと一件落着したのです。それは、とても美しい仕上がりなのです。

キャビアのジュレについては、長い間忘れていた存在でしたが、ジャン・ドゥラヴェイヌの店でインスピレーションを受けたものでした。彼は、キャビア入りのジュレを、私のものとはまったく違った方法で出していました。このときに得たアイディアが、頭の中でじっくりと練られ、キャビアを酸味のあるものと合わせたらどうかという考えに至ったのです。すっぱいクリームで試してみましたが、上手くいきませんでした。脂っこい味わいになってしまったのです。それで、アスパラガスのクリームで試してみました。そして、最後に、カリフラワーのクリームにしてみましたが、その組み合わせは最高でした。もし、この料理をメニューから外したら、お客から抗議の声が上がるにちがいありません。

分野によっては、他の人より、ずっとアイディアが沸くということもあります。例えばですが、告白しますと、デザートは得意なほうではありません。甘味のものには、塩味のものに比べて、あまり興味を覚えないのです。個人的には、嫌いなものはほとんどありませんが、タピオカは得意ではありません。セロリは、長いこと好きにはなれない野菜でしたが、だんだん好きになりました。現在は、野菜にとても凝っていますので、かなり研究を重ねています。ナツメグ風味のレタスのクリームスープも、新タマネギのロワイヤルも、こうして作ったのです。また、野菜のグリルもしばしば作ります――野菜の口当たりにはとても敏感なのです――。ニンジンにはしっかりと火を通しますけれど、身のしまった仕上がりにしなくてはなりません。これはカブの下ごしらえにも同じことがいえます。質の良い野菜は、冬になると減ってしまいます。私が取引をしている野菜業者が、冬にはあまり栽培しないからです。野菜は、私にインスピレーションを与えてくれる。あるいは、それが野菜であれ、肉であれ、魚であれ、料理のベースとなる素材が、私のイマジネーションの中では大切なのです。レタスのクリームスープを食べるために私の店に来るわけではない、と思う人もいるでしょうが、それを頼んだら最後、また注文することになる！　同じことが、ピュレにも言えます。八〇年代に、このじゃがいものピュレはあらゆるレストランから追放されてしまっていましたが、私はそれを皿の上に呼び戻すことに成功したのです。そして、今、野菜に敬意が払われているというのは、嬉しいことです。少しずつ、多くの人に好かれるようになりました。少なくとも一皿は野菜をベースにした前菜を用意しています。月に何回か、ヴェジタリアンの方々が利用してくださるのは、嬉しいことです。

一年に四回アラカルトのメニューを変え、それに加えてテーマ・コースを作っています。メニューから外すことのない、人気の料理も何皿かありますが、ジョエル・ロブションの創造性豊かなエスプリは、休むことを知りません。

私は一年に四回メニューを変えています。つまりワンシーズンごとです。このリズムはとても都合がいい。私の心と創造力は、季節に従って、高鳴るからです。しかし、評判の料理は、メニューに残しています。例えば、キャビアのジュレですとか、トリュフのガレット、季節によっては、野兎のロワイヤル。また、ジャガイモのピュレは、メニューに載せているわけではありませんが、いつも用意しています。長年、塩のクルートで包み焼きにした仔羊のローストをメニューに載せなければなりませんでした。しかし、その役割は終わりました。何年かメニューに載せていた料理をほとんど削りました。そうはいっても店の代表的な料理は、お客を喜ばせるためだけにも、長い間メニューに載せておくべきだと思います。

この点に関して、教訓となったある逸話があります。ロンシャン通りに店を建てたばかりの頃のことです。パイ皮で包んだムール貝のキャスロールが、それは人気でした。ある夜、店の常連だったある客が、友人をディナーに招待したのですが、その目的が、この料理を食べさせることにあったのです。しかし、その時には、それをメニューから外してしまっていた。このお客はとても残念がって、それ以来、彼は店に足を運ぶことはありませんでした。ですから、若い料理人に助言をしたいのですが、とても人気のある料理があって、それに評判が立ったら、何年かは、それをメニューから外さないことです。完全にやめてしまう前に、メニューに記さなくともいいですから、注文があったら出せるようにしておきましょう。私自身、新しい料理を提案しながら、それを実践しています。また、新しい料理は、常連だけに提案するようにしています。

予約を何度も入れる人は多いです。例えば、毎週来る人もいますし、二週間ごとに来る人もいる。毎月第一週目の火曜日あるいは、最後の週の木曜日に来る人もいます。私のお客のうち、五〇%は顧客です。こうした状況をとても好ましく感じます。何か暗黙の了解のようなものが形作られるからです。見知らぬお客よりもよく来るお客を喜ばせるのはより簡単だということは、当然でしょう。こうしたお客は、どう感じたかを話したり、自分が好きな味わいを伝えてくれたり、何が好みなのかを主張します。初めてのお客ではそうはいきません。メートル・ドテルに、十分な質問を敢えてしませんから、簡単に失望してしまうのです。

ア・ラ・カルトのメニューの他に、コースメニューを考えて楽しんでいます。《モリーユ茸》や《クリュスタセ》、《トリュフ》など、テーマを決めたメニューは評判を得ましたが、私はこうしたメニューを初めて出した料理人の一人だと思います。もちろん、デギュスタシヨン・コースもあり、注文のうちの大部分がこれになります。

革命と伝統。人生に痕跡をとどめるような古典的な料理を見直す。ジョエル・ロブションのメニューを構成するのがこうした料理で、それは彼の評判を高くしたのでした。

野兎のア・ラ・ロワイヤルのように、伝統的な料理を作るときにはいつもそうですが、新しい工夫を加えるのではなく、昔のレシピを解釈するようにしています。一九八二年か一九八三年に、「ジャマン」で、私と同じポワトゥ出身であるクトー上院議員によるレシピをベースにして〝野兎のア・ラ・ロワイヤル〟を作りました。野兎をコンポートに煮込んで仕上げたものです。このレシピは、他の同業者の多くが提案している構築し直したタイプの料理とは相反するものでした。始めは、ほとんどレシピの通りに作り、少しずつ、私の味わいに合わせていったのです。でも、実際には、初めのレシピと大きく変わりません。野兎のア・ラ・ロワイヤルは古典的な料理で、最近の新しいレストランでも、メニューでよく見かけるようになりました。一五年前は、これはまったく見当たらなかった。今日、毎年秋には、これを作ることが定番になっています。これを食べに店にやってくるお客もいます。彼らはそれが好きなのです。とてもたっぷりとした量なのですが、お代わりする人までいます！　思うに、このレシピは、私たちの時代の味覚を、正確に反映するものだと思います。その味わいはきちんとして、覆い隠されたものではありません。風味をあまり複雑に混ぜすぎて、味わいがわからなくなってしまうような料理は苦手です。

お客がレストランのことを、食べた料理のために記憶しているとしたら、それはとても嬉しいことです。例えば、私の店では、メルラン鱈の料理を取りやめてしまうわけにはいかない。毎週予約を入れてくれる、あるお客が、それを必ず食べるからです。もし、それを出さなくなったら、素晴らしいお客を一人失ってしまうことになるのです。

お客の味覚がどんどんと磨かれることで、ジョエル・ロブション自身のクリエーシ

ヨンに直接影響はあるのでしょうか？　あるいは、ジョエル・ロブション自身が、お客の味覚を作っているといえるのでしょうか？

私たちは商売人ですので、お客の期待に応えることが大切です。今日は、大多数の人が、《軽めに食事をする》ことを望んでいます。ランチの場合は特にそうです。午後もきちんと働けるようにしなければならない。こうした人が、お客の八〇％を占めているだけに、料理を作ったり、メニューを作成するときには、このことを、念頭に入れておかなければいけないでしょう。考慮しなくてはならないのです。

料理は、お客の味覚に従って進化する。それは確かです。だからといって、私は、お客から影響を受けて料理を作っているわけではありません。一皿たりとも、特別なお客だからといって、作ったことはありません。近年、私は料理を変えました。しかしそれは、お客のためというよりも、素材に従って変化させたのです。例えば、今のところ、フランスで、質の良いフレッシュ・クリームを見つけられないでいるので──フレディ・ジラルデが、ときどき、素晴らしいスイスのクリームを、二、三ポット送ってくれますが──、ソースにはクリームをいっさい使っていません。良いものが見つかれば作りたいと思いますが、今のところは、諦めています。しかし、今日のお客はあまりソースを好まず、それよりはジュを好みますし、実のところ、私自身、クリーム入りのソースには魅力を感じないので、大きな問題ではないのです。また、私は通常、自分自身が食べたい料理を作っています。もしも、若者に助言をするとしたら、自分自身が食べたいものを作りなさいと言うでしょう。意見を求めるため、親しい人に食べてもらうこともあるでしょう。それはためになることですが、結局のところ、自分のアイディアで料理を作らなくてはならないのです。特に、流行を追うような料理でなく、自分自身の個性を出すものを作るときはそうです。ある料理が評判を得られなくても、忍耐することです。こうした苦い経験は、私にもあります。キャビアのジュレがそうでした。これは成功するまでに二年かかりました。何カ月かメニューに載せるのをやめたほどです。しかし、今日では、この料理は、花形料理の一つです。難しいのは、他のものを作ること、どこにもないような料理を作ることです。他と違う料理を作る。完成品を創り上げるまでには、途方もない数の試作をする覚悟でいなければなりません。

料理を創造するための、たった一つの秘密、助言、指令――それは、一にも二にも、味わうことです！

成功した料理が盗用されるのは避けられません。他の店が、自分の料理に少々手を加えて、ほとんど同じものを作っているとしたら、ジョエル・ロブションは、どう対処するのでしょうか？

まず言いますと、私はいくつかの料理を作りはしましたが、すべてを発明したわけではありません。例えば、私の店のクレーム・ブリュレ。これは、私の店で研修をしていたアメリカ人の料理人が作ったクレーム・カタラーヌを、解釈し直したものでした。彼のレシピを、私の味わいに作り直し、そしてメニューに加えたのです。これは、抜群の人気でしたので、今日、ほとんどのレストラン――私以外の店ですが――のメニューに加えられているほどです。私はそれを作り上げたわけではない。ただ、それを世に出した、といえるでしょう。

　確かに、私はたくさんの料理を作ってきましたし、そうした料理を、他の高級レストランのメニューに見つけることがある。あるパリのレストランについていうと、その店の八〇％の料理が、私の店からインスピレーションを受けています。おそらく、これらの店には、以前私の店でも働いていたスタッフが一人か二人いるのでしょう。こうしたことは、まったく気になりません。それより、かえって誇らしく思うくらいです。他店で、私の料理が、他の料理人を通して作られサービスされるようなことに出会うと、幸福にさえ感じます。私のアイディアが優れている、あるいは、とても優れている、という証明ではないでしょうか！　こうした暗黙の承認を得意にも思います。おそらく、こういうことから、料理も進化していくのではないでしょうか。各人が、ささやかな変化を与え、料理を動かしていく。ジャガイモのピュレを発明したのは私ではない、というのも事実です。異なる見解を与えただけのことで、私が作ったものは、私のものだ。例えば、ランプレイア〔ヴィクトール・ランプレイア。料理コンサルタント。料理チャンネル〝CUISINE TV〟の専属シェフ〕が、オリーヴオイルを使い、私のピュレを解釈し直し作ったのは素晴らしいことでした。それは、いいことです。フランス料理に活気が満ちているというサインです。

　おそらく、最もコピーされている料理は、〝キャビアのジュレ、カリフラワーのクリーム添え〟であることに間違いないでしょう。日本でも、アメリカでも、そしてドイツでも……、あちこちで見かけました。とても有名な料理になったのです！　これは、私の個性、技術を象徴する料理です。

ここ最近、私の料理はまったく変わりました。見た目はとてもシンプルでモダン、しかし、味わいがあって調和のとれた料理。そんな料理しか作っていません。私にとって、料理がモダンであることは、軽蔑すべきことではありません。むしろ逆のことといえるでしょう。これは、素材そのものが持つ香りやテクスチュアを際立たせることであり、素材本来の味わいを包み隠すようなものはすべて追放するという行為だからです。こうした料理を作るためには、優れた素材が必要です。純粋主義者的料理といっていいでしょう。そして私は、できるだけ純粋主義であろうとしています。洗練はいらない。逆に、できるだけ自然であろうとする。風味を発見して、それを固定するのは、とても難しいことです。大変モダンでありながら、その中に古典料理にあるような温かさを発見できるような、風味のある料理。おそらく、こうした料理こそ、今まさに求められているものでしょう。私は、より研ぎ澄まされた料理へと進むつもりです。

これは、芸術的な第一歩といってもいいのではないでしょうか。それが、控え目なものにとどまっているとしてもです。そしてそれは、まさに、純粋な心で味を求める、真っ当な探求なのです。

素人のお客がこのような料理を味わったら、とてもシンプルな、あるいはおそらく平凡な料理と思うでしょう。調理の過程を理解し、気の遠くなるほどの仕事量に気づき、緻密さを認識するのには、相当の感性を持っていなければなりません。こうしたタイプの料理には、多くの気配りと、途方もないくらいの正確さが要求されます。こうした正確さは、皿の上の料理が、簡単で、美味しそうだという、そうあるべき姿に見せるために施されるものなのです……。問題を課しているのではありません。これは、私が取り組んでいることなのです。

私にとっての成功とは、私の作った最新の料理によって認められ、偉大なる技術者として知られる料理人の仲間入りをするということです。私の料理は休むことなく、ゆっくりと、しかし絶えず進化していかなければならないと思っています。親しいお客は、それに気づくことすらない。お客は、風味や口当たりを求めており、私はそれを供するのです。年を重ねるごとに、自分の原点に戻ったり、自分の故郷の伝統料理を見直すシェフは多いですが、私はそれと反対のことをします。前進すればするほど、シンプルでモダンな料理へと向かうのです。ミニマリスムに向かうかぎり、危険はありません！　私の店で出す料理は、とてもシンプルなものに見えるかもしれませんが、普通の家庭で作れるようなものではありません。本のレシピは、家庭でも実践できるようなレシピにしているので、店のものとは違う。それはずっと受け入れられやすいものになっています。

引退された後は、ロブションの情熱ともいえるクリエーションは終わってしまうのでしょうか？

いいえ、そんなことは決してありません。食品加工業だけにしても作り続けていくでしょう。ここフランスでは活動を完全に停止しますけれど、日本では、少なくとも一〇年はメニューに取り組んでいかなければならない。つまり、料理を創造しなくてはならないのです。料理人として最もひかれるのは創造することです。それに、創り出さなくてはならないことがたくさんある！　何もしないでいることなど考えられません！

それとは反対に、創り出すというアート（技術）を伝えていくのはとても難しいと感じています。それは、作る人自身の個性を表現する活動だからです。天賦の才には違いありませんが、それが開花するまでには、たくさんの知識と実践が必要なのです。技術なくして創作することも可能です。しかし、それではすぐに限界がきてしまう。料理は、音楽に似ていて、やむことのない繰り返しと、しっかりとした技術の基盤、そして日常的な実践が大切なのです。実践を積もうとしない、また、レストランの経営をするだけで満足しているような料理人は、もはや料理を創り出すことはできません。そんな例はいくつもあります。創造的な機械は、片時も休むことなく、手入れされ、訓練されなければならないのです。そしてもちろん、ミシュランの三つ星を得るためには、クリエーションが大切です。一つ星を得るためには、優れた素材、二つ星には、それに加えて、より丹念な仕事を施された料理、そして、三つ星には、きちんと構築されたクリエーション――並外れたものを作るということ――が見られなければなりません。熱心であること、そして、常に同じ料理を作り出せるという規則性は、忘れてはならない必要不可欠の姿勢です。大切なのは、一つの新しいアイディアを生み出すこと。それが皆に受け入れられ、真似されたら、すでに認められたという標なのです。

創造するアート（技術）を伝えるということは可能でしょうか？　より才能のある、より自由な発想を持つ、未来の料理人を訓練するための、新しい学校を作らなくてはならないでしょうか？

今日、ヨーロッパには、さらには世界には、より徹底的な《高級》料理を教える教育システムが欠如しています。料理の現象や反応を学んだり、技術を身につけさせ、とくに、未知の素材を見出させるような教育が、欠けているのです。目的は、学校であれこれの料理を教えたとして、それを覚えることではなく、基礎を徹底的に叩き込んで、各人が自分の料理を創り出すことができるようにすることなのです。教育に関する活動を広げていく可能性についても、ここ最近考えています。教育の方面にも魅力があり、とても気になっています。

活躍の絶頂

一九九四年一月、レイモン＝ポワンカレ大通りにある、素晴らしい建物へレストランを移す。

世界で最も豪勢なレストランの一つに。

ロブションの星付きレストランでの一日。仕事の厳密さ。

継承について。二人の子供とも料理人の道には進まない。

五〇歳での引退声明？


一九九一年、リカルド・ボフィルの立案で、クレベール大通りにホテルを建設することになった人たちと接触がありました。クレベール大通りはいままでのレストランのすぐそばにあり、彼らは、私がそのホテルにレストランを移すことを期待していました。それで交渉をしたのです。そのとき、水道会社 CGE の子会社に勤めるあるお客が、それを聞きつけて、私に会いにやってきました。彼の会社が、レイモン＝ポワンカレ大通りにある邸宅を買ったというのです。しかし、どうなるのかわからない。ホテルか、それともレストランか？ その場所を訪ねてみたのですが、一目で気に入りました。しかし、このような場所は、私の手には届かないと思った。他にも、たくさんの提案がありました。シャンゼリゼ劇場の階上にある「メゾン・ブランシュ」もその一つです。みな素晴らしい場所でしたが、どれも非常に高かった。プラチナの格子のある牢屋みたいなものです。

そして、CIP（CGE の子会社）のジャン゠マルク・ウリーに会うことになりました。彼は、その購入したホテルの価値を高めたいと思っていた。そのホテルにレストランを設置する代わりに、金を失う危険を冒して――これは他の人もよくすることですが――、投資をし、隣接する建物の工事と改装を行なったのです。そして私はその営業権を買いました。ビジネスを将来性のあるものとするため、家賃は手頃な金額にしてもらいました。賃貸借契約を交わしましたが、その中に CIP 系列のコンサルタントを請け負うという条項があった。こうしたわけで、ルレ・デュ・パルクを担当することになったのです。メニューを監督し、シェフに助言を与えています。

工事をするための建設許可ですとか、この個人邸を商業目的の建物にするための許可ですとか、たくさんの問題があっただけに、交渉はとても長引きました。パーキングですとか、切り倒さなくてはならない木など、心配事はたくさんありました。ジャン゠マルク・ウリーの事業の邪魔をしようとした人も、たくさんいました。しかしながら彼は、未来を予見できる人で、スケールの大きな男です。私たちは二年の時を費やしました。私がそこへ移ったのは、遅延に遅延が重なって一九九四年の一月になりました。遅延の大きな理由は、度重なるお役所絡みの問題だったのです。

ロンシャン通りの店では、私は幸福でした。しかしここは、輝かしい栄誉の場所であり、何もないところから始め、誰からも一サンチームたりとももらっていない私にとっては、夢のような場所なのです。もちろん、迷いはありましたし、それは今でも同じことです。私には、身に余る場所ではないか？　いつか、ロンシャン通りで過ごすことのできた、穏やかさや静かな幸福はやってくるのだろうか？　私のプロとしての人生において最高の時は、「バークレー」とレストラン「ジャマン」の頃です。ここでの日々は、見事な建物の中にいるのですが、とてもつらく、とても重いものです。それに、ロンシャン通りの時よりも稼ぎも落ちています。「ジャマン」からここに移ってきたことで、こうした不愉快な考えばかりが頭に立ち現れたのでした。ブルジョワ化したとか、温かさに欠けるとか言う意地悪な人もいました。率直に言って、それは、不当な意見です。確かに、「ジャマン」の大きな成功の理由は、サロンに流れる雰囲気にあったでしょう。三つ星には珍しく、隣同士のテーブルで、お客が会話を交わしたり、そこで知己になって友情関係が続いているという人もいるくらいでした。そういうお客たちが、今度は一緒に店にやって来るということもあったのです。それに反して、「店が狭く、テーブル同士が近すぎる。特にこうしたクラスのレストランでは、あまり心地よいとはいえない」という非難も受けていました。両極端にあることを一度に手に入れるというのは、簡単なことではありません。

ジョエル・ロブションの一日は非常に忙しい。タイムスケジュールは、公務員のそれとは比較になりません。

朝は、八時頃に起床し、朝食を食べてレストランに向かいます。自宅から、車で店に来るのには、セーヌ川を渡らねばなりませんから、交通事情によりけりですが、九時から九時半の間に到着します。そして白いコック服に着替える。冷蔵庫を見に行き、素材の到着を確認して、厨房に入ります。店を開けるのはパン職人で、早朝五時に到着します。商品の受け取りのために、初めの料理人が到着するのは七時。他の料理人は、七時半くらいからやってきて、シェフは八時から八時半に到着します。シェフは、すべての商品を一つずつチェックしますが、それを私が確認します。朝は、書類を作ったり、郵便物にサインをしたりしています。管理部門に関しては、たくさんの仕事があるのです。レストランだけでなく、他の活動のための仕事もあります。夜に時間がないときには――といいますのも、ディナーの後、私とコーヒーを飲んでいく習慣のあるお客がたくさんいて、しばしば、深夜の二時三時になることもあるのです――、こういう仕事は朝に終わらせることにしています。毎日のように、サインする書類がある。店には、会計士と秘書がいて、私の仕事を少々手伝ってくれているので、とても助かっています。それに、電話は鳴り続けです。篩にかけて出ない電話もあるというのに、毎日かなり多くの電話を取らなくてはなりません。メッセージリストは、驚くべき量です。そのため、電話を直接受けたりするようなことはしていません。さもなければ、絶え間なく、仕事を中断されることになってしまうでしょう。朝は、料理に調整をかける大切な時ですので、私宛の電話だからといって、三分ごとに止まっているわけにはいかないのです。集中しなくてはならない。サービスの時も同じです。誰それの電話に返答するために、三〇秒ごとに厨房を留守にするというのは問題外です。

サービスは、一二時から一二時半に始まります。そして、三時くらいまで続きます。サービス直前の、一二時から一二時半の間に、いつも妻と一緒に、新しい料理の試作をしたり、あるいは、とても簡単なもので昼食を済ませています。座って食べる時間もないということが、一週間のうち何度もある。ちょっとしたものをつまむだけのこともあります。それから、パスの仕切り台に行って、すべての料理をチェックします。レストランのピークが始まるのです。昼食のサービスはとてもハードです。お客がいっぺんに一時から一時一五分の間に入ってくるからで、さらには時間があまりないからです。私の料理はかなり《高度な》ものですから、極めて正確な火入れが必要ですし、注文が入ってすぐの仕事量は半端ではありません。こうしたことが、料理に、研ぎ澄まされた明白な美しさをもたらすのです。私の店で働いたことのある料理人は皆、今までに働いたレストランの中で、私の店が、仕事面で最もハードだったと言っています。ランチのサービスはとても迅速を要するので、誤りをおかしている時間はありません。料理をしくじったり、忘れたりなどはもってのほか。もう一度やり直すなどということは、論外なのです。ですから、細心の注意を払わなくてはなりません。一時から二時半の緊張感といったら、それはものすごいもので、それを毎日、一年中繰り返さなくてはならないのです。

ただ、ランチのお客は、さほど口うるさくありません。常連だったり、ビジネスマンだったりすることが多く、私たちも彼等の味覚をよく知っていますし、知らないお客よりも、当然、より容易に彼らを満足させることができます。ビジネスマンのことを話しましたが、私の店が、パリで、ランチに女性客が最も多い店の一つであることは、幸せなことだと思います。私にとっては、客室の雰囲気を作ってくれるのは女性ですので、こうした状況を私はとても好ましく思っています。とにかく、ランチのサービスは、特別につらい。とめどなく、綱渡りをしているようなものです。

二時半頃から、お客が席を立ち始めますが、四時から五時くらいまで席にいる人もいます。お客が席に着いていられる時間を鑑みて、注文を管理するのはメートル・ドテルです。急いでいるお客には、ホロホロ鳥のような、長い火入れを必要とする料理はすすめません。これには、絶対的な待ち時間が必要だということを伝えて——五〇分以内でホロホロチョウに火を通すことはできません——、誤解がないように努めます。料理のサービスは、三時前には終わりません。デギュスタションメニューもサービスするので、このサービスには（およそ、三分の一のお客がこれを注文します）、少なくともサービスには二時間かかる。一皿につき二〇分はかかるのです。

初めのサービスは終わりましたが、これで一日が終わったわけではありません。ディナーが待ち受けています。シェフは、元気を回復するためにシエスタをするといいますが、レイモン＝ポワンカレの店にもあてはまるのでしょうか？

ランチのサービスが終わると、私たちはとても疲れきっています。従業員が厨房を掃除している間に、私は自分の事務所に行って、緊急の電話をかけますが、これはだいたい五時から六時までかかる。シエスタをする時間はありません。午後の終わりに、自宅に帰って夕食をすませますが、七時から七時半までに到着することはありません。そして、せいぜい一時間でまた出発しなければなりません。家では、妻が食事を作ってくれます。八時のニュースを見て、世界や最新ニュースにかろうじて通じる。ニュースといったら、これと車の中で聴くラジオ〝フランス＝アンフォ〟くらいです。家に帰ると、ソファーに足を高くあげて寝転び、また新聞を読む。これが、一日の中で休める唯一のひとときです。

八時半、急いでレストランに戻るとすぐに、夜のサービスが始まります。時折、昼よりも夜のほうが、楽な場合もあります。しかし、いつもそうなわけではない。七人席で、七人とも違うアントレ、違うメインを頼むことがあるからです。すべての料理を、正確に、同時にサービスするのはとても難しいことです！　こうした頼み方は、日本人が得意とするところです。すべての皿を試してみたいので、皆が違う料理を頼むのです。これは本当に大変です。デギュスタションメニューも、簡単ではありません。一人につき五皿をサービスするのですが、少ない量を調理するのは、多い量と同じように難しい。メニューには、「デギュスタションメニューは、同席の人が全員一致で注文する場合だけに可能です」と明記していますが、そうしなければ、もっと大変なことになってしまう。実際のところ、お客の注文を断ることは決してできないのです。

夜のサービスの後、妻と一緒に家へ帰るのは、朝二時頃です。これ以前に帰れることはめったにありません。月曜日だけは例外で、一時頃に帰れることもあります。

こうした生活で、映画にも行けませんし、レストランに行くのもまれです。ウィークエンドは、書類を作成したり、レシピを書いています。特にこの六カ月は、土日も仕事をしています。三年前の春、カンヌ映画祭に招待されましたが、映画を見たのは一〇年ぶりでした。料理人兼オーナーの仕事から引退したら、こうしたことをするつもりです。圧縮された緊張感を下げたい。一年の安息日を取るのもやぶさかではないし、四カ月か五カ月だけ体を休ませて、熟考する時間に充ててもいい。この仕事では、こうしたことは不可能なのです。最近のバカンスでは、ジャガイモに関する本を書いていました。休む暇がない。仕事がありすぎるし、やらなくてはならないことだらけで、常に、睡眠不足です。めったにない平和の時は、特にスペインで過ごすひとときで、この時間は取るように守っています。そして、音楽を聴いたり、本を読んだり。読むものは目下のところ大哲学者たちの著作です。小説を読む時間はありません。絶対的に自分のために確保している、たった一つの安らぎの場所は、フリーメイソンの会合のひとときです。定期的に顔を出していますが、私にとってなくてはならないひとときなのです。

スタッフの食事について触れましょう。厨房には一カ月に九五〇〇〜三万二〇〇〇フラン、客室には一万〜四万一〇〇〇フランかけている。スタッフは《ロブション亭》で養われています。このような贅沢なレストランで働いているスタッフだからこそ、日常的に体験できる、理想的な美食の料理なのでしょうか？

料理人は一一時くらいに厨房で昼食をとります。それに対して客室スタッフは、サロンでとります。一緒に昼食をとらせたことは一度もありませんが、これは、昔からの慣習なのです。もちろん、皆の料理は、料理人が作ったものです。料理はシンプルですが、それに身を入れて作るよう、料理人に口を酸っぱくしていっています。そうしないと、彼らは、適当に作ってしまう傾向があるからです。料理人に、スタッフの料理をきちんと作らせるのには苦労しています。それを、急いで作りすぎる。時間がないので、常に楽園のものとはいえません。どちらにしろ、《ロブション亭》ではないのです。前日に残ったいくつかの素材を使いますが、残る材料はとても少ない。三匹か四匹のメルラン鱈が残っているだけで、常に、それを好きな愛好家が一人います。それにステーキとソテーしたジャガイモ、グラタンなど、特別に注文した素材——こうしたものは、メニューにはないものです——で補います。ローストチキン、ローストポーク、仔牛のローストということもあります。個人的にいうと、それが、いつも美味しいとはいえません。私の料理は、子細な技術を要し、難しいので、自分が食べる料理となると、努力しようとはしないのです。スタッフの食事に関しては、彼らを常に監視しているわけではありません。ときどきですが、私が怒った時は別です。あまりにもたるみが見られるので、爆発してしまう。彼らが自分自身のことに気をつかってほしいと思う。それに、しばしば、彼らは、こうした何でもないシンプルな料理をきちんと作れるとは限らないということにも気づかされる。彼らは、教え込まれたことを知っているだけなのです。時折、恥をかくような料理まで作ってしまう。実際、メニューに載っていない料理を彼らに頼んではいけないことになってしまう。皆で食べるような量の多い料理を作らせると、他の人が思うのに反して、優れているとはいえません。私が経験したレストランも、ほとんどそうでした。大きなホテルは例外で、スタッフのための特別なキッチンを備えているところもある。五〇〇人のスタッフの食事をまかなうことができるのです！　そのための料理人を雇っている。そこの料理人は他のことはしないので、まあまあ身を入れて作っています。大企業のように、カフェテリアがあって、料理は大変まともなものです。私の店では、料理人が、そのまま自分たちの食事の責任を持っていますので、それに対して私はたいしたことをしてあげられません。私は特に、時折不満をもらすホールスタッフのために、怒ることがある。しかしできることはそれだけです。私は、料理人たちに、料理のプロなのだから、作る自由が与えられても、よりいいものを作ることができなくてはならないと言っています。始め、ロンシャン通りの店では、スタッフのまかないは今よりもよかった。その頃は見習いがいたので、CAP の料理を作らせていたのです。結局のところ、それは、店のプロの料理人に作らせたものよりも美味しかった。驚くべきことです！　多くの人が考えているのに反して、高級店で働いているからといって、王様のような食事をしているわけではありません。ジャガイモのピュレを添えた挽肉ステーキのこともあります。その場合は、お客にサービスされないで残った、前日の残り物とはいっても、もちろん、本物の《ロブションのピュレ》です。スタッフは、前日食卓に出なかった素材をまかないに使います。オマールとかキャビアを除いてですが。お客には、毎日新鮮な素材を用意します。これは私の方針で、背いたことはありません。

未来の話へ戻ることにしましょう。五〇歳になり引退の時が来たら、取り戻した時を何をして過ごすことになるのでしょう。今現在所有している商業権の買い手を見つけることができるのでしょうか？　見解は、情報通に任せましょう。彼の商業権は、引き取られることになるでしょう。五〇歳の運命の時は、一九九五年四月七日に祝われることになっているのです。

レストラン「ジャマン」は、売りに出されていますが、いまだ、ロブションの翼の下にあります。それに彼は、完全に料理人としての人生を終わらせてしまうわけではありません。日本人がまた、営業権を買うのに、何年かの間、日本のレストランへの関与を続行する条件を出しています。

私の営業権を引き受けてくれる人が見つかったらすぐ、少しだけより静かで、少しだけより《普通》の人生を計画したいと思います。睡眠をしっかりとるとか、この何年かやろうと思っていたのに犠牲にしなくてはならなかったことに着手したい。例えばですが、五、六年前から、レーシング・クラブに登録していたのに、一度も足を踏み入れたことがなかったのです。テニスが好きなのに、テニスコートに行くちょっとした時間を見つけることもできなかった。要するに、もう一度自分の人生を見直したい、普通の生活をしたいと思うのです。

しかし、厨房の世界的なスターであるジョエル・ロブションは、大きな新聞会社のオーナーたちからも"tu"〔親しい間柄の者に対して使う二人称単数〕で話しかけられるくらい、親しみを持たれており、テレビにもしょっちゅう出演しています。他の人と同じような普通の生活ができるのでしょうか？

有名になることは、まったく魅力的なことではありません。逆に、それに恐怖を感じるくらいです。道端ですれ違ったときに、人々が振り返るのが好きではありません。昔はこんなことはありませんでした。こんなふうになったのはここ最近のことで、正直言って、嫌悪感を感じますし、好きではないのです。スターになって世間の注目の的になるのは、私の性には合わないのです。本を出版したときなどに、メディアの広告キャンペーンが必要だとわかっていてもです。あちらこちらのテレビやラジオに出演することは、私の喜びにはならないのです。テレビの画面に入るためなら何でもしてしまう同業者を知っていますが、彼らはそうした状況に狂喜乱舞してしまう。私はそうではない。こうしたことに関する興奮は、生来の臆病さで、抑えられるのです。メディアでの名声は、おそらく私の性格にはそぐわないのです。たとえ、こうした名声が、霞のようなものだとしてもです。ほとんど毎週のように、ラジオやテレビの出演を断っています。たくさんの提案がありますが、結局受けるのはほんの少しです。近づきがたい花形気取りなのではありません。こうした考えは、私にはほど遠い。こういったことは苦手というだけのことです。それに、スケジュールがいっぱいですし、出演によってもたらされることは何もないのです。出演する番組をきちんと選ばなくてはならない。特に、自分の名をまき散らすような行為をしてはいけない。大衆をうんざりさせないことです。いつでも、あちこちで見られているようなのではなく、良いときに、良いところだけで露出するべきです。

鍛えられたスターの技術でしょう。確かに、ポワトゥ出身の彼は、五〇歳で自分の道を築きあげたのであり、その五〇年のうち三五年も厨房で働いてきたのです。ラ・グランド・リュの賢明な子供が、ある日、ついうっかり、この栄光ある道を踏むことになるとは、誰が想像したでしょう？　厳格さと控え目であることは、いつでもロブションの大切な信条でした。

さらに、私たちが、高級なイメージを代表する存在だけに、よくある偏向した番組には気をつけなければならないでしょう。ジャーナリストが一つ二つを暴きたてようとしていることもあり、そうすると私たちは笑い者でしかなくなってしまいます。特に、労働者について考えが及ばないような人は、攻撃の対象にされてしまいがちです。メディアに出演するたび、「どうしたら一人につき千フラン以上払わせることができるようなレストランにすることができるか」とか、さらには、「フォアグラや蛙を売り物にするな」などという手紙まで受け取ります。要するに、攻撃の対象になるのは避けられない。不当な内容だけに、腹も立つのです。

しかし、私たちは、まず何よりも商売人です。ですから、お客を安心させなくてはなりません。お客は、足しげく通っているレストランが話題になることを望んでいる。したがって、メディアで報道されることが途絶えないようにしなくてはならないのです。慎重になることです。メディアにおける栄光は必要ではない。それは私の喜びではないのです。

出張は、あまり好きではありませんし、今日では、どんどん耐えられなくなってきています。それでも、日本への初めての出張では、大変興奮しました。この素晴らしい国を知る喜びに、本当に感動しました。アメリカに行った時もそうです。正直いって、今日では、飛行機に乗るのが疲れます。特に、滞在の短い往復の時はそうです。こうしたことからは逃げたいと思いますし、出張にはまったく心ひかれません。香港やタイ、中国に行くことも定期的に促されますが、一度も足を踏み入れたことはありません。長旅には、魅力を感じないのです。アメリカには三回、日本には数回しか行っていない。それだけです。車に乗っても、一年に一万キロしか走りません。要するに、旅行が好きではないのです。田舎は好きですけれど、ウィークエンドに出かけたいとは思いません。車に乗って、何キロも走るというのは、気が向きません。それでも、一人で歩くのはとても好きです。特に山が好きです。そこでは、心の平静さを得られます。電話もなく、日々の騒々しさから逃れることができる。

だからといって、新しい世界が嫌いなわけではありません。テレビは基本的に見ませんが、スペインでは、フランスの番組を見るときもあります。残念ながら、バカンス中も、仕事をしています。レストランを辞めるときには、こうした絶え間ない抑圧、絶え間なく鳴り続ける電話、数えきれない頼まれ事から、自分を解放したい。

レストランでは、あらゆる問い合わせに絶え間なく対峙していなければなりません。ジャーナリスト、カメラマン、同業者、食品加工業、生産者などは、会いたい、インタビューをしたい、写真を撮りたい、審査委員長に任命したい、イベントに招きたいなどと、それぞれの思惑を抱えています。電話はせき止めても、それでも絶えることがありません。美食のアイドルになったことのない人には、想像を絶することでしょう。食肉衛生局は口出しにかかって、ロブションの店に、サービス中の忙しい中でも規則的に訪れては、あちこち監査し、ひどい混乱を巻き起こします。

結局、引退は、第一に、こうしたストレスから距離を置くことです。彼の小犬をもっとしばしば散歩に連れ出すこともできるでしょう。プシーは、リヨンにいる友人が譲ってくれたロブションがとても大事にしている一六歳になろうとしているプードルで、皆の帰宅を大喜びで迎えるのです。この犬は、ロブションの料理を食べる僥倖を得ています……缶詰の料理を食べたことがないのですから。食べ物にうるさい犬で、主人は、きちんと考えられた、バランスのいい食べ物を与えているのです。誰が、朝食のお菓子を選ぶのでしょう。子供たちも、食べ物にうるさいのでしょうか？

娘よりも息子のほうが食べ物にうるさいです。息子はとても美食家なので、自分で作るほどですが、これがなかなか悪くない。娘は、お菓子や、キッシュ、ピザなどを作りますが、これもとても美味しい。彼女は、もちろん、私たちのために料理を作ってくれます。しかし、二人ともレストラン業を引き継ぐことはないでしょう。彼らは料理人になりたいと思っていませんし、すでに、レストランとはまったく関係のない他の職業について生計を立てています。

ところで、ジョエル・ロブションは、こうした仕事の重圧から逃れたら、他の人のレストランにはより多く出かけることになるのでしょうか？　厨房のスターが、友人の店のディナーに招待されたらどうなるのでしょう？

今のところは大変まれですが、友人の料理人の店に行く時は、当然、とても気分よく食事ができます。それに反して、プロではない、友人宅などに招かれると、彼らは時に、とても複雑な料理を作らなくてはならないと思うらしく、立ち尽くすばかりです。私は、ローストチキンやローストポーク、仔牛のローストなど、シンプルなものに心から満足するのですが……。残念なことに、十中八九は、凝りすぎで失敗した料理を食べさせられることになります。個人宅では、洗練された料理を作るのには、素材も機材もないというのがほとんどです。しかし、例外もあります。例えば、フランソワ・セレザ〔文学ジャーナリスト、小説家〕のような若者は、プロのような洗練された料理を作ることができる。それはそうとして、モダンな料理をこれほどまで素晴らしく作れる人には、二、三人にしか会ったことがありません。あとは、伝統的な料理を作るのがうまい人がほとんどです。家庭料理と呼ぶようなもので、これには心から幸せになれる。なぜ、複雑にする必要があるのでしょう？　私はシンプルな料理が好きなのです。

それと、私の好みを明らかにしますと、チキンやホロホロ鳥などの美味しいヴォライユを、串に刺してローストにし、水煮したチコリの水をよく切って、先ほどのヴォライユの肉汁を絡めて出すような料理が好きなのです。こうした料理で、私はいつでも幸せになれるのです。それに、マスタードをたくさんと、今日は、コレステロールを考えて、バターを控え目にしたフライドポテトを添えたステーキも好きです。スペインでは、ハブーゴ産生ハムや、よく火が通った鉄板焼きのエビ、タパス、パエリア、塩釜焼きにした鯛や川スズキに、オリーヴオイルをひとふり――かけすぎはいけません――とレモンを少々ふったもの、質の良いモッツァレラチーズとバジリコを添えた熟れすぎないトマトなどを大いに楽しんでいます。複雑なことは何もありません。質の良い素材があるだけです。パリでは、パッシー・マンダラン〔パリ一六区の中華料理店〕のスープやディム＝サム〔蒸し餃子の一種〕を食べるのが好きです。

すでに心はバカンスに、他のことに思いをめぐらせているジョエル・ロブション。握るフォークも旅の上にあります。商業権が売れたら、彼を他の誰かの店で、マルベーリャでも、パリでも、グシュタートでも見かけるかもしれません。スターの本物の計画なのです！

刻んだトリュフ　20g

1．次の順序でヴィネグレットの材料を混ぜる。塩、ヴィネガーを混ぜ、泡立器でかき混ぜたら油を入れて、胡椒をし、トリュフのジュを入れる。
2．小さな葉のサラダを洗い、下ごしらえする。ハーブも同様にする。水気を拭き取る。
3．セロリとミント以外のハーブとサラダをボールに入れて、底からかき上げるようにして混ぜる。刻んだトリュフの半量を加え、皿にかき混ぜて、少しずつ適量のビネグレットを混ぜる。葉にすべてヴィネグレットが行き届くように、優しく混ぜる。
4．皿の上にドーム状に盛る。田園風に仕上がったそれぞれのサラダの上に、残りのトリュフを振りかける。サラダの頂に、セロリとミントの葉をのせる。フォークで、古酒のヴィネガーを数滴ふりかける。

ハーブ入り田園風サラダ

4人分材料

縮緬サラダ　20g
フーユ・ド・シェーヌサラダ　20g
ロロロッサ　20g
トレヴィスサラダ　20g
バタヴィアサラダ　20g
ニースのメスクラン　20g
マーシュ　20g
ロケットサラダ　20g
クレソン　10g
スイートマージョラム　8g
セルフイユ　10g
バジル　10g
広葉パセリ　10g
セージ　8g
アネット　10g
エストラゴン　10g
ミントの葉　小4枚
セロリの葉　小4枚

ヴィネグレット

古酒のヴィネガー　1.2cℓ
シェリー酒ヴィネガー　1.2cℓ
落花生油　0.8dℓ
塩、粗挽き胡椒
トリュフのジュ　20g
古酒のヴィネガー　数滴

ニクのみじん切りを混ぜたもの。ここでは5を指す。〕をふりかけ、脇腹肉の中にフィレを巻き込むようにまとめる。

7．ガルニチュールのニンジンの皮をむく。長さ8センチ、厚さ1ミリの薄切りにして、4ミリ幅の帯状に切り揃える。ズッキーニを洗い、ニンジンと同じように切り揃えるが、この場合は皮はむかずにそのままにすること。それぞれ塩をした沸騰した湯で湯がく。水にさらして、水気を切る。

8．つや出しの卵を用意する。卵黄を溶いて、精製塩をひとつまみと、水をさじ一杯入れてかき混ぜる。

9．塩の生地を麺棒でのばす。そこに仔羊のフィレを置き、生地で包むようにする。先端もきちんと生地で包み込まれるようにすること。天板の上に粗塩をしき、その上に乗せる。

10. 刷毛を使って、生地の表面につや出しの卵を塗る。のこりの粗塩を生地の上に振りかけ、さらにつや出し卵を塗る。

11. 予め250℃に温めておいたオーブンに16分ほど入れる。ピケ針を使って、温度を確かめる。

12. 同時に、沸騰した湯に、塩とオリーヴオイル2cℓを入れ、パスタを茹でる。アルデンテに茹で、水気を切ったら冷まさないようにして、フライパンに入れる。塩をした沸騰した湯に野菜のタリアッテレを入れ、すぐに湯から引き上げたら、カレー風味のオイルを何さじかと一緒に、先ほどのパスタを入れたフライパンに加える。新鮮なバター、刻んだバジルを加え、優しく混ぜる。調味で味を調節する。

13. ソースを仕上げる。ジュを沸騰させ、クリームを加えて、粘り気が出るまで煮つめる。目の細かい漉し器にかけ、味を調節してバターを加えて混ぜ、タイムの花を加える。フィレは、黄金色に焼き上がったクルートごと客席に運んで見せる。クルートの2/3の高さのところを切る。フィレを取り出し、脂の部分は取り除いて、1/2センチの薄切りにする。予め、ソースを敷いておいた皿の上に、タリアッテレと一緒に盛る。肉の上に、粗挽き胡椒を振りかける。

塩入りの生地

粗塩　300g+200g
小麦粉　400g
葉をとった新鮮なタイムの枝　12本
新鮮なローズマリー　２本
水　1.6dℓ
卵黄　４個分
卵白　２個分

1. 前日に、オリーヴオイル４cℓとカレー粉小さじ１杯を混ぜておいておく。
2. ローズマリーの葉をとり、それを細く刻む。粗塩300gをミキサーにかける。さらに、卵白（卵２個分）、小麦粉、タイム、ローズマリー、水を入れる。均一な生地になるまで混ぜる。ボール状に纏めて、冷蔵庫で少なくとも２時間は休ませる。
3. 仔羊のカレの骨抜きをする。脇腹肉は下処理をするが、そのときフィレはつけたままにする。骨を砕く。
4. 仔羊のジュを作る。フライパンに、大さじ２杯の油を入れて火にかけ、骨と仔羊の切りくずを加え、強火で色をつける。骨と肉を取り出し、油を取り除く。タマネギ、ニンジン、セロリをサイコロ状に切り、20gのバターと一緒に、先ほどのフライパンに加えて、色がつくまで炒める。そこへ、ニンニクと、先ほどの骨、肉を加える。すべてが浸るくらいまで冷水をいれ、ブーケガルニを加える。ヘラで鍋底についた濃縮汁をはがすようにする。ほんの少し調味をする。弱火で１時間ほど煮て、そのジュを漉す。さらにそれを煮つめて６cℓの液体にする。もう一度漉して、バジルを入れ、香りをつける。火にかけず、そのまま蓋をしておいておく。
5. タイムの花を２つまみ、刻んだ広葉パセリを、パンの身と一緒にミキサーにかけ、すべてを篩にかける。
6. 仔羊の内側に粗挽き胡椒をして、ペルシヤード〔パセリとニン

ハーブ風味仔羊のロースト、クルート・ド・セル

4人分材料

仔羊のカレ800g　2つ
刻んだ広葉パセリ　大さじ2杯
新鮮なパンの身　20g
新鮮なタイムの花　3つまみ
皮をむいたニンジン　1本
皮をむいたタマネギ　中1個
2つに切ったニンニク　2片
茎セロリ　小1枝
ブーケガルニ　1束
クリーム　2dℓ
はさみで刻んだ美しいバジルの葉　6枚
落花生油　さじ2杯
バター　60g
塩、粗挽き胡椒

ガルニチュール

ニンジン　中2本
ズッキーニ　中2本
小麦粉で作ったパスタ、4ミリの幅のもの　200g
オリーヴオイル　6cℓ
カレーパウダー　小さじ1杯
はさみで刻んだバジルの葉　大さじ2杯
バター　40g
粗塩

かけて、すべての汁が出るように知ること。さらに弱火にかけ、そのソースをそのまま少々煮つめて、表面に上ってきたアクを網杓子で取り除きながら15分火を通す。火から外して、そのまま休ませる。

ソースを４dℓとって、小鍋に入れ、血と生クリームを混ぜたものを加える。

残りのソースは、野兎とエシャロット、ニンニクを入れておいた鍋の中に入れ、蓋をして弱火で温め直す。

野兎が温かくなったら、ソースの小鍋を弱火にかけて、かき混ぜながら煮つめる。コニャックをひと振りして、調味する。

野兎を鍋から出して、温めておいた深皿に盛り、ソースをかける。

ンとタマネギはミルポワに切る。

4．野兎のレバーと肺、心臓、腎臓を、エシャロット10個、ニンニク５片といっしょに、目の細かい刃のついたカッターにかける。このミンチは、密封容器に入れ、冷蔵庫で保存しておく。

5．血を生クリームと合わせ、密封容器に入れ、冷蔵庫で保存しておく。

6．ネズの実を砕く。

7．野兎を塩、胡椒、タイム、ネズの実で調味し、それぞれの塊を、背脂の薄切りで包む。

8．網脂をしっかりしぼって水気を切り、細切れにする。各網脂に、先ほどの野兎を包み入れ、動かないように楊枝で固定する。

9．大きな鍋の底に、ニンジン、タマネギのミルポワ、ブーケガルニ、エシャロット、残りのニンニクをしく。その上に、野兎の肉を並べる。

10．野兎の肉に、塩、胡椒を振りかけて調味し、フランベしたワインを浸して、蓋をし、170℃に温めておいたオーブンで６時間火を通す。（その間、中を確認すること。ワインは沸騰させず、小さな泡がふつふつといっているくらいに保つこと）。

６時間の加熱を終えたら、エシャロット、ニンニク、野兎をとりだす。野兎の骨をすべて取り除き、また別の鍋に、先ほどのエシャロット、ニンニクとともに入れる。

蓋をして、このままとっておくこと。

煮汁を、漉し器か、細かい目の網に通して、別の鍋に移す。このとき、すべての汁を搾り出すように、材料に圧力をかけてしっかり押し出すこと。そのまま冷やして、表面の脂を取り除くこと。

ボールにミンチ（野兎のレバー、心臓、肺、腎臓、ニンニク、エシャロット）をすべて入れ、冷えた煮汁を玉杓子１杯加えて、泡立器でかき混ぜる。

煮汁をもう１杯加えて、またかき混ぜたら、すべての煮汁が入っている鍋の中に、戻す。弱火にかけ、１時間表面が軽く躍る状態で煮る。

このソースを漉し器あるいは、目の細かい網に通し、圧力を

クトー上院議員のリエーヴル・ア・ラ・ロワイヤル、ポワトゥ地方風

４人分材料

背肉はとって、こま切れにした野兎　３kg
薄切りにした豚の背脂　200g
網脂　500g
ネズの実　４粒
タイム　４つまみ
皮を剝いたエシャロット・グリーズ　まるのまま20個
ニンニク　10片
皮を剝いたニンジン　大１本
美しいブーケガルニ　１束（タイム、セロリ、パセリ、ポロネギ、ローリエ）
皮を剝いたタマネギ　大１個
たいへんコクのある赤ワイン　３本

ソース

野兎のレバー、肺、心臓、腎臓
エシャロット　10個
ニンニク　５片
野兎か、なければ豚の血　1.5dℓ
生クリーム　１dℓ
コニャック　１ふり
塩、粗挽き胡椒

１．網脂は、冷水に浸しておく。
２．鍋にワイン３本分を注いで沸騰させる。酸味を取り除くためにフランベする。火からおろす。
３．ニンニクの皮を剝き、切らずにそのままで置いておく。ニンジ

バター　大さじ２杯
１ミリの賽の目切りにしたマッシュルーム　大さじ１杯
細かく刻んだシブレット　大さじ２杯
粗挽き胡椒、フルール・ド・セル

1. 鳩をフランベして、内臓を取り出す。腿肉の筋と腱を取り除く。胸肉、腿肉をはずす。胸肉の筋を取り除く。鳩のガラはとっておく。
2. フォアグラの筋を取り除き、35gの小切りにする。冷所に保存する。
3. 塩をして沸騰させた湯で、キャベツの葉を丸ごと湯がく。水にさらして、布で水分を取り除く。キャベツの葉を平らにして、真ん中にある芯を取り除く。
4. 鳩の胸肉とフォアグラを塩胡椒で調味する。各フォアグラを、鳩の胸肉の皮のほうではなく内側の部分に乗せる。
5. これをすべてキャベツの葉で包み込む。さらに、燻製した豚肉の胸肉で包んだら、フィルムをかける。
6. 砕いた鳩のガラ、香味野菜を、少々の油とバターで炒めて、しっかりとした味わいのジュを作る。水を入れる。８cℓになるまで煮つめる。
7. サラダのガルニチュールを用意する。食パンは３ミリ角に切り揃える。
8. 鳩は蒸し焼きにする（レアなら10分、ミディアムなら14分、ウェルダンなら18分）。腿肉はポシェしてから、バターでソテーし色を付ける。塩胡椒する。
9. サラダを調味する。フライパンに溶かしバターを入れて熱し、クルトンの色づけをする。トウモロコシの粒、マッシュルーム、クルミを加え、水分はきる。ドーム状にサラダを盛りつけ、ガルニチュールを置く。各皿に、腿肉を１つ乗せ、小さじ一杯のジュを回しかける。刻んだトリュフをふりかける。
10. 鳩の胸肉を布にとって水気をとり、均一に粗挽き胡椒、フルール・ド・セル、細かく刻んだシブレットを振りかける。
11. 皿の中央に胸肉を乗せて、ジュを数滴落とす。

鳩肉のシュープレーム、キャベツとフォアグラ添え

4人分材料

450～500gの鳩　2羽
140～150gのフォアグラの房　1つ
やわらかく美しい縮緬キャベツの葉　4枚
厚さ2ミリの燻製した豚の胸肉　4枚
粗塩、精製塩、粗挽き胡椒

ジュ

細かいミルポワにしたタマネギ　1/2個
細かいミルポワにしたニンジン　1/2個
2つに切ったニンニク　3片
落花生油　さじ1杯
バター　ひとかけら
ブーケガルニ　1束

サラダ

洗ったロロロッサ　2つまみ
洗った白い縮緬サラダ　2つまみ
洗ったトレヴィスサラダ　2つまみ
洗ったマーシュかクレッソン　2つまみ
3ミリの厚さに切った食パン　1枚
トウモロコシ　大さじ1杯
砕いた新鮮なクルミ　大さじ1/2杯
細かく刻んだトリュフ　10g
トリュフのジュで風味をつけたヴィネグレット　2.5cℓ

て弱火にする。ニンジンがやわらかくなり、水分が蒸発するまで火を通す。グラッセしたら、そのままおいておく。

カブ、タマネギも同様にする。

セロリは茎を外し、ニンジンと同じ大きさに切り分ける。同じように火を通し、グラッセする。

アスパラガス、サヤエンドウ、サヤインゲンは、塩をした湯でそれぞれ茹でる。冷水にさらし、水気を切る。

ソラマメはゆがいて、皮を取り除く。塩をした沸騰した湯で火を通し、冷水にさらす。

小さなフランパンにバターをひとかけら入れて火にかけ、ジロル茸を入れて、1分火を通す。調味をして、シュエしたエシャロットも加え、さらに1分間ソテーをし、よくかき混ぜたら、それを別の容器にあける。

8．6の加熱が終了したら、ロンドー鍋から舌と耳、頭を取り出す。スプーンを使って、頭から骨をすべて取り除く。

9．口蓋の中を覆っている皮を取り除く。舌の皮もむく。頭肉は小切りに、舌は薄切りに、耳は極薄切りにする。これらの肉を一緒に纏める。

10．加熱した時に出ただし汁を漉し、鍋にもどして、15分間アクを取り除きながら、少し煮つめる。刻んだトリュフを加え、50gのバターを入れてモンテする。味を調整して、肉を加える。

皿に肉を盛る。その上にソースをかける。その上に野菜を均等よく盛りつけ、熱いうちにサービスする。

皮を剥いた葉付きのカブ　12個
筋を取ったサヤエンドウ　100g
細身のサヤインゲン　100g
サヤから取り出したソラマメ　100g
皮を取り除いた茎付きの新タマネギ　12個
茎セロリ　1塊
皮を剝いた緑のアスパラガス　中12本
掃除をして洗った小ジロル茸　100g
千切りにし、バターでシュエしたエシャロット　1個分
バター　150g
粗塩、精製塩、粗挽き胡椒
グラニュー糖

1. 冷水を入れたずんどう鍋に、豚の頭肉と耳、舌を入れ、さらに、塩を加えて沸騰させる。3分ほど沸騰したままにするが、その際に、あくを取ること。冷水にさらし、水を切る。
2. 野菜をすべて洗って皮を剝く。ニンニクはまるのままにしておく。ニンジン、タマネギ、エシャロット、ポロネギの緑の部分、セロリはすべて、大きなミルポワに切る。根ショウガは薄い輪切りにする。
3. ロンドー鍋に1dℓの油を入れて火にかける。豚の頭肉、耳と舌を入れ、シュエする。そこに、野菜（ハーブと濃縮トマトは除く）を加える。野菜が色づいてきたら、濃縮トマトを入れて、火力を落とし、ブーケガルニ、セージ、ローズマリーを加える。
4. コリアンダーのパウダー、メース、白胡椒、ネズの実、コリアンダーの実を加えて、薬味をきかす。
5. 肉がひたひたになるくらいまで、フォン・ブランを入れる。
6. 沸騰させ、蓋をして280℃のオーブンに入れ、時々アロゼをしながら3時間火を通す。
7. 豚の頭肉に火を通している間、ガルニチュールの野菜を用意する。

　フライパンに、バターをひとかけら落とし、ニンジンに火を通す。ひとつまみの砂糖、塩をする。水を入れて浸し、蓋をし

豚の頭肉の煮込み、イル＝ド＝フランス風

4人分材料

豚の頭　1つ（フランベして2つに切ったもの、舌と耳）
ニンジン　3本
タマネギ　中3個
エシャロット　5個
ポロネギの緑の部分　大2本
茎セロリ　2枝
ニンニク　10片
ブーケガルニ　1束（タイム、パセリ、ポロネギ、セロリ、ローリエ）
セージ　2枚
ローズマリー　1枝
濃縮トマト　100g
根ショウガ　100g
落花生油　1dℓ
コリアンダーパウダー　大さじ山盛り2杯
メース（ナツメグの皮）のパウダー　大さじ山盛り1杯
白胡椒の実　大さじすり切れ2杯
ネズの実　大さじすり切れ3杯
コリアンダーの実　大さじ山盛り2杯
ヴォライユのフォン・ブラン　4ℓ
細かく刻んだトリュフ　30g
バター　50g
精製塩、粗塩、粗挽き胡椒

ガルニチュール

小型のアーティチョークの芯　2個
皮を剝いた葉付きのニンジン　12本

1. 小麦粉に、卵白、全卵、塩、砂糖を混ぜて溶く。
2. オマールを沸騰した湯に1分ほど入れる。尾から頭を取る。尾の部分は4つに輪切りにする。頭から爪をとり、爪の殻を取り外して、輪切りにした尾の部分と一緒にして取っておく。
3. ミソを漉して、50gのバターを混ぜる。
4. オマールのフュメを作る。砕いたオマールの頭をオリーヴオイルをしいた鍋に入れ、強火でさっと炒める。それに、エシャロット、ニンニク、トマトの濃縮ペースト、タイム、エストラゴンを加え、塩、胡椒する。ひたひたになるまで冷水を入れて、蓋をして、液面が躍るくらいに沸騰させたまま、10分火を通す。圧力をかけて、ジュを取り出す。
5. 栗をバターで炒め、色づくくらいに火を通す。ヴォライユのブイヨンを入れ、ブーケガルニを加える。蓋をしてオーブンに入れ、グラッセする。
6. 輪切りにしたオマールに塩、胡椒、カレーパウダーで調味をつける。オリーヴオイルをしいたフライパンを強火にかけ、オマールを入れ、表面を固める。そのとき、火を通さないようにすること。オマールを外し、賽の目に切り揃えたトリュフ20gを加える。オマールのフュメを加え、沸騰させる。
7. ココットに、オマールの輪切りと爪を入れる。バジルの葉、ニンニク、八角、ローズマリーの小枝、トリュフを加えたフュメ、ミソのバター、栗も加える。蓋をかぶせる。少量の水か卵白で練った生地で、隙間を密封し、溶き卵を塗り付けて、コンヴェクション設定をした240℃のオーブンに10分間入れる。
8. オーブンから出したら、すぐにサービスすること。

トリュフと栗入り、ココット煮のオマール

2人分材料

ブルターニュ産雌のオマール　２匹　各450g
渋皮を剝いた栗　10粒
ブーケガルニ　１束
小さなサイコロ状に切り揃えたトリュフ　20g
バジルの葉　10枚
ニンニク　１片
ローズマリー　小枝１本
八角　１個
カレーパウダー　１つまみ
バター　50g+50g
オリーヴオイル　８cℓ
ヴォライユのブイヨン　１dℓ
小麦粉　375g
卵白　105g
砂糖、塩　それぞれ１つまみ
照り用塗り卵　１個

オマールのフュメの材料

オマールの頭
エシャロット　１個
ニンニク　１片
タイム　小枝１本
トマトの濃縮ペースト　小さじ１杯
オリーヴオイル　５cℓ
エストラゴン　１枝
塩、胡椒

5．皿に白子を盛り、広葉パセリを振りかける。その上に、バターと4のガルニチュールを流しおく。白子を焼くのに使った鍋に、シードルヴィネガーとヴェルジュを入れて、予めデグラッセし焦がしておいたジュを、流しかける。熱々のうちにサービスする。

ニシンの白子、ヴェルジュ風味

4人分材料

白子　500g
酸味のあるリンゴ　80g（小さなサイコロ状に切る）
マッシュルーム　80g（小さなサイコロ状に切る）
トマト　80g（皮を剝き、種を取り除いて、サイコロ状に切る）
広葉パセリ　50g
極上のケッパー　50g
シードルヴィネガー　5cℓ
ホワイトヴィネガー　10cℓ
ヴェルジュ　5cℓ
バター　120g
オリーヴオイル　5cℓ
塩、粗挽き胡椒
小麦粉

1．白子をホワイトヴィネガーを入れた冷水に1時間入れ、あく抜きする。それから毛細血管を取り除く。
2．白子の水気を切り、吸収性のある紙で丁寧に水気を取ること。塩、粗挽き胡椒で調味し、小麦粉にくぐらせる（軽くはらって、小麦粉がつきすぎないようにすること）。破裂を防ぐため、針で5～6カ所、異なる場所を刺す。
3．鍋に、バター40gとオリーヴオイルを5cℓ入れて火にかけ、その油の中に、白子をそっと落として、片面ずつ3～4分間火を通す（ほんのり色づくくらいが目安）。
4．別の鍋に残りのバターを入れて火にかけ、賽の目にしたマッシュルーム、リンゴを入れて、4分間強く焼き色をつける。その後に、トマトを加える。1分そのまま火を通したら、ケッパーを入れ、塩と粗挽き胡椒で、調味する。

ンチの円形に抜き、200℃のオーブンで、黄金色になるまで8〜10分間焼く。そのとき、上下の段に天板を滑り込ませておき、保護すること。オーブンから出し、そのまま冷ます。

5. その間、タマネギを薄切りにして、ニンニクをひとつまみと残りの鵞鳥の脂で火にかけてコンフィにする。色がつかないように注意すること。ラルドンを加えて、汁がにじみ出るように火を通す。塩胡椒し、10分ほどゆっくりと火を通す。刻んだ切りくずのトリュフを加えて、香りが移るくらいを目安に、軽く温める。クリームを加えて2分ほど火にかけ、マデラ酒を加える。味を整える。冷めないようにすること。
6. 焼き上がった4の各生地の上に、5のタマネギとラルドンで覆う。トリュフのガレットを冷所から出して、上部に乗せていたイノックス板と硫酸紙を注意深く取り去ること。タマネギとベーコンのコンフィを乗せたパートの上に、それを乗せるが、片面のイノックス板と硫酸紙はそのままにしておく。これを何秒かオーブンに入れて火を通す。
7. 温めておいた皿の上に6のガレットを乗せ、上のイノックス板と硫酸紙を取り去る。そのトリュフのタルトの上に、フルール・ド・セルをほんの数粒と、粗挽き胡椒をひと回しちりばめる。

タマネギとベーコン入り、トリュフのタルト・フリアンド

4人分材料

ブラシをかけた黒トリュフ　大4個
ニンニク　2片（そのうち1片は細かく刻むこと）
鵞鳥の脂　80g（白くなるまでポマード状に練り上げること）
パート・フィロ　3枚
ポマード状にしたバター　50g
タマネギ〝グルロ〟 400g
燻製の豚胸肉　70g（1ミリ幅の細かいラルドン（棒切り）にする）
フレッシュ・クリーム　20g
マデラ古酒　1cℓ
塩、粗挽き胡椒、フルール・ド・セル
直径13センチの硫酸紙　8枚
直径14センチのイノックス板　8枚

1．マンドリーヌを使って、トリュフを1ミリの厚さに切り、84枚用意する。そのトリュフを、直径3センチの抜き型で抜き、形を揃える。切りくずは、細かく切り刻んで取っておく。
2．ニンニク1片を半分に切って、各硫酸紙にこすりつける。刷毛で、その硫酸紙に、薄く鵞鳥の脂を塗り付ける。1のトリュフの両面にも、同じように鵞鳥の脂を塗り付ける。
3．円型のイノックス板の上に、硫酸紙を置く。その中心に、トリュフを1枚配置したら、7枚のトリュフを時計回りの方向に、花びらのように並べる。さらに、13枚のトリュフを逆方向に並べる。他3つの板も同様。終了したら、硫酸紙、さらにイノックス板で上を覆う。冷所に置く。
4．パート・フィロ1枚を広げ、その上に、バターを薄く塗り付けて、もう一枚のパート・フィロを重ねる。またさらに、その上にバターを塗り付け、最後の一枚を重ねる。抜き型で直径13セ

茎セロリ　小1枝
皮なしの鶏の胸肉　350g
卵白　500g
パセリの茎
粗塩
黒胡椒の実

1．雌鶏のジュレの作り方
　鶏の脚をフランベして、皮と蹴爪を取り去る。鶏は内臓を取り出して、型くずれしないように糸で縫い付ける。その脚と鶏を沸騰した湯に入れて、3分間、液面が躍るくらいの状態でゆがく。アクは頻繁に取り除くこと。冷水にさらす。5ℓの冷水に、野菜と薬味を入れ、それを再び火にかける。25gの粗塩、3gの黒胡椒の実も入れる。7時間火を通したら、漉し器にかけて、丁寧に脂を取り去ること。3ℓのブイヨンができる。
2．ブイヨンを澄ます。
　鶏の胸肉と野菜を細かく刻んで、軽く溶いた卵白を加える。これをブイヨンに入れて、絶えずかき混ぜながら沸騰させること。1時間半弱火にかける。その後、火からおろし、15分休ませてから、漉し布にかける。冷めたころ、そのジュレがかすかにふるえるくらいのかたさになっていることを確認する。そうでない場合は、煮つめなおすこと。
3．フォアグラを、目の細かい漉し器にかけて、塩胡椒し、砂糖と1/2個の卵を加える。クリームを沸騰させて、フォアグラに流し入れ、よくかき混ぜる。漉し布にかける。この生地を、4つのカップに入れて、アルミ箔で覆い、80℃に設定したスチームオーブンで17分間火を通す。オーブンから出したらすぐにアルミ箔を取り、冷ます。
4．ジュレ状の雌鶏のブイヨンを、加熱せずに液状にする。トリュフのジュと溶き卵1/2個分を加える。味つけを確認し、漉し布にかける。先ほどの冷えたフォアグラの上にそのブイヨンを流し入れ、アルミ箔で覆う。87℃に設定したスチームオーブンで16分間火を通す。オーブンから出し、アルミ箔を外して、すぐにサービスする。

雌鶏のジュレ入り、フォアグラの温かいスープ

4人分材料

雌鶏のジュレ　160g
溶いた卵　1/2個
トリュフのジュ　20g
フォアグラ　75g
溶いた卵　1/2個
生クリーム　60g
砂糖　小さじ1杯
精製塩、粗挽き胡椒

雌鶏のジュレの作り方

雌鶏　1羽
雌鶏の脚　1.2kg
皮を剝いたニンジン　2本
丁字を刺したタマネギ　2個
茎セロリ　1枝
ポロネギ　小1本
ブーケガルニ　1束
ショウガ　25g
粗塩　25g
黒胡椒の実　3g

澄まし汁にするために

皮を剝いたニンジン　1本
ポロネギの緑の部分　1本

11. 冷やして脂を取り除いたジュレを火にかけて、再度沸騰させたら、杓子１杯を10のボールに入れて、かき混ぜる。それを、沸騰しているジュレの鍋の中にすべて流し入れ、再度沸騰するまでヘラでゆっくりとかき混ぜる。粉末の八角を少々（本当に少量だけ！）入れ、ジュレが澄むまで、小さな泡が立つくらいに沸騰したままにする。
12. 漉し布を湿らせて、しっかりと絞ったら、漉し器にそれをひき、大きなボールの上に設置する。澄ませたジュレをそれに通して、冷めたら冷蔵庫で保存する。

少し生温くなるまで温めて、柔らかなテクスチュアにする。

コンソメのボール４つに20gのキャビアをドーム状に乗せる。

その上に、ほぼ冷めた、しかしとろりとしたジュレを流し入れて、冷蔵庫に入れる。

ジュレの上に、0.5dℓのカリフラワー・クリームを流し入れて、サービスするまで冷やしておく。

ハーブのクロロフィルとセルフイユで色を付けたマヨネーズを、点状において、装飾する。

そのコンスターチの入ったボールに、ブイヨンを杓子1杯入れ、泡立て器でかき混ぜる。

残ったブイヨンを沸騰させ、すべてを混ぜ入れる。その間、泡立て器で絶えずかき混ぜること。3分間沸騰させる。

卵黄を入れたボールに、生クリームを入れてかき混ぜ、小杓子1杯の温かいブイヨンをゆっくりと流し入れる。

それをかき混ぜ、すべてを静かに鍋に入れる。この間、かき混ぜ続けること。火にかけて、沸騰し始めたら火から外すこと。

すべてをミキサーにかける。漉し器に通し、味を調整する。完全に冷やす。必要であれば、液体の濃度を、クリームで調整する。

3. 仔牛の足を3時間煮込んだら、足の1/2を取り出し、小さなサイコロ状に切る。ブイヨン1.25ℓを計っておく。
4. オマールの殻を砕き、5cℓのオリーヴオイルを入れたフライパンで強火で炒める。
5. エシャロット50g、ニンジン30g、茎セロリ20g、フヌイユ30g、タマネギ30gをミルポワに切る。ブーケガルニを用意する。
6. 鍋にオリーヴオイルを入れて中火にかけ、ミルポワにしたすべての野菜を入れ、色をつけることなく5分間シュエする。これを、先ほどのオマールの殻に加え、塩、粗挽き胡椒をふる。よくかき混ぜながら、トマトの濃縮ピュレをたっぷり大さじ1杯、仔牛の足のジュレ、賽の目に切った仔牛の足、ブーケガルニを加える。ゆっくりと沸騰させて、液面が軽く躍るくらいにし、あくを取りながら20分間、煮込む。
7. 20分煮込んだのち、中身を漉し器で漉して、別鍋に移し、5dℓになるまで煮つめる。この間、表面に上ってくる不純物は、取り除くこと。
8. 鍋を火から外し、ジュレを冷やす。このとき、表面の脂は取り除くこと。
9. 澄ますための野菜を準備する。粗く刻んだポロネギ、ニンジン、セロリをそれぞれ大さじ1杯ずつ用意する。
10. ボールに卵白、卵大1個分を入れ、水大さじ1杯を加え、泡立器でかき混ぜる。刻んだ野菜を入れ、氷3個を砕き入れる。

仔牛の足のジュレ　2.5ℓ

仔牛の足　1本
水　4ℓ
塩

カリフラワーのクリーム

カリフラワー　800g
生クリーム　1dℓ
ダブルクリーム　0.5dℓ
カレーパウダー　1つまみ
ヴォライユのブイヨン　6dℓ
卵黄　1個
コーンスターチ　30g

1．仔牛のジュレを作る。
　仔牛の足をフランベする。縦2つに割り切り、真ん中の骨を切り離す。

　鍋に、材料をすべてと冷水を入れて塩をし、沸騰させる。2分間、液面が軽く躍るくらいの状態で火を通す。鍋ごと流水にさらし、仔牛の足を取り出して、冷水にくぐらせる。

　仔牛の足を鍋に戻し、30gの塩、4ℓの水を入れて、3時間弱火で煮る。

　漉す。
2．2dℓのカリフラワー・クリームを作る。
　塩を入れた水を沸騰させ、カリフラワーを湯がく。2、3分煮立たせたら、冷水にさらし、水気を切る。

　ヴォライユのブイヨン6dℓにカリフラワーを入れて煮立たせ、ひとつまみのカレーパウダーを加えて、蓋をして20分間煮る。

　漉し布でカリフラワーを漉す。カリフラワーのジュを1/2リットルまで煮つめる。大さじ4杯の冷水で30gのコンスターチを溶く。

キャビアのジュレ、カリフラワーのクリーム添え

4人分材料

カリフラワーのクリーム（後出のレシピ参照） 2dℓ
仔牛の足のジュレ（後出のレシピ参照）1.25ℓ 1/2の足は残しておく
タマネギ 30g
フヌイユ 30g
茎セロリ 20g
ニンジン 30g
エシャロット 50g
小ブーケガルニ（タイム、エストラゴン、パセリの茎、ネギ）
オマールの殻 500g
濃縮トマトのピュレ 大さじ大盛り1杯
キャビア 80g
オリーヴオイル 8cℓ〔cℓとは100分の1リットルのこと〕
塩、粗挽き胡椒
セルフイユ
ハーブのクロロフィル入りマヨネーズ 大さじ1杯

澄まし汁にするために

粗く刻んだポロネギ 大さじ1杯
粗く刻んだニンジン 大さじ1杯
粗く刻んだセロリ 大さじ1杯
卵白 卵大1個分
冷水 大さじ1杯
砕いた氷 3個
八角 少量

レシピ

ジョエル・ロブションのお気に入り

キャビアのジュレ、カリフラワーのクリーム添え

雌鶏のジュレ入り、フォアグラの温かいスープ

タマネギとベーコン入り、トリュフのタルト・フリアンド

ニシンの白子、ヴェルジュ風味

トリュフと栗入り、ココット煮のオマール

豚の頭肉の煮込み、イル゠ド゠フランス風

鳩肉のシュープレーム、キャベツとフォアグラ添え

クトー上院議員のリエーヴル・ア・ラ・ロワイヤル、ポワトゥ地方風

ハーブ風味仔羊のロースト、クルート・ド・セル

ハーブ入り田園風サラダ

レストラン組織図

ジョエル・ロブション

調理場	客　室
シェフ	レストランディレクター
スー・シェフ	
部門シェフ｛ソース、ロースト／グリル、魚、アントルメ（野菜)、冷製料理、オードヴル	第一メートル・ドテル 第二メートル・ドテル メートル・ドテル
第一コミ	シェフ・ソムリエ
第二コミ	コミ・ソムリエ
(場合により、第三コミ)	
見習い	ボーイ長
	副ボーイ長
シェフ・パティシエ	第一コミ
部門シェフ・パティシエ	コミ
コミ・パティシエ	見習い
見習い	
シェフ・ブランジェ	
ブランジェ	
皿洗いのシェフ	
皿洗い	

データは1995年現在

ロブション年譜

1945年　フランス西部ポワトゥ地方の中心都市ポワティエ市に生まれる。姉二人、兄一人の末子。
1957年　中等神学校入学
1960年　15歳で料理の道を志し、地元のレストラン「ルレ・ド・ポワティエ」の見習いに。料理技術の基本を学ぶ。
1963年　18歳。ディナール市の「グラン・ドテル」に入店。
1964年　兵役
1965年　パリの「クロ・ド・ベルナダン」入店。
1966年　21歳。コンパニョン（同業者組合）に入会、《ポワトゥヴァン・ラ・フィデリテ（忠実なるポワティエの人）》の称号を受ける。「バークレー」に入店、多くの技量を習得。
1969年　パリ市近郊ティエ市「アルボロ」入店。プロスペール＝モンタニエ受賞。
1970年　船上レストラン「イル＝ド＝フランス」で二年間働く。ピエール＝テタンジェ賞受賞。
1972年　フランス料理アカデミー・ナショナル・トロフィー。「フランテル」入店。
1974年　28歳。「コンコルド・ラファイエット・ホテル」総料理長就任。
1976年　31歳。M.O.F.受賞
1977年　初来日。
1978年　33歳。「ホテル・ニッコー・ド・パリ」料理部門長就任。
1981年　12月、36歳で独立。パリ16区に「ジャマン」開店。
翌年3月に一つ星、翌々年に二つ星。
1984年　39歳で三つ星を史上最短記録で獲得。
1990年　「ゴー＝ミヨ」で「今世紀の料理人」
1994年　1月、「ジャマン」をパリのレーモン・ポワンカレ通りに移転、「ジョエル・ロブション」として開店。10月、東京・恵比寿シャトーレストラン「タイユバン・ロブション」の料理を指導・監督。
1996年　51歳。引退宣言。「ジョエル・ロブション」閉店。
2003年　4月、東京・六本木に「ラトリエ・ドゥ・ジョエル・ロブション」開店。
5月、パリに「ラトリエ・ドゥ・ジョエル・ロブション」開店。
2004年　4月、東京・日本橋タカシマヤに「ル・カフェ・ドゥ・ジョエル・ロブション」開店。
12月、東京・恵比寿に「シャトーレストラン・ジョエル・ロブション」をリニューアルオープン。
2005年　ラスベガスに「ラトリエ・ドゥ・ジョエル・ロブション」、「ジョエル・ロブション」開店。
2006年　ニューヨーク、ロンドン、香港に「ラトリエ・ドゥ・ジョエル・ロブション」開店
2007年　松坂屋名古屋本店に「ラ・ターブル・ドゥ・ジョエル・ロブション」開店

ハ行

マ行

ラ行

人名索引

日本語版特別インタビュー　その後のジョエル・ロブション

インタビュー・構成　伊藤　文

二〇〇七年一一月。レストランガイドの最高峰で百年以上もの歴史をもつ〝ミシュランガイド〟が、東京版を初めて刊行して、日本は熱狂に包まれました。その中でも、ジョエル・ロブションが指揮する三つの店すべてが星を獲得したことは、世界的な話題にもなり、注目を浴びたのです。恵比寿ガーデンプレイスの「ジョエル・ロブション」は三つ星、同建物内一階にある「ラ・ターブル・ドゥ・ジョエル・ロブション」は一つ星、六本木の「ラトリエ・ドゥ・ジョエル・ロブション」は二つ星という、計六つの星。その数週間前に刊行したラスベガス版でも、「ジョエル・ロブション」は、すでに三つ星を獲得しています。そして、ジョエルは世界で計一七もの星を数え、世界一、星をもつ料理人となったのです。

偉大なるロブションは、八四年に初めて三つ星を獲得しましたが、今の心境はどうなのでしょうか。一九九六年に、「最高の状態で辞めたい」と、一度引退をしたのちについた頂点の座です。

パリの店で二〇年以上前に初めて三つ星を獲得した感動は、それはもう忘れ得ない素晴らしいものでした。それに比べて、ラスベガス、東京と続けて三つ星を獲得したことは、もちろん、それはとても感動的な出来事でしたが、当時と同じようなインパクトを持つものではありませんでした。しかし何よりも嬉しかったのは、〝ラトリエ〟が二つ星を獲得したことです。おそらく、この三つ星よりも、より多くの喜びをもたらしてくれた。なぜかといいますと、〝ラトリエ〟というのは、今までにない、まったく新しいコンセプトを立てて挑戦したレストランだったからです。〝ラトリエ〟は私の〝ベビー〟とでもいっていい。それに、東京の〝ラトリエ〟は第一店舗目だったのですから！　もっとも、パリの〝ラトリエ〟は工事が遅れただけで、ほぼ同時のオープンを見込んでいたのですが……。

コンセプトはとても現代的なので、初めは理解してくれないジャーナリストもいたかもしれません。しかし、オープン当初から、パリに来ていただけた客層といったら、それは質の高いもので、お客の反応は初めからよかったのです。忘れ得ないのは、今は亡きアップルというニューヨーク・タイムズのジャーナリストが、当時のパリの店を、一ページにわたって紹介してくれたときの彼の言葉です。彼はその記事の最後に「今、私は一生を終えてもいいだろう。未来のレストランの姿をここに見たからだ」と書き記していました。〝ラトリエ〟が二つ星を得たときに、思い出したのが彼のこの言葉でした。彼は即座に、未来のコンセプトを〝ラトリエ〟に見出した。この言葉には非常に心を打たれたのです。

〝ラトリエ〟のコンセプトはコンヴィヴィアリテ（懇親性）です。ご存じの通り、現代はストレスの多い時代です。人々は、仕事など、たくさんの心配事を抱えていて、くつろぎの時間を求めています。だから思うに、お客は、より気楽で和気あいあいとした雰囲気の中、おいしい料理を食べたいと考えるようになった。いままでは、気軽な雰囲気のレストランですと、おいしい料理を食べることは出来ませんでしたし、その逆に、おいしい料理を食べられる場所は、肩の凝るような厳格な雰囲気でくつろげませんでした。また、レストランは、一人で行くと、決して居心地のよい場所ではなかった。しかし、現代の人は、仕事帰りに一人でふらりと寄りたいと思うはずです。今レストランに求められる姿は、コンヴィヴィアリテ。それで、〝カウンター〟というスタイルを選んだのです。

私は、温かな人間関係を生んでくれるカウンターが大好きです。例えば、一人で食べにいっても、両隣の人とも話が弾んだり、カウンターの料理人と言葉を交わしたりという温かなふれあいがありますし、それに、何故だかはわかりませんが、人は面と向かって話す時よりも、隣に座って話した方がより親密になれる。これに関しては、私はスペシャリストではないので、その理由は精神分析学者に聞かなくてはならないでしょうが。

そして、カウンターという形式で実現できたのは、〝舞台演出〟です。例えば、店のカウンターに座れば、その席から見える風景は、すでにスペクタクル同然。料理人がいて、料理をしていて、素材が見える。店を見回せば、常にそこには何かが起こっていて、退屈することはありません。それに私たち料理人にしても、お客に出した料理を気に入ってもらっているか、そうじゃないかも目の前にすることができて、すぐに対応できるというサービスのパフォーマンスも優れている。お客と面と向かって、会話が弾むというエクスチェンジがある……。寿司バーやタパス・バーのように、こうしたスペクタル的要素も含めた心地よいコンタクトを、料理人とお客の双方の間でとれるということは、本当に素晴らしいことだと改めて感じています。〝舞台演出〟は、未来のレストランにおいて、重要視しなくてはならない一要素だと付け加えておきましょう。

こうして、この〝ラトリエ〟が、〝和気あいあいとした雰囲気で、おいしい料理が食べられる〟という新コンセプトで登場して以来、東京、パリ、香港、ラスベガス、ロンドン、ニューヨークの全店は、いつも満席です。例えばパリの店は年中無休で三六席しかないのですが、一日に平均して一七〇人もの客がある！　つまり、この新しいコンセプトが人々の心をとらえたのだ、私は間違っていなかった、と思っています。それに客層も素晴らしい。夜一一時を過ぎると、映画人や作家、歌手などの有名人がやってくる。彼らの多くは顧客で、一週間に何度も来てくれている人もいる。なぜなら、ここにはガストロノミーレストランのような堅苦しい雰囲気はな

ラトリエ・ドゥ・ジョエル・ロブションにて。　photo Megu

いからではないでしょうか。店を気に入ってくれたお客は、世界中の店に足を運んでくれる。昨日、ここに食べにやってきた日本人のお客ですが、先日はパリの〝ラトリエ〟で食事をしていました。パリの店を気に入ったからだそうです。そうした反響をとても嬉しく感じています。

しかし、今現在、世界中に一四軒の店を持ち、ジョエル・ロブション自身、世界中を飛び回って休む暇もありません。引退をしたら、それまでに取れなかった余暇を楽しみたいと、この本の中でも宣言していました。

結局のところ、何もしないではいられなかったのです。それに、私のところで働いていた五人が、共同でレストランを持ちたいという考えを持っていた。彼らは、銀行へ融資を頼みに行ったが、銀行は貸してくれない。困った彼らが、私に、レストランを一緒にやってくれないかという話を持ちかけたのです。私はレストランをどのように運営したらいいかも知っている。レストランを三つ星にした経験もある。銀行は私にだったら融資をしてくれるはずだ。それで、私は、何かを彼らとやってみたい、と思ったのです。よくよく考えて、現代的な新しいコンセプトでレストランを立てないかと彼らに提案しました。そして〝ラトリエ〟が生まれたのです。そして、今や、何もしたくないと思っていた私が、世界中に一四軒も持っているのです！　さらに、近未来には、フィラデルフィア、台北、テルアビブなどにも

〝ラトリエ〟をオープン予定です。こうやって、あちこちに店をオープンしていますが、とにかく私が追求しているのは、お客が喜ぶこと、そして私たちも満足することです。もしも、私自身、喜びを感じられなかったら、仕事を続けようとは思いません。

思うに、レストランにたずさわる人間は、人が好きでなければなりません。もしも人が好きではなかったら、料理を作ることはできません。若い料理人によく問いかけることがあります。「もし、あなたのお母さんや恋人が来て、彼女たちのために料理をするとしたら、今出しているものと同じ料理を出しますか?」と。人が好きで料理を作ったら、それはまったく別ものになる。だから〝ラトリエ〟のコンセプトは素晴らしい。お客と直接コンタクトがとれて、サービスした皿をその目で見ることができるし、素晴らしい関係がそこに生まれるからです。

私は今、五人の共同経営者とともに働いています。ソムリエのアントワーヌ・エルナンデーズ、料理人のエリック・ブシュノワール、フィリップ・ブローヌ、エリック・ルセールと、パティシエのフランソワ・ブノーの五人で、それぞれに得意分野があり、その才能は一流です。また、アントワーヌは一九八二年から私と一緒に働いているなど、皆、長い付き合いのある人間ばかりだ。何を語り合わなくとも〝あうんの呼吸〟があって、心が通じ合っている。お互いに信頼しあっているという安心感がある。すべては、この六人だからこそできる。一人では不可能です。例えば、世界中に店舗はあっても、六人で手分けをして見て回っています。また、世界に散らばる店舗の責任者などについても、私と働いた経験のある者ばかりで、彼らは私をよく知っているのです。私たった一人でしたら、ここまで広げることはできない。皆がいるからできることなのです。

そうはいっても、多忙です。例えば、三週間前はテルアビブで、二日前まではロサンゼルス。そして今は東京で、来週の火曜日にはパリに戻り、同じ週の木曜日にはマカオへ発ちます……。一年にフランスにいるのはたった四カ月だけです。こうした忙しさもありますが、スペインには必ず行きます。昨年はきちんとしたバカンスはとれませんでしたが、今年は一カ月半休暇をとりました。私はスペインが大好きなのです。太陽にあふれて、料理もおいしい。素晴らしい環境で、心の温かい人ばかりだ。さらに、私はスペインが好きなだけではなく、必要なのです。スペインでは、朝早く、二～三人、時には一〇人の友達と連れ立って、よく山に登るのですが、そこではすべてをリセットできる。あらゆるアイディアは、ここから沸いて出てくるといってもいい。何か重要なことを考えなくてはならない時など、スペインのこの環境に身を置くことで、なぜかは説明できないのですが、アイディアが生まれるのです。〝何もない土地があって、一晩そこに雨が降ったら、翌日には茸が育っていた〟とでも説明したらいいでしょうか。私にとってスペインはそういう場所なのです。

恵比寿ガーデンプレイス内のガストロノミー・レストラン〝ジョエル・ロブション〟のメニューは、もちろんラスベガスの同店に先んじて、東京で考案されたものでした。そのメニュー内の皿は一六皿と驚くべき数で、さらに一皿ごとの仕事は精密。

繊細な味わい、盛りつけの美しさなどに対する仕事量は半端ではないでしょう。まさに三つ星に相応しい仕事です。

このメニューは、日本の懐石料理に感化されてでき上がったといっていいでしょう。季節毎にいらして下さっているお客でしたら、気づいて下さっているかもしれませんが、季節や素材によってプレゼンテーションも変化させています。これは、懐石料理の考え方とほとんど同じものです。ですから、こうした出し方は、日本の店だからこそ始めることができたともいえるでしょう。こうしたプレゼンテーション、東京、ラスベガスの店では、すべての皿の写真を撮るお客も少なくありません。こうしたプレゼンテーションを賞賛してくれているというしるしだと思います。いずれにしても、料理はもちろん味も大切ですが、見た目も大変重要です。なぜなら、食べる直前にそれを見て、それが好きか嫌いかを判断することになるからです。もしもきれいな料理なら食べたいと思うでしょうし、そうじゃなければ食べたいとは思わない。洗練された装飾があるか否かを言っているのではなくて、ハーモニーがあるかどうかです。料理自体についても、私はかなりのピュリストで、洗練されすぎて、複雑なものは好みません。確かに二〇年前は、かなり複雑で、正確に計算されたプロフェッショナルな料理を作っていましたが、今はそうではありません。〝素材が語りかける〟という料理を出すことこそが、今の私が追求していることです。〝ジョエル・ロブション〟で出している料理は、私の今の精神性を現しているものといっていい。風味をたくさん混ぜるということはせず、二〜三の風味を大前提とした料理を出していますが、これはプレゼンテーションにおいても同じことです。

また、何日か前に、恵比寿の店のデコレーションを少々変えました。日本の伝統と少々似通っているかもしれませんが、三カ月に一度は店のデコレーションを変え、季節に沿うようにしている。皿やグラスなどをはじめとしたテーブルまわりのすべてを変えるのです。思うに、こうした環境作りも大切なことなのです。モナコのレストランは二つ星で、他二軒に比べて豪奢な店構えではありませんけれど、同じエスプリでデコレーションを変え、季節ごとに違う環境でお客を迎え入れています。そして、お客は必ず気づいてくれて、彼らの方から、さまざまな質問があることも心地よいことです。お安い食事ではありませんから、お客に喜んでいただくことこそ第一義なのです。こうした心配りは、二〇年前の私の店ではなかったことです。人生において、人は常に成長します。問題提起をして見直しを図りつづけて、今も前進しているのです。

私は、日本が大好きです。だからこそ感銘も多くて、その影響を少なからず受けている〝ジョエル・ロブション〟のような店作りができているのだと思います。日本の文化にある〝尊重〟の心には、常に心動かされるものがある。まわりに存在するすべてのもの、人や価値に対するリスペクト。自然や草木を重んじる心がある。だからこそ、すべてのことがきちんと順序だってオーガナイズされていますし、人々の応対もとても丁寧で優しいのです。私自身、大変厳格な性格なので、日本の方々の精神に心地よさを感じますし、とても日本人的だとも思います。フランス人からは、あまりに厳格すぎると非難を受けることもあるくらいです。

変わらぬ友情を長らく持ち続けてくれている日本人の友人がいることも、大きな財産だと感じています。一九六六年にバークレーで一緒に働いていたある日本人の料理人がいるのですが、彼とはもう四〇年来の友人です。彼は仙台に三つのレストランを持っていて、私が日本に来ると、挨拶をするだけのために東京に足を運んでくれる。私が知られるようになる前から、毎年、新年の挨拶状など季節の便りをしてくれて、近況報告をしてくれる。こうした三〇年来、四〇年来の友人は、私が知られる前から、細やかな心遣いを私に寄せてくれていた。これこそ素晴らしい日本人の心だと思うのです。

だからこそ、今回初めて東京で出版された〃ミシュラン・東京〃で、これだけの評価をいただけたことは、私にとって非常に意義深いことなのです。この星が未来にどうなるかはわかりません。しかし、この初版というのは永遠に残るものです。また、私は、ミシュランがニューヨークのミシュラン・ガイドを出すときに、「ガイドを作るべき場所は何よりも日本だ」と進言したのを覚えています。「日本人は一般的に表立って批評をすることをしない。しかし、実際のところ、批評は裏でされている。だからこそ、国際的な認知度と信用のあるガイドが日本に進出したら必ず成功する。ミシュラン・ガイドこそそれに相応しい」と言ったのです。そうしたら、結果はその通りになりました。初版はすぐに売り切れましたし、先日名古屋に行ったときに、ガイドを手にした人がサインを求めてきたのには驚きました。そして、大変な賞賛をしてくれたのです。日本の方々は、大変ナイーブで、いらない先入観を持つことなく、好奇心旺盛。こうしたことも日本的なカルチャーの一つだと思います……。

世界中に一四軒もあるレストランには、以前ロブションのところで働いたことのある人々が活躍していますし、例えば、巣立った料理人の中には、パリのブローニュの森にある三つ星レストラン〝プレ・カトラン〟の料理人フレデリック・アントンのように、名をあげている者もいます。今の時代、若い料理人の模範となり、教え育てることのできる〝メートル（師）〟と呼ばれる料理人は残念ながら僅かですが、ジョエル・ロブションほど、メートルの名にふさわしい人物はいません。

私にとって、もう一つ、心から満足していることがあります。それは、私の厨房から巣立った若い料理人たちが、成功しているということです。彼らは、フランスのあらゆる地方から私の店にやってきました。オーベルニュ、アルザス、ブルターニュ……。そして、私と一緒に働いたのち、成功を得ることができた。これは、本当に嬉しいことで、大きな満足、幸福を感じています。つまり、彼らは私と一緒に働いて何かを得た、ということが証明されたからなのです。地上において、私たちは一人ではありません。私たちは常に通過点にいて、次なる場所へ移っていく。そのような道において、他の人から得たことは、人に伝えなければならないという義務が私たちにある。知識を伝えることこそ、今日を進歩させているからです。人間としてもっとも大きな満足感は、知識を伝えるという義務を果たすことから得られるのだ、とさえ思います。ですから、私が、若い料理人たちに何かを伝えることができたと知ることほど、嬉しいことはない。こうしたことは、引退以前、最前線で働いているときには気がつかなかった。今、わかったことなのです。彼らが成功して、雑誌などのインタビューを受けるようなことがあると、私の名前を出す。私と仕事をしたことで学んだことがたくさんあった、と答えている。そうした彼らをみて、私は何かを伝えることができたのだ、と知ることができるのです。今年〔二〇〇七年〕フレデリック・アントンがミシュランの三つ星を獲得したときには、自分が初めて三つ星を取った時と同じように嬉しかった。本当に深いところからくる感動でした。彼は、私の仕事を見て、そこから何かを得ることができた。私が教えたのではない、彼自身が私から何かを受け取ったのです。私は、プロの料理人で、このように多くのことを学べる者がいるかどうか、また、このように仕事を若い料理人たちに伝えることができる人間がいるかどうかわかりません。まず、料理人には、感動する心と感覚が必要です。そして、プロであれば、常に、五感が研ぎ澄まされていなければならない。料理の美しさを見分ける視覚。優れたキュイッソンは聴覚や嗅覚で知ることができる。それから触感です。これは、少々新しい感覚といっていいでしょう。アジアの人々は、昔からこの感覚を知っていましたが、西洋の人間は知らなかったのですから。舌で感じる、柔らかさ、クルスティヤン、テクステュアの妙は今や外せません。優れた料理人になるのには、こうしたことを知る感受性と五感を研ぎ澄まさなければなりません。さらにもう一つ、道徳心は、プロ意識と同様に大切です。優れたプロでも、道徳心のない者は決して成功しません。

一時期成功はするかもしれませんが、持続は難しいでしょう。両方兼ね備えている者でしたら、必ず成功すると断言してもいい。とくに現代のような道徳心が忘れかけられた時代にあっては。こうしたことは教えることではありません。学ぶ人間がそれらを受け取ることができるかどうか。だからこそ感性、感受性がとても大切なのです。

フランス料理の進化について話しましょう。特に、分子料理について、ジョエル・ロブションが否定的な立場をとっているということは周知です。

はっきり言いまして、分子料理については二〇〇％反対です。私は食品加工業であるフルリ＝ミション社と二〇年来仕事をしています。健康や畜産に関する公共機関とも仕事をしています。こうした仕事の中で、私たちは、健康を害する食品添加物をすべて排除してきました。酸性化材ですとか着色料などの食品添加物です。それなのに、現在の分子料理が使用しているのは、健康を害する危険性をはらんだ物質ばかりだ。食品加工業が排除したものを、分子料理が使用している。これは、スキャンダルとしか言いようがない、私は絶対的に反対です！　フェラン・アドリア、彼は天才だと思っておりますし、彼の仕事には敬意を払っていますが、彼という料理人は世界にたった一人しかいない。彼の仕事を盗作する料理人たちは、才能のない者だ。そして、使ってはいけないものを使って、何でも作ってしまう。これに対しては、私は反対です！　また、近頃流行のフュージョン料理ですが、私自身、味わいやテクニックを融合することに関しては、熱狂的な支持者です。しかし、料理を作るということは、素材の命を奪うということだ、ということも知らなければなりません。食べているものが、仔牛なのか、鶏なのか、魚なのかわからないという料理を作るのは罪ではないでしょうか。何でも混ぜてしまって本質がわからなくなっているような料理を作るような権利は我々にはないのです！

フルリ＝ミション社との仕事は二〇〇七年に二〇周年を迎えています。また、人気の料理番組〝ボナペティ・ビヤンシュール〟は一一年間も続投しています。ロブションは、プロにはもちろん大衆まで幅広く知られる料理人となり、その影響力は計り知れません。料理と将来の食環境を見つめる哲学者であるジョエル・ロブション。いまや、多くの人々から希求されているのです。

私は一九九六年から〝ボナペティ・ビヤンシュール〟という料理番組を担当しており、今年一一年目を迎えました。この番組は、とても堅実な、実のある番組です。ある料理人を招待して、その人のレシピを紹介しながら、その人が関わる生産者、生産物も紹介する。とても教育的な要素のある番組です。他の料理番組を見たりすることもありますが、何も学ぶことのない番組もたくさんあります。それがいいかどうか、私はあえて批評することはしませんが、視聴者がそれに答えを出すことになるでしょう。いずれにしても、一一年も続いた料理番組は他にない。それが、この番組に対する評価を表していると思います。ご存じの通り、私はとても気難しい性格ですので、この番組に関しても大いに厳格に取り組んでいます。制作者たちにも、私自身が番組の中でやりたいこと、伝えたいことをしっかりと言っている。それができないのなら、やめる。それだけです。

今日、こうやってたくさんの事業を抱えていますが、好きだからこそできることなのです。もしも未来に、気に入らないようなことがあったら、突然にやめてしまうに違いありません。私は仕事をしているとは思っていません。私は年ですし、べつに明日何もしない生活を選んでもいいわけです。しかし、私は、今やっていることが好きだということを知っているので、この幸せを感じたい。もしも、義務で何かをやらなくてはならないのだとしたら、すべてうまくいかないはず。仕事が楽しく幸せなら、それは素晴らしい結果になる。私は色々なことを学んで経験も積んできた。自分が何をしたいのかを知っている。ですから、今やっていることを続けていきたいのです。

「今は、昔より星に近づきました。しょっちゅう飛行機に乗って、星空の中を飛んでいますから」と冗談をいうジョエル。好きなことしかしないという信条を貫き通す彼だからこそ、自分の環境を着実に築き上げ、謳歌することができるのでしょう。彼が飛ぶための飛行機は、またそこに待っています……。

訳者あとがき

本書は一九九五年春に仏パイヨ社より刊行されたジョエル・ロブション氏による『走行日記 Le carnet de route』の翻訳書だ。氏が、自分の生い立ちに始まって、厨房に生きることを選び、世紀の料理人と言わしめる頂点に辿り着くまでの道のり、そして引退の決意までを語った貴重な一代記である。

ロブション氏は一九八四年三九歳で自らの店「ジャマン」をミシュランガイドの三つ星とし、その名声をほしいままにしながら、九六年五一歳の若さで料理界から引退している。当時、料理人人生として絶頂にあった氏が、「完璧な味とサービスを追求し、最高の状態でリタイアしたい」と宣言して引退し、九四年にパリ一六区のレイモン・ポワンカレ通りに移転したばかりの「ジョエル・ロブション」をモナコの雄アラン・デュカスの手に託したことは、料理界における二〇世紀最大の衝撃的な事件として世界に報じられたのであった。

『走行日記』は、もともと料理ジャーナリストであるエリザベス・ド・ムルヴィル女史が引退を決意した氏へ出版を提案し、実現した本だ。ド・ムルヴィル女史が聞き役となり、週一回ペースのインタビューを数カ月行なって完成したという。本書はその形式を守って、女史によるナレーションにロブション氏の独白が導かれるといった形で構成されている。各時代における心情は赤裸々につぶさに語られており、その告白は瑞々しく新鮮に心に響いてきて、すでに刊行が一〇年以上も前になるというのが嘘のように感じられる。ロブション氏がそののち料理界に復帰。〝メートル＝師〟として君臨し、影響力を強めている今現在読むからこそ、氏の変わらぬレゾン・デートルと存在感の大きさに、改めて心を打たれるのかもしれない。氏は、二〇〇三年、自分の古くからの協力者で愛弟子たちでもある五人の共同経営者とともにレストラン「ラトリエ・ドゥ・ジョエル・ロブション」を立ち上げて返り咲き、今や世界中に自分の名前を冠したレストランを展開しているのだ。さらに、本のそこここに差し挟まれた未来の料理人に向けられた助言は、料理人ならずとも、人としてのフィロゾフィを振りかえさせられる示唆に富んだもので、深い感銘を覚えずにはいられない。また、将来の料理界を予見する氏の目の確かさにも驚かされるのである。

このように一〇年以上経た今だからこそ『走行日記』を翻訳する醍醐味を感じたが、実際の翻訳刊行に当たっては、是非、九五年以降のロブション氏の活動と今の心情を加筆したい。そこで、ロブション氏に改めてインタビューを依頼することになったのである。そうして付け加えた章が〝その後のジョエル・ロブション〟である。

ロブション氏とのインタビューは二〇〇七年一一月二四日、六本木の「ラトリエ・ドゥ・ジョエル・ロブション」にて設定された。〝その後のジョエル・ロブション〟でも触れている通り、訳者はパリ在住だが、ロブション氏は常に世界中を渡り歩いて多忙であるため、パリでのインタビューはならず、日本でのインタビューを提案されたのである。それに先立つ一九日に、初めてのミシュランガイド東京が刊行されるという記念すべきイベントが開催され、ロブション氏は参列を決定していた。それにあわせた日本滞在中にインタビューを行なうことになったのだ。

そのミシュランガイド東京では、ロブション氏は、恵比寿ガーデンプレイスの「ジョエル・ロブション」を三つ星、同建物内一階にある「ラ・ターブル・ドゥ・ジョエル・ロブション」を一つ星、六本木の「ラトリエ・ドゥ・ジョエル・ロブション」を二つ星とし、計六つ星を獲得するという滅多にない栄光を手にした。すべてのミシュランガイドをあわせ計一七の世界一星を持つ料理人として世界にも報道されたのである。しかも、日本との縁が深いロブション氏にとって、初のミシュランガイド東京でこれだけの評価を得たことは、意味深いことだった。九六年に引退をしたのちも、恵比寿ガーデンプレイスの「ジョエル・ロブション」の指揮を続けていたため、世界でたった一つジョエル・ロブションの料理が食べられる場所が日本と世界中のグルマンから羨まれていたのと、「ラトリエ・ドゥ・ジョエル・ロブション」の第一号店は、工事がおくれたパリ店に先んじた東京店であったのだ。そうした記念すべきときに居合わせることができ、周囲からの熱狂をも一身に受けたロブション氏にインタビューすることが叶ったのだが、〝その後のジョエル・ロブション〟の章を加筆するのにこれほど相応しい機会は他にあっただろうか。奇遇としかいいようがない偶然の運命に、ただただ感謝するのみである。

戦後から二一世紀の現在にわたるフランス料理界の激動は目覚ましい。ジョエル・ロブション氏は一九四五年生まれであり、まさに、そうした激動の時代を駆け抜けてきたといっていい。ヴィエンヌのレストラン「ピラミッド」の料理人フェルナン・ポワンの影響によって現れた

〝ヌーヴェル・キュイジーヌ〟。「ル・バークレー」での修業時代、その新しい潮流を肌で感じ取り、実践していたことは、本書でも描かれている。その〝ヌーヴェル・キュイジーヌ〟とは何であろう。七二年、ガイド「ゴー＝ミヨ」を創刊したアンリ・ゴーとクリスチャン・ミヨの食ジャーナリストの二人が、ポール・ボキューズやアラン・サンドランス、ミッシェル・ゲラールなどによって、それ以前から始まっていた新しい料理の流れを〝ヌーヴェル・キュイジーヌ〟と定義し、以下のように提唱している。①いたずらに複雑化しない。②加熱時間を短縮する。③市場の料理を実践する。④料理の品目を減らす。⑤マリナードやフザンダージュ（ジビエ肉を熟成させること）をやめる。⑥濃くて重いソースを作らない。⑦郷土料理を見直す。⑧新しい料理技術を取り入れる。⑨体に良い料理を研究する。⑩料理に創造性を追求する。これは、オーギュスト・エスコフィエの〝料理の手引き〟をバイブルとしていたフランス料理のあり方を変えた《料理革命》と認識されているが、ロブション氏は、これらの定義からまったく外れない考えを持つ料理人でありながら、メディアが提唱するムーブメントとは一線を画しているように思われる。レストラン「カメリア」のジャン・ドゥラヴェイヌを料理に調和をもたらした改革者として師と崇め、技術と精神性を高めながら、決して外からの影響ではなく、内なる力によってヌーヴェル・キュイジーヌを体現していたからであろう。ヌーヴェル・キュイジーヌの全盛だった八一年にオープンした自らのレストラン「ジャマン」で実践した料理は、ベースから決して離れることのない、しかし新しい料理であり、より風変わりな料理がもてはやされた当時の風潮をものともせずに、自分の料理を追求したのだった。

　つまりロブション氏の凄さは、決して他に惑わされることのない確立された自己があるということと、常により良いものを作っていこうとする向上心。さらに、本書を読んでいて驚かされるのだが、ネガティヴなこともポジティヴに変え、すべてを経験値として学び取っていくことのできる精神力の強さにあるだろう。自分の身を以て学び、実にしてきたという強さは、若者たちへのよき模範となる。それが、ロブション氏がメートル（師）と呼ばれる所以である。ロブション氏自身が自ら厨房で育て上げた料理人も多いが、ロブション氏のもとで働いた経験がなくとも、ロブションを師として敬う料理人が、このフランス料理界に数多くいるのには常々驚かされるのだ。残念ながら、現在の料理界にはロブション氏ほど、若者にしめしをつけることのできる師と呼べる人物はなかなかいないのである。それはきっと、ヌーヴェル・キュイジーヌ以降の料理人たちが《料理革命》を探求することなく、それに先んじていた《料理人の革命》だけに心を奪われて、料理の本質を見失ってしまったからなのではないか。メディアにとって新しいとされもてはやされる料理を追いかけ、スターであることに心地よさを見出して職業生命を短くした料理人はどのくらいいたか、あるいは、いるかわからない。あるいは食のビジネスがうなぎ上りの風潮にあって、料理人としてのフィロゾフィが忘れられつつあるということもある。さらには、クリエーターとしての色を濃くして、アイディアを分かち合わないという偏狭な料理人も多いのだ。ロブション氏であれば、それらのあり方を糾弾するだろう。〝その後のジョエル・ロブション〟で、「他の人から得たことは、人に伝えなければならないという義務が私たちにある。知識を伝えることこそ、今日を進歩させているからだ。人間としてもっとも大きな満足感は、知識を伝えるという義務を果たすことから得られる」と語るように。料理人としてある以前に、モラルのある一人の人間であるという大切さを感じるのである。

ここ最近、分子料理学やフュージョン料理が、フランスばかりでなく世界の料理界を席巻している。エンターテインメント性やサプライズといった表面的なところが目立つようになったがゆえ、料理とは何であるのか、クリエーションとは何であるのかが、より問われるようになったのではないか。料理の技術も進化し、世界中からさまざまな素材を簡単に取り寄せることができるようになり、世界の情報を瞬時に知ることのできるグローバルな時代にあって、どこにいても、道具と材料は同じように揃えることができる時代となった。料理は時代を映す鏡というが、作る人そのものをそのまま映し出す鏡でもある。同じ道具と素材を手にしても、創り上げられる料理は千差万別だ。技術を伝えることはある意味難しくはないだろうが、フィロゾフィを伝えるのは難しい。しかし、料理の本質は技術を超えたところにあるフィロゾフィではないかと、ロブション氏との対話の中に思うのである。

ロブション氏とのインタビューにあたっては、株式会社ソニー・クリエイティブ・プロダクツの長谷川仁氏、信木庸子氏、安田貢氏による並々ならぬ配慮と、株式会社フォーシーズの松井謙氏、川上寿里氏、「ラトリエ・ドゥ・ジョエル・ロブション」のスタッフの方々の協力をいただいた。さらにロブション氏の長年のご友人でいらっしゃる内坂芳美氏には、ロブション氏との間を取り持って下さるなど、多くの取り計らいをいただいている。こうしたさまざまな方々の協力があってこそ、この度の有意義なインタビューを実現することができたのだと心から感謝している。また、編集者の登張正史氏は、本書の翻訳を私に託して下さり、インタビューの帰国においても助力をしてくださるなど、感謝し尽くせないほどの多大な支援をいただいた。

ジョエル・ロブション氏は、〝その後〟を付け加えることに大いに賛同してくれ、貴重な時間を工面してくださった。インタビューでは始終和やかな雰囲気を作り出しながら、真意を語り、しっかりと導いてくれたことに、心から感謝している。その偉大な人柄に触れることができたのも、こうしてインタビュー記事を作成できたのも、身に余る光栄と感じている。

インタビューや翻訳にあたっては、多くの方々から助力、支援をいただいた。こうした方々なくしては、この本の完成はなかったと、末筆となったが、この場を借りて感謝の意を表したい。また、私の仕事を陰ながら支えてくれている、愛する家族や友人にも感謝の気持ちを伝える所存である。

二〇〇八年二月　　伊藤　文

故ジョエル・ロブション氏を悼んで

二〇一八年八月六日、フランス中は悲報で喪に服しました。世紀の料理人とよばれ、世界中にミシュランの星32を持つジョエル・ロブション氏が享年七三で亡くなられたからです。氏は一九七六年にMOF（フランス最高職人章）を獲得して一九八四年には自身の店『ジャマン』を3ツ星とし、ゴーミヨからは一九九〇年に世紀の料理人と謳われた、偉大な料理人でした。

訳者は、10年前、ロブション氏ご自身が一九九五年に語られて出版された当本を翻訳出版させていただくという僥倖を得ました。氏が、ご自分の生い立ちから引退の決意までを語った貴重な一代記で、引退をする一年前の春に出版されています。「完璧な味とサービスを追求し、最高の状態でリタイアしたい」と料理界の銀幕から退いたのは、一九九六年五一歳のとき。しかし、二〇〇三年には、自分の古くからの協力者で愛弟子たちでもある五人の共同経営者とともに、『アトリエ・ドゥ・ロブション』を立ち上げて、料理界に返り咲きました。そのため日本では13年遅れて出版することとなった当本では、原書にその後の軌跡も伝えたく、氏のインタビューを取りつけて、その内容を加えた形となっています。インタビューは、初めてのミシュランガイド東京が刊行されたばかりの日に設定され、当時の光景が蘇ってきます。新ガイドで計6ツ星を獲得するという栄光を手にして、生き生きと輝いていらっしゃいました。

この本にしたためられているのは、単なる一生の軌跡ではなく、彼自身の思想と哲学です。あちらこちらにちりばめられた、料理界への警鐘や、若い料理人たちへの教訓の言葉には、20

年以上前の本ですが、インターネットが発達した今の時代にこそ響いてきます。料理界も超えて、一人の人間としても学ぶこともある。「スフレは、おそらく今日ではもはや作らなくなってしまったレシピかもしれません。若い料理人は、その所作を習得していないのです。……基礎から叩き上げられた最後の世代は私たちでした。私たちが用心していなければ、こうした基礎は失われてしまうでしょう。将来的に向かっている料理が、国際的で視野が狭すぎるものだけに、技術は失われるのです」。「たった先ほどまでは、自分が仕上げたラングスティーヌは完璧と思っていた。ところが、客から批判されたその皿は、完璧からはほど遠かった。自分自身に確信を持つなどということは馬鹿げているということです」。

ロブション氏は素晴らしい教育者でした。本の中では、若手の料理人の行く末を憂慮している言葉が頻出します。この本が出版されたときには、彼自身、まさか自身で学校を持って、体系的に料理人を育てるという考えは念頭に置いていなかったでしょうが、それが、氏の生まれ故郷ポワティエの近郊の町モンモリオンにて学校を創設するというプロジェクトに結びつき、今こそ進行中でした。用地は、修道院のある一万㎡の敷地という彼らしい選択で、フランス料理の未来に貢献するための思い半ばであったのではないかと悔やまれてなりません。しかし氏の娘であるソフィー・ロブション氏が、亡き父のプロジェクトを引き継ぐと発表。やはりポワチエ出身で政治家のジャン＝ピエール・ラファラン氏の支援、３ツ星シェフであるレジス・マルコン氏の協力も得て、オープンへと歩を進めています。ロブション氏の思いが後世に引き継がれていくことを、切に願って止みません。この場を借りまして、氏への感謝の気持ちとともに、ご冥福を深くお祈りいたします。

２０１９年１月

伊藤　文

本書は訳し下ろし作品です

中公文庫

ロブション自《じ》伝《でん》

2008年3月25日　初版発行
2019年3月10日　再版発行

著　者　ジョエル・ロブション
訳　者　伊《い》藤《とう》　文《あや》
インタビュー・構成　エリザベス・ド・ムルヴィル

発行者　松田陽三
発行所　中央公論新社
〒100-8152　東京都千代田区大手町1-7-1
電話　販売　03-5299-1730　編集　03-5299-1890
URL http://www.chuko.co.jp/

DTP　平面惑星
印　刷　三晃印刷
製　本　小泉製本

Published by CHUOKORON-SHINSHA, INC.
Printed in Japan　ISBN978-4-12-204999-4 C1123

中公文庫既刊より

各書目の下段の数字はＩＳＢＮコードです。978－4－12が省略してあります。

つ-26-1
フランス料理の学び方　特質と歴史
辻　静雄
フランス料理の普及と人材の育成に全身全霊を傾けた著者が、フランス料理はどういうものなのかについてわかりやすく解説した、幻の論考を初文庫化。
205167-6

あ-66-1
舌　天皇の料理番が語る奇食珍味
秋山徳蔵
半世紀以上を天皇の料理番として活躍した著者が「舌は味覚の器であり愛情の触覚」と悟った極意をもって秘食強精からイカモノ談義までを大いに語る。
205101-0

あ-66-2
味　天皇の料理番が語る昭和
秋山徳蔵
半世紀にわたって昭和天皇の台所を預かり、日常の食事と無数の宮中饗宴の料理を司った「天皇の料理番」が自ら綴った一代記。〈解説〉小泉武夫
206066-1

あ-66-3
味の散歩
秋山徳蔵
昭和天皇の料理番を務めた秋山徳蔵が〝食〟にまつわるあれこれを自ら綴る随筆集。「あまから抄」「宮中の正月料理」他を収録。〈解説〉森枝卓士
206142-2

あ-66-4
料理のコツ
秋山徳蔵
高級な食材を使わなくとも少しの工夫で格段に上等な食卓になる――「天皇の料理番」が家庭の料理人に向けて料理の極意を伝授する。〈解説〉福田　浩
206171-2

う-1-3
味な旅　舌の旅
宇能鴻一郎
北は小樽の浜鍋に始まり、水戸で烈女と酒を汲みかわし、海幸・山幸の百味を得て薩摩半島から奄美の八月踊りにいたる日本縦断味覚風物詩。
205391-5

う-9-4
御馳走帖
内田百閒《ひゃっけん》
朝はミルク、昼はもり蕎麦、夜は山海の珍味に舌鼓をうつ百閒先生の、窮乏時代から知友との会食まで食味の楽しみを綴った名随筆。〈解説〉平山三郎
202693-3

各書目の下段の数字はISBNコードです。978－4－12が省略してあります。

た-33-22 **料理の四面体** 玉村豊男
英国式ローストビーフとアジの干物の共通点は？ 刺身もタコ酢もサラダである？ 火・水・空気・油の四要素から、全ての料理の基本を語り尽くした名著。〈解説〉日高良実
205283-3

た-34-5 **檀流クッキング** 檀一雄
この地上で、私は買い出しほど好きな仕事はない——という著者は、人も知る文壇随一の名コック。世界中の材料を豪快に生かした傑作92種を紹介する。
204094-6

た-34-7 **わが百味真髄** 檀一雄
四季三六五日、美味を求めて旅し、実践的料理学に生きた著者が、東西の味くらべはもちろん、その作法と奥義も公開する味覚百態。〈解説〉檀太郎
204644-3

ま-17-13 **食通知ったかぶり** 丸谷才一
美味を訪ねて東奔西走、和漢洋の食を通して博識が舌上に転がすは香気充庖の文明批評。序文に夷齋學人・石川淳、巻末に著者がかつての健啖ぶりを回想。
205284-0

よ-5-8 **汽車旅の酒** 吉田健一
旅をこよなく愛する文士が美酒と美食を求めて、金沢へ、そして各地へ。ユーモアに満ち、ダンディズムが光る汽車旅エッセイを初集成。〈解説〉長谷川郁夫
206080-7

よ-5-10 **舌鼓ところどころ／私の食物誌** 吉田健一
グルマン吉田健一の名を広く知らしめた「舌鼓ところどころ」、全国各地の旨いものを紹介する「私の食物誌」。著者の二大食味随筆を一冊にした待望の決定版。
206409-6

シ-11-1 **ステーキ！ 世界一の牛肉を探す旅** マーク・シャツカー 野口深雪訳
米国量産牛、ラスコー壁画の野生牛、アンガスに松阪など各国の牧場主、三つ星シェフ、科学者等に取材。遂には自分で牛を育ててみた！ 美味探求の体当たり紀行。
206065-4

モ-8-1 **シャネル 人生を語る** ポール・モラン 山田登世子訳
孤高の少女時代からモード帝国を築くまでが、自身の肉声により甦る。清新な全訳と綿密な注釈により恋愛遍歴や交友録が明らかに。唯一の回想録を新訳。
204917-8